21世纪高职高专规划教材·公共基础系列

口才与应用文写作

（第2版）

主　编　高雅杰
副主编　赵行梅　金晓晖
参　编　王　晶　佟永波　栗延斌
　　　　冯　华　付江明　崔晓丹
　　　　陈　浩
主　审　郝春生

北京交通大学出版社
·北京·

内 容 简 介

本教材分为口才技能训练和应用文写作技能训练两部分。编者以“能力培养”为目标、“工作任务”为导向、“学以致用”为原则，精心设计了普通话训练、读诵训练、演讲训练、面试口才训练、社交口才训练、党政机关公文写作训练、日常应用文写作训练、事务应用文写作训练、经济应用文写作训练、宣传应用文写作训练、科技应用文写作训练等共计13章内容。通过这些内容的教学，旨在培养高职学生的读诵能力、普通话会话能力、社交语言表达能力和常用应用文写作能力，提高学生“诵读”“演说”“写作”的综合素质。本书适用高职院校各类专业基础教学，也可作为机关、公司和其他人员自学的参考用书。

图书在版编目（CIP）数据

口才与应用文写作 / 高雅杰主编. —2版. —北京：北京交通大学出版社，2019.10
ISBN 978-7-5121-4084-4

Ⅰ. ① 口… Ⅱ. ① 高… Ⅲ. ① 口才学–教材 ② 汉语–应用文–写作–教材 Ⅳ. ① H019 ② H152.3

中国版本图书馆CIP数据核字（2019）第227135号

口才与应用文写作
KOUCAI YU YINGYONGWEN XIEZUO

责任编辑：孙晓萌
出版发行：北京交通大学出版社　　电话：010-51686414　　http://www.bjtup.com.cn
地　　址：北京市海淀区高梁桥斜街44号　　邮编：100044
印 刷 者：北京鑫海金澳胶印有限公司
经　　销：全国新华书店
开　　本：185 mm×230 mm　　印张：20.25　　字数：506千字
版　　次：2019年10月第2版　　2019年10月第1次印刷
书　　号：ISBN 978-7-5121-4084-4/H・507
定　　价：49.00元

本书如有质量问题，请向北京交通大学出版社质监组反映。对您的意见和批评，我们表示欢迎和感谢。
投诉电话：010-51686043，51686008；传真：010-62225406；E-mail：press@bjtu.edu.cn。

前 言

我国高职教育方针明确规定，职业教育要关注人的全面发展，以培养人的综合素质为第一要务，强调应用性和操作性人才的培养。然而，这些教育理念在教育实践过程中却没有得到很好的贯彻，表现为普遍忽视对学生人文职业素养的培养。这严重影响了高职教育的质量，不符合我国对高水平劳动人才的要求，也不利于学生的可持续发展。

语文综合能力是任何行业优秀人才所不可或缺的素质。人才竞争的日益激烈，使一些只具备单一专业技能的人越来越感到发展后劲严重不足。如何在大学语文课上有效地培养学生的读、说、写能力，是高职院校语文课程改革追求的目标，“读”和“说”属口语表达能力，“写”则指应用文写作能力。目前，会写、能说已日渐成为用人单位录用人才的基本标准。为了方便教师在有限的大学语文课内培养学生读、说、写三项能力，我们编写了这本集口才训练与应用文写作训练于一体的教材，以期能为广大师生教语文、学语文提供帮助。

本书由黑龙江农业经济职业学院高雅杰担任主编，黑龙江农业经济职业学院赵行梅、大连枫叶职业学院金晓晖担任副主编，黑龙江职业学院郝春生担任主审。具体参与编写人员分工如下：第 1 章、第 3 章和第 6 章由黑龙江农业经济职业学院冯华、高雅杰编写；第 2 章由黑龙江农业经济职业学院佟永波编写；第 4 章由黑龙江农业经济职业学院赵行梅、崔晓丹编写；第 5 章由黑龙江农业经济职业学院王晶、高雅杰编写；第 7 章由黑龙江农业经济职业学院高雅杰、赵行梅编写；第 8 章、第 9 章由大连枫叶职业学院金晓晖和黑龙江农业经济职业学院赵行梅编写；第 10 章由黑龙江农业经济职业学院栗延斌编写；第 11 章、第 12 章由黑龙江农业经济职业学院高雅杰、陈浩编写；第 13 章由黑龙江农业经济职业学院付江明编写。

由于编者水平有限，书中难免有不足与缺憾之处，真诚希望广大读者批评指正。

编 者

2019 年 4 月

目录

上篇　口才技能训练

下篇 应用文写作技能训练

上篇

口才技能训练

中国有句古话："一言知其贤愚。"口才，不仅能体现人们学识水平的高低，更能反映人的思想、智慧、知识、见识、性格、气质等综合素质。当今社会，竞争日益激烈，口语表达能力已经成为决定人们生活质量优劣及事业成败的重要因素。口语技能的提高，不仅有助于人们打造良好的个人形象，提升人际关系的处理能力，更能提高工作效率，更好、更快地实现人生理想。

这一部分，主要讲述口才基础知识概述、普通话训练、态势语训练、诵读训练、演讲训练、面试口才及社交口才训练七项内容，通过理论知识讲解与表达训练，帮助大家掌握、提高常用口语表达技能。

第 1 章

口才概述

【情境导入】

一位哈佛大学毕业的美国人，失业后身无分文。为了找到一份工作，他在费城的街道上徘徊了多日。一天，他鼓起勇气走进了美国巨贾鲍尔·吉勃斯先生的办公室，请求吉勃斯牺牲一分钟接见他。这位不速之客不同寻常的外表引起了吉勃斯的关注：他衣衫褴褛，全然一副穷困潦倒的样子，但精神非常饱满。一半出于好奇，一半出于怜悯，吉勃斯同意与他一谈。谈话由最初预计的几秒钟，变成几分钟，到一个小时，且依旧在继续进行中。最后，吉勃斯当即打电话给狄诺出版公司的经理——著名的金融家罗兰·泰勒，由泰勒邀请这位青年共进午餐，并给了他一个极其重要的职位。

这位穷途末路的青年，在短时间内影响了两位重要人物的决定，从此改变人生，走上阳光大道，凭借的正是卓越的沟通能力和语言表达技巧。目前，从哈佛大学走出的众多佼佼者中，已有八位当选美国总统，他们具有一个共同的特点：口才卓越，并借此走向成功。

伴随着社会快速发展的步伐，人们的文化视野、交际视野变得越来越开阔，在公开场合发表见解的需求越来越多。如果表达能力欠缺，当众讲话，不仅不能很好地展现自我，反而会让自己陷入尴尬境地，同时有可能因此坐失创造幸福生活、推进事业发展的有利时机。

1.1　口才的含义及口才训练的意义

1.1.1　口才的含义

口才是在说话、交谈、朗读、论辩、讲课、演讲等社会交际活动中所具有的口语交际才能。它是一个人的道德修养、文化积累、知识结构、思维方式、价值判断、心理素质、语言艺术和仪态仪表等综合素质的集中反映。

根据口才的特点，我们把形成口才的智能结构分为知识积累、思维能力和口头表达能力三个层次。知识积累和思维能力属于内在的素质修养，主要包括知识结构、思想观念、道德修养、心理素质和思辨能力、想象能力、联想能力等，这些要借助口语表达能力外化。口语表达能力的提高则需要从素质修养入手，二者相辅相成，互为补充。

【精彩案例 1-1】

有位著名的烹饪大师，想把自己的毕生绝活传给最得意的一位弟子。一天，他让弟子们做一道世界上最好吃的菜肴，其中一位弟子端上来一盘舌头，大师问其原因，弟子说："历来功成名就之人，大都拥有好口才，正是这东西声情并茂地描绘，才带来了许多美好的文明，才带来了人类许多欲望的满足和幸运的降临。"大师欣然。接着大师又让弟子们做一道世界上最难吃的菜肴，没想到这位弟子还是端来一盘舌头。大师不解，弟子说："舌头这东西固然美味，但它也是最难吃的。正所谓祸从口出，古往今来，世上有多少人为的灾难、罪孽，不是由舌头挑起的呢？"大师听后大笑起来，他终于找到了最适合继承自己绝活的人选。

从语言交际实践看，口才主要表现为说话的 6 种能力，即说明能力、吸引能力、说服能力、感人能力、创造能力和控制能力。

1. 说明能力

说明能力，即把话说得准确明白的能力，是口才最基本的能力。表达者能用词准确、语意明白、语句简洁、合乎语法规范，把客观概念表述得清晰、准确、连贯、得体，使听者"一听了然"，也是不容易的。比如数学家陈景润，他非常有学问，曾经写过不少专著，但由于口语表达能力的欠缺，他在讲授数学课时，很难让学生听明白，最后只能离开讲台，专心于数学知识的研究了。

【精彩案例 1-2】

一人在家里宴请客人，他请了很多朋友，但过了开席时间很久，仍有几位客人未到。主人心里很着急，于是说："为什么该来的还不来，真是的！"一些客人听到了，心想：该来的客人没来，那我们就是不该来的喽！于是悄悄地走了。主人看到有客人走了，越来越着急，连说："怎么不该走的都走了呢！"剩下的客人一听，想：如果走了的是不该走的，那我们就是该走的喽！于是又走了几个人，最后剩下一位客人。妻子说："你说话前应该先考虑一下，否则说错了，就不容易收回来了。"主人大叫冤枉，急忙解释说："我并不是叫他们走啊！"最后一位客人听了，便想：不是叫他们走，那就是叫我走了。于是，最后一位头也不回地离开了。

2. 吸引能力

吸引能力，即通过说话把别人的注意力吸引住的能力，也就是吸引周围的人倾听自己说话，使之愿意听、能听进去，并有所得的能力。余秋雨是大家比较熟悉的作家，他的很多作品，如《文化苦旅》《行者无疆》等都为人们所推崇。余秋雨不仅有文才，还有口才，与人交谈经常妙语连珠，且出口成章。

【精彩案例1－3】

海派清口创始人周立波，语言丰富、深刻、智慧、尖锐、诙谐，极具吸引力。他所讲的内容涉及社会方方面面，如股市、房产、教育、为官、做人、时尚、信仰、奥运、世界杯等。下面是周立波的经典语句，每句都蕴含十分深刻的道理，或是对社会的现象进行辛辣的讽刺和抨击，让人捧腹大笑的同时，又引人思考。

① 凡事都要一分为二，文凭确实是个好东西，但好东西未必能让我们成为什么东西！我建议大学生在求学的时候，要身在校园、心系社会，别指望老师在教你知识的同时，还能帮你读懂社会，要相信教育，但不能迷信教育。教科书上学不到真正的生存技能，经济学教授炒股大部分都被套住了！大学生要学会在实践中感悟生存！

② 说金钱是罪恶的，都在捞；说美女是祸水，都想要；说高处不胜寒，都在爬；说天堂最美好，都不去！

③ 钞票只有用掉了以后才是你的。打开皮夹子，看看没有用掉的钞票，上面印的是“中国人民银行”，跟你没关系。

④ 鉴于国内油价不断上涨，国家决定成立新的产油企业以打破垄断、遏制油价，现在共有四家成品油生产企业：中石油、中石化、中海油及中地沟油。

3. 说服能力

说服能力，即通过言语的表达使人信服、认可的能力。口才好的人，并不一定讲得很多，而在于他是否能准确了解别人的想法，“对症下药”，三言两语就能使人折服。说服能力要求言语行为具有明确的目的性，没有目的、漫无边际地讲话是没有任何实际意义的。

【精彩案例1－4】

一位驼背的小伙子非常固执地爱上了一位商人的漂亮女儿，但商人的女儿却从来没有正眼看过他，这主要是因为他是个古怪、可笑的驼子。

一天，小伙子找到商人的女儿，鼓足勇气说：“你相信姻缘天注定吗？”商人的女儿眼睛看着天空答道：“相信。”然后反问小伙子：“你相信吗？”小伙子回答：“我听说，每个男孩出生之前，上帝便会告诉他将来要娶的是哪一个女孩。我出生的时候，未来的新娘便已经许配给我了。上帝还告诉我，我的新娘是个驼背女子。我当即向上帝恳求：上帝啊，一个驼背的女人将是个悲剧，求你把驼背赐给我，再将美貌留给我的新娘。”这番话搅动了商人女儿内心深处的某些记忆，她把手伸向他，之后成为他最挚爱的妻子。

4. 感人能力

感人能力，即用语言感动别人的能力。也就是要求讲话人以自己的真情感动听者，获得以情动人的效果。如果讲话者的感情平淡、语言贫乏，那他必然感动不了听众。

【精彩案例1－5】

一次全省优秀教师表彰大会上，一位教师在回答记者“为什么愿意从重点学校调到农民工学校任教”的问题时，给大家讲了这样一段经历：她曾经给农民工学校的小学生出了一道数学题“假如你家有5口人，买来10个苹果，每个人能分到几个苹果？”由于打字员的疏忽，将“10”打成了“1”，结果，班里一位孩子，写出了一个让她震撼的答案。

答案是：每个人能分到一个苹果。后面接着写了原因：假如爷爷买来一个苹果，他一定不会吃，因为他知道，有病的奶奶一定很想吃，就会留给奶奶；但奶奶也不会吃，她通常会把苹果送给她最疼爱的小孙女——我；但我也一定不会吃这个苹果，我会把它送给每天在街上卖报纸的妈妈，因为妈妈每天在太阳下晒着，口渴的她一定需要这个苹果；但妈妈也不会吃，她一定会送给爸爸，因为爸爸进城这一年来，每天都在工地上干很累的活，却从没吃过苹果。所以，我们家每个人都会得到一个苹果。

说到这里，教师流下了眼泪，全场也报以热烈的掌声，每个人都为那个孩子的精彩回答所感动。

5. 创造能力

创造能力，即讲话中，根据思想表达的需要创造语言的能力，或者说是创造性地运用语言来表达自己思想的能力。

【精彩案例1－6】

一次，江苏省交通厅公开招聘副厅长人选，有8名候选人参加竞选。答辩会上，主考问8号答辩人：“和其他竞争者相比，你有什么优势和劣势？”8号充满自信、踌躇满志地说：“我想来想去，觉得自己没什么明显劣势。”在一片笑声中他又补充说：“缺点在一定条件下也是优点。”他的与众不同和富有创意的回答赢得了全场掌声。

6. 控制能力

控制能力，即控制自己语言所能引起的后果的能力。只会把话说出来，却不会顾及自己说的话所能引起的后果，实际是瞎说一通，这算不上有口才。控制自己语言所能引起的后果的能力，表现在如下几个方面：

① 准确把握说话分寸的能力。既要把意思说透彻，又不说过头，说得恰如其分，这是一种控制能力。

② 准确预测和控制听话人的反应能力。即针对不同的听话人和不同的情况，准确预测和有效控制听话人对自己语言所能做出反应的能力。如向人提问某件事，要考虑能不能问，从哪个角度问，用何种语气问，对方按照提问所能做出的回答是什么，等等。

③ 恰当的语言补救能力。在说话过程中已经出现问题的情况下，改用恰当的语言进行补救的能力。

【精彩案例 1－7】

清代的纪晓岚学识渊博，机智敏捷，能言善辩。一次乾隆皇帝开玩笑地问他："何为忠孝？"纪晓岚说："君叫臣死，臣不得不死，为忠；父叫子亡，子不得不亡，为孝。合起来，就叫忠孝。"纪晓岚刚答完，乾隆皇帝说："好！朕赐你一死。"纪晓岚当时就愣了：这从哪儿说起？怎么突然赐我一死？但是皇帝金口玉言，说啥算啥，纪晓岚只好谢主隆恩，三拜九叩，然后走了。纪晓岚出去以后，乾隆皇帝想：都说纪晓岚有能耐，能言善辩，我看你今天怎么办？

大概有半炷香的工夫，纪晓岚气喘吁吁地跑了进来，"扑通"一声跪在乾隆皇帝面前。乾隆道："大胆，纪晓岚！朕不是赐你一死吗？你为什么又回来了？"纪晓岚说："皇上，臣去死了，我准备跳河自杀。我正要跳河，屈原突然从河里出来了，他怒气冲冲地说，你小子不浑蛋吗？想当年我投汨罗江自杀的时候，是因为楚怀王昏庸无道；想当今皇帝，贤明豁达，你怎么能死呢！我一听，就回来了。"这样的回答，让乾隆有口难言：让他死，就等于承认自己昏庸无道；让他活着，自己又已经赐他一死。最后，乾隆不得不自我解嘲地说："好一个能言善辩的纪晓岚，你真是铁嘴铜牙啊！"

1.1.2　口才训练的意义

1. 通过口才训练，可以克服"不敢说话"的弱点

在现实生活中，有很多人不敢当众说话。这是心理问题，也是很多接受口才训练的人最难突破的一个瓶颈。演讲大师卡耐基曾经做过一个调查，即让参加口才训练的人说一下参加训练的原因，以及希望从口才训练中获得什么。调查的结果让人吃惊，大多数人的愿望与基本需要都是要解决在众人面前和公共场合不敢说话的问题。重新获得自信，能泰然自若、富有逻辑性和感染力地当众讲话，是每一位接受口才训练者的初衷。

2. 通过口才训练，可以弥补"不会说话"的不足

"不会说话"，就是无法在相应的场合组织恰当的语言表达自己内心的真实想法。其原因，一方面是知识积累程度不够的问题。还有很重要的一个方面，就是没有掌握说话技巧。会说话的人并不是天生的，而是从现实中锻炼出来的。俗话说"一分天才，九分努力"就是这个道理。

什么是"会说"，什么是"不会说"？口若悬河，滔滔不绝，不等于"会说"；沉默寡言，言语精少，也不等于"不会说"。衡量"会说"与"不会说"的一个重要标准，就是在"该说的时候"说"该说的话"。

【思考与训练】

1. 请用具体事例说明口才的六种能力。

2. 请设想在下列情况下，各位名人可能会怎么说。

① 丹麦著名童话作家安徒生常戴着一顶旧帽子在街上溜达。一次，有个人嘲笑他："你脑袋上边的那玩意儿是个什么东西，能算是顶帽子吗？"安徒生毫不客气地回敬道："……？"（25 字以内）

② 一位旅行家向海涅讲述他所发现的一个小岛时，突然说道："你猜猜看，这个小岛上有什么现象最使我感到惊奇？""什么现象？"旅行家神秘一笑说："小岛上竟没有犹太人和驴子！"作为犹太人的海涅不动声色地回答："……，就可以弥补这个缺陷了！"（25 字以内）

③ 一次，歌德与一位尖刻的批评家狭路相逢，两人面对面站着。那批评家十分傲慢地说："对一个傻子，我绝不让路！"歌德马上站到一边，微笑着说："……。"（20 字以内）

④ 美国舞蹈家邓肯曾给萧伯纳写信说："假如我们两人结婚，生下的孩子头脑像你，面孔像我，该有多好啊。"萧伯纳一本正经地回信拒绝："……，岂不是糟透了？！"（20 字以内）

⑤ 一位不怀好意的西方记者问周总理："为什么中国人走路时老低着头，而西方人却昂着头走路？"周总理作了非常巧妙的回答。他说道："……。"（30 字以内）

⑥ 阿斯特夫人是英国议会的女议员，也是丘吉尔首相的政治对手。在一次聚会时，阿斯特夫人坐在丘吉尔首相的旁边，她指着桌子上的咖啡说："如果你是我丈夫，我一定在咖啡里放毒药。"面对这一挑衅，丘吉尔慢慢端起咖啡杯，针锋相对地说："……，我一定会把咖啡喝下去。"（10 字以内）

⑦ 圣彼得堡某公爵家的大厅里，不断传出乐曲声，一场舞会正在进行。诗人普希金也应邀出席，不过，那时他还年轻，而且还没有知名度。又一首乐曲响起，普希金走到一位小姐面前，彬彬有礼地发出了邀请。谁知小姐连头也没转一下，从鼻子里哼出一声说："我可不能和小孩子一起跳舞。"面对傲慢，面对轻蔑，普希金先是一笑，然后颇有"绅士"风度地说："真对不起，小姐……。"（15 字以内）

1.2 口才训练的原则及方法

口才是一门技术，更是一门艺术。好口才并不是天生的，而是靠刻苦训练得来的。人们通过最基本的口才训练，可以做到声音洪亮、语音规范、语速适中、逻辑清晰、表情自然、感情饱满。只有掌握好口才基本功，才能进一步提高口语表达能力，使口才从技术升华为艺术。

【精彩案例 1-8】

古今中外，凡出口成章、能言善辩的演讲家、雄辩家，无一不是靠刻苦训练获得成功的。美国前总统林肯为了训练口才，徒步 30 英里到一个法院去听律师们的辩护，看他们如何论辩，如何做手势。他一边倾听，一边暗自模仿。他还曾对着树桩、成行的玉米练习口才。

我国早期无产阶级革命家、演讲家萧楚女，更是靠平时的艰苦训练，练就了非凡的口才。他在重庆国立第二女子师范教书时，除了认真备课外，每天天刚亮就跑到学校后面的山上，找一处僻静的地方，把一面镜子挂在树枝上，对着镜子开始练演讲，从镜子中观察自己的表情和动作。经过这样的刻苦训练，他掌握了高超的演讲艺术，他的教学水平也很快提高了。1926 年，他年方 30，就在毛泽东同志主办的广州农民运动讲习所工作，他的演讲至今仍然受到世人的推崇。

我国著名的数学家华罗庚，不仅有超群的数学才华，而且也是一位不可多得的辩才。他从小就注意培养自己的口才，通过背诵唐诗，来锻炼自己的“口舌”。他在总结口才训练的体会时曾经说：“勤能补拙是良训，一分辛苦一分才。”

1.2.1　口才训练的原则

1. 多听

多听，是在与别人交流的时候，多听别人的说话方式，从中学习说话技巧，从而提高自己的语言表达能力。“多听”是为“多说”做准备的。听的时候要有侧重点，例如看新闻联播时，要把侧重点放在听其语言的报道性、概括性和新闻性上。

2. 多读

多读，是多读好书、好文章，培养好的阅读习惯，从书中汲取丰富的语言表达知识。知识，可积累语言表达的素材，增加一个人的气质涵养。“多读”是为“多写”做准备的。“读”也和“听”一样，一方面注重积累素材，另一方面要有关注的侧重点。可多读人民日报的社论，学习其对事物先分析、再评价的表述方法和语言技巧。

【精彩案例 1－9】

人失去阅读必定失去独立思考的能力

——白岩松哈尔滨工业大学演讲（节选）

我的阅读分三种类型，第一个是工作性阅读，定下选题之后，我就要为了做节目大量阅读，否则晚上直播我说什么？第二个是职业性阅读。我是一个新闻人，家里订有很多的报纸杂志，我没有一天不逛报摊的，包括上网。第三个是我要看每天的新闻、每天的报道。我觉得最重要的是作为一个人的阅读，每天必须有一定的时间，去阅读跟这个时代没有关系的东西。我的乐趣来自“读与这个时代无关的、但作为一个人而读的书”。

我在 1985—1989 年期间上大学。那是一个“4 年如果不阅读，从内到外都没法儿活的年代”。20 世纪 80 年代的阅读和教育，给我们这代人带来的最大优点就是“怀疑”。“怀疑”才可能使我们更努力地想靠近真实。我觉得人的独立的思维是由独立的阅读开始的。

类似《道德经》这样的书，里头好的东西太多了，但其中有5个字深深地改变了我，叫“无私为大私”。这就是阅读的乐趣，你一直感到朦朦胧胧的很多东西，你找不到与此相对应的东西，但是突然你在《道德经》里看到了这5个字，一下子就打动了你，将来会成为你立身之本。当我辞去很多的制片人头衔要歇一段时间的时候，恰恰是看到《道德经》里有一句话叫“杯满则溢”。杯子满了就再也装不下其他东西了，怎么办，倒掉。阅读关键时刻如果找对了钥匙，会大大地帮助你。

我现在只要不工作就在家，在家基本上就处在阅读的状态中。我从来不会正襟危坐地读书，躺着卧着各种姿态都有，而且都放着音乐。

我们过多地把创意当成了天才，但是，我觉得创意是勤奋决定的。失去阅读必定失去独立思考的能力。这就是我现在非常担心网络阅读的原因所在。

3. 多说

多说，就是有准备、有计划、有条理地去说。要说得好、说得精彩，必须有充分的准备。而这一准备过程和实际说的过程，也就是在练习语言表达的过程。另外，口才的训练不仅仅是在课堂上，它需要把课内学习与课外活动结合起来。课内可采用朗读、背诵、复述、演讲、对话等多种形式进行练习。课外，还应积极参加一切能够锻炼口头表达能力的活动，如故事会、朗诵会、演讲会、论辩会等。这样，不仅课内的训练内容得到了巩固，而且还能从相互交流、相互促进、共同提高的过程中，使口语水平有一个质的飞跃。

4. 多写

多写，即平日要养成多动笔的习惯，把日常的观察、心得以各种形式记录下来，并定期进行逻辑加工与整理。这样，日积月累，可提高逻辑思维能力，为能够有序地表达打下基础。

1.2.2 口才训练的方法

练口才不仅要刻苦，还要掌握一定的方法。科学的方法可以事半功倍，加速口才的练就。每个人的学识、环境、年龄等不同，练口才的方法也会有所差异，只要选择最适合自己的方法，加上持之以恒的刻苦训练，就会在通向“口才家”的道路上迅速成长起来。

在此介绍几种简单、易行、高效的口才训练方法。

1. 速读法

“读”指的是朗读，是用嘴读，而不是用眼看。顾名思义，“速读”也就是快速地朗读。这种训练方法的目的，在于让人口齿伶俐、发音准确、吐字清晰。速读法的优点是不受时间、地点的限制，只要手头有一篇文章就可以练习。而且不受人员的限制，不需要别人的配合，一个人就可以独立完成。也可以找一位同学听，让他帮助挑出速读中出现的错误，比如哪个字发音不够准确，哪个地方吐字不够清晰等。还可以用录音机把速读过程录下来后自己听，从中找出不足，加以改进。

1）方法

找一篇演讲稿或一篇文辞优美的散文。先用字典、词典把文章中不认识或弄不懂的字、词查出来，搞清楚、弄明白，然后开始朗读。一般开始朗读的时候速度较慢，逐次加快，最后达到所能达到的最快速度。

2）要求

语速要快，但吐字清晰、发音准确。在读的过程中不要有停顿，要尽量做到发音完整。如果不把每个字音都完整地发出来，那么，速度加快以后，就会让人听不清楚，也就失去了“快”的意义。快，必须建立在吐字清楚、发音干净、利落的基础上。体育节目解说专家宋世雄的解说，就很有“快”的功夫。宋世雄解说的“快”，是快而不乱，每个字，每个音都发得十分清楚、准确，没有含混不清的地方。这就是我们练习的榜样和标杆。

2. 背诵法

背诵法，不同于前面讲的速读法。速读法的着眼点在“快”上，而背诵法的着眼点在“准”上。“诵”是对表达能力的一种训练。这里的“诵”就是常说的“朗诵”，要求在准确把握文章内容的基础上，声情并茂地表达。背诵的演讲稿或文章一定要准确，不能有遗漏或错误的地方，而且在吐字、发音上也一定要准确无误。背诵既能培养记忆能力，又能锻炼口头表达能力。记忆是口才训练必不可少的素质。没有好的记忆，要培养出好口才是不可能的。只有在大脑中有充分的知识积累，才可能出口成章。如果大脑一片空白，那么再伶牙俐齿，也无济于事。记忆与口才一样，并不是天赋的才能，后天的锻炼同样起着至关重要的作用。“背”正是对这种能力的培养。

1）方法

第一步，选一篇自己喜欢的演讲稿、散文或诗歌；

第二步，对选定的材料进行分析、理解，体会作者的思想感情，这要花工夫逐句逐段地进行分析，推敲每一个词句，从中感受作者的思想感情，并激发自己的情感；

第三步，对所选的演讲稿、散文、诗歌等进行艺术处理，比如找出重音、划分停顿等，这些都有利于准确表达内容；

第四步，在做好以上几步工作的基础上进行背诵。

在背诵的过程中，也可分步进行。第一，先将文章背下来。这个阶段不要求声情并茂，只要能达到熟练记忆就行。在背的过程中，要进一步领会作品的格调、节奏，为准确把握作品打基础。第二，将记熟的演讲稿、散文、诗歌等大声地背诵出来，并注意发声正确，而且带有一定的感情。第三，用饱满的情感、准确的语音语调背诵。

2）要求

这个训练最好能运用朗诵技巧。也可以请人听自己背诵，然后帮助指出不足，使自己在改进时有依据，这对口才训练很有好处。

3. 练声法

练声也就是练声音、练嗓子。在生活中，人们都喜欢听饱满圆润、悦耳动听的声音，而不愿听干瘪无力、沙哑干涩的声音。所以，练就悦耳动听的声音是必做的工作。

1）方法

第一，练气。练声先练气。气息是人体发声的动力，它就像汽车上的发动机一样，是发声的基础。气息的强弱和发声有着直接的关系。气不足，声音无力；用力过猛，又有损声带。所以练声，首先要学会用气，学习吸气与呼气的基本方法，一定要每天到室外做深呼吸，天长日久定会见效。

第二，练声。声音是通过气流振动声带而发出来的。练发声以前，先要做一些准备工作。先放松声带，用一些轻缓的气流振动它，让声带有点准备。声带活动开了，还要在口腔上做一些准备活动。口腔是人的一个重要共鸣器，声音的洪亮、圆润与否，都与口腔有着直接的联系。口腔活动，首先进行张闭口的练习，活动嚼肌，也就是面皮。这样等到练声时嚼肌运动起来就轻松自如了。其次，挺软腭。这个方法可以用学鸭子“gāgā”叫声来体会。人体还有一个重要的共鸣器，就是鼻腔。有人在发音时，只在喉咙上使劲，没有使用鼻腔共鸣器，所以声音单薄、音色较差。练习用鼻腔共鸣的方法可学习牛叫。但一定要注意，在平时说话时，如果只用鼻腔共鸣，那么也可能造成鼻音太重的效果。

第三，练习吐字。吐字似乎离发声远了些，其实二者是息息相关的。只有发音准确无误、清晰、圆润，吐字才能“字正腔圆”。上小学时我们学习拼音，知道每个字都是由一个音节组成的。而一个音节又可以分成字头、字腹、字尾三部分。这三部分从语音结构上来分，字头就是声母，字腹就是韵母，字尾就是韵尾。吐字发声时，一定要咬住字头。有一句话叫“咬字千斤重，听者自动容”，说的就是这个意思。所以在发音时，嘴唇一定要有力，把发音的力量放在字头上，利用字头带响字腹与字尾。字腹的发音一定要饱满、充实，口形要正确。字尾主要是归音。归音一定要到位，要完整。也就是不要念“半截子”字，要把音发完整。当然字尾也要能收住，不能把音拖得过长。

如果能按照以上的要求去练习，那么吐字一定会越来越圆润，声音也会变得越来越响亮、悦耳动听了。

2）要求

练声时，不要在早晨刚睡醒时到室外练习，室外与室内温差较大时，也不要张口就喊，以免声带受到损害。

【练一练】

科学练声的方法与技巧

1. 深吸一口气数数，看能数多少？
2. 一口气数葫芦，看能数多少个葫芦？
3. 跑 20 米左右，然后朗读一段课文，尽量避免喘气声。

4. 字正腔圆地读下列成语：

英雄好汉　　兵强马壮　　争先恐后　　光明磊落　　深谋远虑　　果实累累
五彩缤纷　　心明眼亮　　海市蜃楼　　优柔寡断　　源远流长　　山清水秀

5. 读下列绕口令：

① 男篮男穿蓝，女篮女穿绿。
男篮穿蓝练投篮，女篮穿绿练投篮。
男篮篮下天天练，女篮天天练投篮。
男篮女篮一起练，女绿男蓝绿和蓝。

② 出东门，过大桥，
大桥底下一树枣，
青的多，红的少，
拿着竿子去打枣，
一个枣，两个枣，
三个枣，四个枣，
五个枣，六个枣，
七个枣，八个枣，
九个枣，十个枣，
十个枣，九个枣，
八个枣，七个枣，
六个枣，五个枣，
四个枣，三个枣，
两个枣，一个枣。

③ 会炖我的炖冻豆腐，
来炖我的炖冻豆腐。
不会炖我的炖冻豆腐，
就别炖我的炖冻豆腐。
要是会炖我的炖冻豆腐，
炖坏了我的炖冻豆腐，
那就吃不成我的炖冻豆腐。

4. 复述法

复述法，就是把别人的讲话或文章等内容重复地叙述一遍。这种方法在课堂上使用较多。如老师让同学们看一段幻灯片，然后请同学复述幻灯片的情节或人物的对话。这种训练方法目的在于锻炼人的记忆力、反应力和语言的连贯性。

1）方法

选择一段长短适中、有一定情节的文章，最好是小说或演讲稿中叙述性较强的一段。请朗诵较好的同学朗读，然后听一遍复述一遍，反复多次地进行，直到能完全把这个作品内容复述出来。复述的时候，可把第一次复述的内容录下来，然后对比原文，看能复述多少。重复进行，看需要多少遍自己才能把全部的内容复述下来。这种练习绝不单单在于背诵，而在于锻炼语言的连贯性。如果能面对众人复述就更好了，这样还可以锻炼胆量，克服紧张心理。

2）要求

练习初期，在选材上最好选择句子较短、内容活泼的材料进行，这样便于把握、记忆、复述。随着训练的深入，可以逐渐选一些句子较长、情节少的材料进行练习。这样由易到难、循序渐进，效果会更好。做这个训练一定要有耐心与毅力，要知难而进，勇于吃苦，不怕麻烦。第一次复述时，只要能把基本情节复述出来就可以，在记不住原话的时候，可以用自己的话把意思复述出来；第二次复述时，不仅仅要复述情节，而且要能复述一定的人物语言或描写语言；第三次复述时，应基本准确地复述出人物的语言和基本的描写语言，逐次提高要求。在进行这种练习之前，最好能根据自己的实际和所选文章的情况，制定一个具体的要求。

5. 模仿法

每个人从小就会模仿，模仿大人做事、说话等。其实模仿的过程也是学习的过程。练口才也可以模仿这方面有专长的人。

1）模仿专人

在生活中，找一位口语表达能力强的人，请他讲几段最精彩的话，录下来进行模仿。也可以把喜欢的、又适合模仿的播音员、演员的声音录下来，进行模仿。

2）专题模仿

几个同学在一起，请一个人先讲一段小故事、小幽默，然后大家轮流模仿，看谁模仿得最像。这种训练可以采用打分的形式，大家一起来评分，表扬模仿最成功的一位。这个方法简单易行，且具有娱乐性，课上、课间、课后都可以进行。所要注意的是，每个人讲的小故事、小幽默一定要新鲜有趣，大家爱听爱学。而且在讲以前一定要做准备工作，争取讲得准确、生动、形象。

3）随时模仿

每天在听广播，看电视、电影时，可以随时跟着播音员、演员进行模仿，重点模仿他的声音、语调、神态、动作。天长日久，口语能力能大大提高，而且文学知识、词汇量等也会有所增长。所要注意的是，选择适合自己、对身心有益处的对象和语言动作进行模仿。

6. 描述法

描述法类似于看图说话，只是要看的不仅仅是书本上的图，还有生活中的一些景、事、物、人。简单地说，描述法就是把看到的景、事、物、人，用描述性的语言表达出来的方法。描述法比以上的几种训练法在难度上更大。没有现成的演讲稿、散文、诗歌等作为练习材料，要求自己组织语言进行描述。所以，描述法训练的主要目的，在于训练语言组织能力和表述的条理性。即兴讲话、演讲、论辩无不需要有较强的语言组织能力，组织语言能力是口语表达的基本功。

1）方法

把一幅画或一个景物作为描述的对象。第一步，对要描述的对象进行观察。比如，所要描述的对象是“秋天的小湖边”，那么要观察湖的周围有些什么，有树？有假山？有凉亭？有游人？并且树是什么样子？山是什么样子？凉亭在这湖光山色、树影的衬托下又是什么样子？秋天里的游人此时该是一种什么心情？这一切需要用眼睛观察、用心感受。只有认真观察，描述才有基础。第二步，描述。描述时一定要抓住景物的特点、有顺序地进行。

2）要求

抓住特点描述。语言要清楚、明白，有一定的文采。描述时不要变成流水账，平平淡淡，要使用形象、生动的语言。要讲顺序，不要东一句，西一句。描述的时候允许联想和想象。比如，观察到秋天的湖边有一位白发苍苍的老爷爷，孤独地坐在斑驳陆离的树阴下，可能联想到自己的爷爷，也可能联想到这个老人的生活晚景，还可能想到“夕阳无限好，只是近黄昏”这样的诗句……在描述的时候，可以把这些加进去，使描述更有内涵。

7. 角色扮演法

角色一词，是从戏剧、电影中借用来的，是指演员扮演的戏剧或电影中的人物。这里的角色，与戏剧、电影中讲的角色，有着相同的意义。角色扮演法，就是要像演员那样去演戏，去扮演作品中出现的不同的人物，当然这个扮演主要是在语言上的扮演。

1）方法

第一，选一篇有情节、有人物的小说、戏剧作为材料；

第二，对选定的材料进行分析，特别要分析人物的语言特点；

第三，根据作品中人物的多少，找同学分别扮演不同的人物角色。比比看，谁最能准确地扮演角色，也可一个人扮演多种角色，以此培养语言适应力。

2）要求

此训练的目的，在于培养语言的个性与适应性以及表情、动作的生动性。这种训练法要求“演”的成分重，不仅要求声音洪亮、充满感情、停顿得当，还要求配有一定动作和表情，绘声绘色、惟妙惟肖地把人物的性格表现出来。

【思考与训练】

一、参照下列内容，设计适合自己的口才训练计划。

口才训练计划

1. 目标：锻炼最大胆的发言，锻炼最大声的说话，锻炼最流畅的演讲。

2. 自我激励誓言：我一定要最大胆地发言，我一定要最大声地说话，我一定要最流畅地演讲。

3. 训练内容。

（1）积极心态的训练

自我暗示：每天清晨默念 10 遍“我一定要最大胆地发言，我一定要最大声地说话，我一定要最流畅地演讲。我一定行！今天一定是幸福快乐的一天！”

（2）想象训练

至少 5 分钟想象自己在公众场合成功的演讲；至少 5 分钟在镜前学习微笑，展示自己的手势及形态。

（3）口才锻炼

① 每天至少 10 分钟深呼吸训练。

② 抓住一切机会当众讲话。

③ 每天至少与 5 个人有意识地交流思想。

④ 每天至少大声朗诵或大声说话 5 分钟。

⑤ 每天训练自己“3 分钟演讲”一次或“3 分钟默讲”一次。

⑥ 每天至少给亲人、同学讲一个故事或完整叙述一件事情。

⑦ 注意讲话时的一些技巧：

讲话前深吸一口气，平静心情，面带微笑，眼神交流一遍后，开始讲话；

勇敢地讲出第一句话，声音大一点，速度慢一点，语句中间不打岔；

当发现紧张卡壳时，停下来有意识地深吸口气，然后随着呼气讲出来；

如果表现不好，自我安慰“刚才怎么又紧张了？没关系，继续平稳地讲”；同时，用感觉和行动上的自信战胜恐惧；

紧张时，可以做放松练习，深呼吸，或尽力握紧拳头，又迅速放松，连续 10 次。

（4）辅助锻炼

① 每天至少 20 分钟阅读书籍，培养自己积极的心态。

② 每天放声大笑 10 次，乐观地面对生活、放松情绪。

③ 每天躺在床上朗读，坚持读一篇文章 3 遍，练习胸腹呼吸，提高声音音质。

④ 训练接受他人的视线、目光，培养自信和观察力。

⑤ 培养灿烂、真诚微笑的习惯，锻炼亲和力。

⑥ 每天总结得与失，写心得体会。每周要全面总结成效及不足，并确定下周目标。

二、“语商”测试。

① 你觉得，会说话对人一生的影响（　　）。

A. 重要　　　　B. 一般　　　　C. 不重要

② 你和很多人在一起交谈时，你会（　　）。

A. 有时插上几句　　B. 让别人说，自己只是旁听者

C. 善用言谈来增加别人对你的好感

③ 在公共场合，你的表现是（ ）。

A. 很善于言辞 B. 不善言辞 C. 羞于言谈

④ 假如一个依赖性很强的朋友，打电话与你聊天，而你没有时间，你会（ ）。

A. 问他是否有重要事，如没有，回头再打给他

B. 告诉他你很忙，不能和他聊天

C. 不接电话

⑤ 因为一次语言失误，在同事间产生了不好的影响，你会（ ）。

A. 一样的多说话

B. 以良好言行尽力寻找机会挽回影响

C. 害怕说话

⑥ 有人告诉你某某说过你的坏话，你会（ ）。

A. 处处提防他 B. 也说他的坏话 C. 主动与他交谈

⑦ 在朋友的生日宴会上，你结识了朋友的同学，当你再次看见他时（ ）。

A. 匆匆打个招呼就过去了

B. 一张口就叫出他的名字，并热情地与之交谈

C. 聊了几句，并留下新的联系方式

⑧ 你说话被别人误解后，你会（ ）。

A. 多给予谅解 B. 忽略这个问题 C. 不再搭理人

计分标准：

① 选 A，2 分，选 B，1 分，选 C，0 分。

② 选 A，1 分，选 B，0 分，选 C，2 分。

③ 选 A，2 分，选 B，1 分，选 C，0 分。

④ 选 A，2 分，选 B，1 分，选 C，0 分。

⑤ 选 A，0 分，选 B，2 分，选 C，1 分。

⑥ 选 A，1 分，选 B，0 分，选 C，2 分。

⑦ 选 A，0 分，选 B，2 分，选 C，1 分。

⑧ 选 A，2 分，选 B，1 分，选 C，0 分。

测试分析：

得分在 0～5 分之间，表明语商较低，语言表达能力和语言沟通能力还很欠缺。如果性格太内向，这会阻碍语言能力的提高，应该尽力改变这种状况，跳出自己的小圈子，多与外界人接触，寻找一些与别人言语交流的机会，努力培养自己的说话能力。只有这样，才有希望成为一个受欢迎的人。

得分在 6～11 分之间，表明语商良好，语言表达能力和语言沟通能力一般，如果再加把劲儿，就可以很自如地与人交流了。提高语言能力的法宝是主动出击，这样可以在语言交流中赢得主动权，语商能力自然会迈上一个新的台阶。

得分在 12～16 分之间，表明语商很高，能清楚怎样表达自己的情感和思想，能够很好地理解和支持别人，不论同事还是朋友、上级还是下级，都能和他们保持良好的言谈关系。值得注意的是：千万不要炫耀自己的这种沟通和交流能力。那样会被人认为是故意讨好别人，是十分虚伪的表现。尤其是对那种不善于与人沟通的人，更要十分注意，要做到用真诚去打动别人。只有这样，才能长久地维持好人缘，语商才能表现得更高。

第 2 章

普通话训练

【情境导入】

各方面条件都很优越的某高校应届毕业生王玲，因向湖北某集团公司人力资源部总监做自我介绍时，带有较重的地方口音而被招聘单位当场婉拒。公司的理由很简单：不录用带着浓重乡音的员工。

小刘是某高校经管专业应届毕业生，有着同样的遭遇。他应聘的是一家国内大型乳制品公司的销售员，无论是专业背景还是个人条件，公司都很满意，但小刘的一口“广西普通话”，让用人单位最终选择了放弃。

而××大学电子商务专业的胡琼比较有先见之明，早在大三时，她就报名参加了普通话培训班。毕业前夕，通过面试，她顺利地与杭州某外贸公司签约成功。

上述三例说明，即将毕业的大学生，能说一口标准的普通话，是成功求职和可持续发展的必要基础。

2.1 普通话基础知识

2.1.1 普通话的概念

普通话是“以北京语音为标准语音，以北方方言为基础方言，以典范的现代白话文著作为语法规范的现代汉民族共同语”。我国的宪法及有关法律、法规都要求推广使用普通话。

1. 语音标准

普通话在语音方面以北京语音为标准音。自元朝以来，北京一直是中国的政治、经济、文化中心。明清时期，以北京语音为标准音的“官话”传播到全国各地。五四运动后，掀起了“普通话运动”。这些都极大地促进了北京语音的传播，使北京语音最终成为“国音”。

2. 词汇标准

普通话以北方话词汇为标准词汇。北方话用在北方方言区，使用人口最多(汉族人口 73%

以上，分布在从东北的黑龙江到西南的云贵高原、从西北的玉门关到东海之滨及长江沿岸的广阔地域），具有广泛性和普遍性。普通话是在北方方言基础上形成和发展起来的，北方话的词汇是构成普通话词汇的基础。需要强调的是，北方方言的词语中也有许多北方各地的土语，比如北京人把“吝啬”说成“抠门儿”，把“肥皂”叫作“胰子”。时下比较火的东北方言里土语就更多了，比如，普通话说“这个人长得真难看”，东北方言说成：“这个人长的老砢碜了”；东北方言形容“多”，可以说成“贼多、成多了、老多了、老鼻子了、海了”。像这样的方言词语在正式的场合不能过多使用，否则会造成交流的障碍，引起不必要的误会。所以，不能把所有北方方言的词汇都作为普通话的词汇标准，要有选择和区别。

【精彩案例 2－1】

1998 年，东北某省发大水，中央一位联络员与该省某领导电话联系，询问水灾情况。该省领导开口便说：“哎呀妈呀，首长啊!! 俺们这噶水老大了!”

联络员问：“具体情况怎么样？都哪些地区被淹了？”

某省领导说：“俺们这噶整个浪都淹了!!”

联络员摊开地图查找“整个浪”这个地方，结果怎么也找不到。

注：“整个浪”在东北方言中就是“全、都”的意思。

3. 语法标准

普通话在语法方面，以典范的现代白话文著作为语法标准。“典范的现代白话文”包含有四层意思：区别于文言文、区别于五四运动以前的早期白话文、区别于不典范的现代白话文、区别于方言写的作品。唐宋时期产生了一种接近口语的书面语——白话；宋元以来的白话文学又逐渐确立了白话的书面语地位；明清时期白话文学作品广泛流传，进一步扩大了白话的影响；五四运动后，掀起了“白话文运动”，巩固了白话文的语法地位，最终使白话文的语法规则成为普通话的语法标准。

2.1.2 声母

声母，是汉语音节开头的辅音。普通话有 21 个辅音声母（除零声母外），不同的声母是由不同的发音部位和发音方法决定的。

1. 声母的分类及发音方法

发音部位指气流受到阻碍的部位。发音方法是指阻碍气流、消除阻碍的方式、气流的强弱及声带是否颤动等。按发音部位给声母分类可分为七类：双唇音、唇齿音、舌尖前音、舌尖中音、舌尖后音、舌面音、舌根音。按发音方法分类，声母可分为五类：塞音、塞擦音、擦音、鼻音、边音，普通话声母总表如表 2－1 所示。

表 2－1　普通话声母总表

发音部位	塞音		塞擦音		擦音		鼻音	边音
	清音		清音		清音	浊音	浊音	浊音
	不送气	送气	不送气	送气				
双唇音	b	p					m	
唇齿音					f			
舌尖前音			z	c	s			
舌尖中音	d	t					n	l
舌尖后音			zh	ch	sh	r		
舌面音			j	q	x			
舌根音	g	k			h			

1）双唇音

b 发音时，双唇闭合，软腭上升，堵塞鼻腔通路，声带不颤动，较弱的气流冲破双唇的阻碍，迸裂而出，爆发成音。如“奔波”“标兵”的声母。

p 发音的状况与 b 相近，只是发 p 时有一股较强的气流冲开双唇。如“匹配”“批判”的声母。

m 发音时，双唇闭合，软腭下降，气流振动声带从鼻腔通过。如“美妙”“明媚”的声母。

2）唇齿音

f 发音时，下唇接近上齿，形成窄缝，气流从唇齿间摩擦出来，声带不颤动。如“丰富”“芬芳”的声母。

3）舌尖前音

z 发音时，舌尖平伸，抵住上齿背，软腭上升，堵塞鼻腔通路，声带不颤动，较弱的气流把阻碍冲开一条窄缝，从窄缝中挤出，摩擦成声。如“总则”“自在”的声母。

c 和 z 的发音区别不大，不同的地方在于 c 气流较强。如“粗糙”“参差”的声母。

s 发音时，舌尖接近上齿背。气流从窄缝中挤出，摩擦成声，声带不颤动。如“思索”“松散”的声母。

4）舌尖中音

d 发音时，舌尖抵住上齿龈，软腭上升，堵塞鼻腔通路，声带不颤动，较弱的气流冲破舌尖的阻碍，迸裂而出，爆发成声。如“等待”“定夺”的声母。

t 发音的状况与 d 相近，只是发 t 时气流较强。如“淘汰”“团体”的声母。

n 发音时，舌尖抵住上齿龈，软腭下降，打开鼻腔通路，气流振动声带，从鼻腔通过。如“能耐”“泥泞”的声母。

l发音时，舌尖抵住上齿龈，软腭上升，堵塞鼻腔通路，气流振动声带，从舌头两边通过。如“玲珑”“嘹亮”的声母。

【精彩案例 2–2】

一个朋友边音和鼻音不分，多次提醒，此公不以为然。前日，此公到外地出差，在大街上被一辆摩托车撞倒，肇事车逃逸。此公全身多处受伤，其状甚惨。警察赶到后，询问肇事者情况，朋友边哼哼边反映情况：“一男一驴（女）。”警察连问数遍，均回答一男一驴。警察恍然大悟，转身对另一警察说：“马上发协查通报，通缉张果老。”

5）舌尖后音

zh发音时，舌尖上翘，抵住硬腭前部，软腭上升，堵塞鼻腔通路，声带不颤动，较弱的气流把阻碍冲开一条窄缝，从窄缝中挤出，摩擦成声。如“庄重”“主张”的声母。

ch发音的状况与zh相近，只是气流较强。如“车床”“长城”的声母。

sh发音时，舌尖上翘接近硬腭前部，留出窄缝，气流从缝间挤出，摩擦成声，声带不颤动。如“闪烁”“山水”的声母。

r发音状况与sh相近，只是声带不颤动。如“容忍”“柔软”的声母。

6）舌面音

j发音时，舌面前部抵住硬腭前部，软腭上升，堵塞鼻腔通路，声带不颤动，较弱的气流把阻碍冲开，形成一条窄缝，气流从窄缝中挤出，摩擦成声。如“境界”“将就”的声母。

q发音的状况与j相近，只是气流较强。如“秋千”“亲切”的声母。

x发音时，舌面前部接近硬腭前部，留出窄缝，软腭上升，堵塞鼻腔通路，声带不颤动，气流从窄缝中挤出，摩擦成声。如“形象”“虚心”的声母。

7）舌根音

g发音时，舌根抵住软腭，软腭后部上升，堵塞鼻腔通路，声带不颤动，较弱的气流冲破舌根的阻碍，爆发成声。如“巩固”“改革”的声母。

k发音的状况与g相近，只是气流较强。如“宽阔”“刻苦”的声母。

h发音时，舌根接近软腭，留出窄缝，软腭上升，堵塞鼻腔通路，声带不颤动，气流从窄缝中摩擦出来。如“欢呼”“辉煌”的声母。

【精彩案例 2–3】

“风口”与“疯狗”

两位朋友在一起吃饭，广西人有点感冒，发现自己坐在空调风口下，便说：“我感冒，不能坐在疯狗（风口）边。”说完就换座了。另一位朋友不乐意了：“啥意思，骂谁是狗呢？”

2. 声母辨音

1）zh、ch、sh和z、c、s对比辨音

由于发声母zh、ch、sh音的时候，舌尖上翘，所以又叫翘舌音。发声母z、c、s音的时候，舌尖平伸，所以又叫平舌音。全国很多方言区都会出现平翘舌不分，如“开始”读成“开死”等。在学习平翘舌声母时，同样要知道哪些字发平舌音，哪些字发翘舌音，请参看zh–z、ch–c、sh–s辨音字表。

自（zì）愿—志（zhì）愿
私（sī）人—诗（shī）人
粗（cū）布—初（chū）步
新村（cūn）—新春（chūn）
资（zī）助—支（zhī）柱
糟（zāo）了—招（zhāo）了
搜（sōu）集—收（shōu）集
从（cóng）来—重（chóng）来
阻（zǔ）力—主（zhǔ）力
桑（sāng）叶—商（shāng）业
栽（zāi）花—摘（zhāi）花
八层（céng）—八成（chéng）
早（zǎo）到—找（zhǎo）到
三（sān）顶—山（shān）顶
鱼刺（cì）—鱼翅（chì）
仿造（zào）—仿照（zhào）
姿（zī）势—知（zhī）识
宗（zōng）旨—中（zhōng）止
自（zì）动—制（zhì）动
近似（sì）—近视（shì）
增（zēng）订—征（zhēng）订
资（zī）源—支（zhī）援
木材（cái）—木柴（chái）
申诉（sù）—申述（shù）
五岁（suì）—午睡（shuì）
肃（sù）立—树（shù）立
乱草（cǎo）—乱吵（chǎo）

读一读下面的绕口令：

四是四，十是十，十四是十四，四十是四十，不要把十四说成四十，不要把四十说成十四。

2）n和l对比辨音

普通话中的n和l是对立的音位，分得很清楚。但是在很多方言区中n和l是不分的，对于那些n、l不分的方言区来说，学习起来比较困难一点。首先要读准n和l，然后要知道哪些字的声母是n，哪些字的声母是l，这需要有个记忆过程。

由于n发音时，气流从鼻腔通过，所以发出的声音带有“鼻音”。而l在发音前，舌头向上卷，发音时，舌头伸平，不带有鼻音，即使用手捏住鼻子也能发音。

无赖（lài）—无奈（nài）
男（nán）裤—蓝（lán）裤
脑（nǎo）子—老（lǎo）子
留念（niàn）—留恋（liàn）
南（nán）部—蓝（lán）布
牛（niú）黄—硫（liú）磺
水牛（niú）—水流（liú）
旅（lǚ）客—女（nǚ）客
连（lián）夜—年（nián）夜
浓（nóng）重—隆（lóng）重
烂泥（ní）—烂梨（lí）
大娘（niáng）—大梁（liáng）

【精彩案例 2-4】

“作料”与“作尿”

某某电视台《天天饮食》节目主持人支持节目时 n 和 l 不分，闹出了笑话。

…………

下面我们再加一点“作尿”，菜的味道好不好“作尿”很关键！

试问加了“作尿”的菜观众还能吃吗？

3）r 和 l 对比辨音

吴方言、江淮方言、闽方言和山东方言的部分地区，没有 r 声母，凡普通话 r 的声母字，通常改读成 l、z、y 声母或 i、ü开头的零声母字。如福州话把“绒的”读成“聋的”，沈阳话将“人”读成了“yín”。

从发音部位看，r 是舌尖后音，同 zh、ch、sh 发音部位一样，是由舌尖和硬腭前部构成阻碍而发的音。从发音方法看，r 是浊擦音，发音时，舌尖上翘，抵硬腭前部留一小缝，让气流从小缝中摩擦而出，同时声带颤动。为找到正确的感觉，可以先发“sh”音，然后振动声带，即是“r”音。

r 和 l 的区别是发音部位不同，舌尖抵搭的位置有前后之别。r 的发音部位在硬腭，l 的发音部位在齿龈。发音方法也不同，r 发音除阻时，气流的通道很窄，限于舌尖和硬腭之间的一点点缝隙，摩擦很重；而 l 发音除阻时，气流的通道在舌侧两边，很宽松，摩擦不十分明显。

碧蓝（lán）—必然（rán）

阻拦（lán）—阻燃（rán）

卤（lǔ）汁—乳（rǔ）汁

近路（lù）—进入（rù）

衰落（luò）—衰弱（ruò）

收录（lù）—收入（rù）

娱乐（lè）—余热（rè）

囚牢（láo）—求饶（ráo）

露（lòu）馅—肉（ròu）馅

流露（lù）—流入（rù）

脸（liǎn）色—染（rǎn）色

绒（róng）子—聋（lóng）子

4）f 和 h 对比辨音

湘、赣、客家、闽、粤等方言都不能区分声母 f 和 h，北方方言、江淮方言及西南方言也存在 f 和 h 混读的现象。在学习时首先注意 f 和 h 的发音，然后要清楚声母 f 和 h 相对应的字词。

舅父（fù）—救护（hù）

附（fù）注—互（hù）助

斧（fǔ）头—虎（hǔ）头

奋（fèn）战—混（hùn）战

方（fāng）地—荒（huāng）地

公费（fèi）—工会（huì）

防（fáng）虫—蝗（huáng）虫

飞（fēi）机—灰（huī）鸡

复（fù）员—互（hù）援

读一读下面的绕口令：

丰丰和芳芳，上街买混纺。红混纺，粉混纺，黄混纺，灰混纺，红花混纺做裙子，粉花混纺做衣裳。红、粉、灰、黄花样多，五颜六色好混纺。

5）零声母

普通话中有一部分读零声母的字，如“鹅、爱、欧、袄、安”等在有些方言中读成了带声母的字，大致情况如下。

在读以a、o、e开头的零声母字时，常在前面加舌根鼻音 ng，如青岛人将“安”读成“ngan”，“欧”读成“ngou”，“恩”读成“ngen”。纠正时，只要去掉舌根鼻音 ng，直接发元音就行了。

普通话中合口呼的零声母字，有的方言读成了［v］（唇齿浊擦音）声母，如“万、闻、物、尾、问”等字在吴方言中读成［v］声母。这只要在发音时注意把双唇拢圆，不要让下唇和上齿接触，就可以改正了。

爱（ài）心—耐（nài）心	海岸（àn）—海难（nàn）
大义（yì）—大逆（nì）	傲（ào）气—闹（nào）气
疑（yí）心—泥（ní）芯	语（yǔ）序—女（nǚ）婿
文（wén）风—门（mén）风	余味（wèi）—愚昧（mèi）
每晚（wǎn）—美满（mǎn）	纹（wén）路—门（mén）路
万（wàn）丈—幔（màn）帐	五味（wèi）—妩媚（mèi）

普通话里部分零声母字，在一些方言里带上了声母，读成了有声母的字。开口呼韵母，如“爱”，天津话加上了 n 声母。“额”，成都话、广州话加上了 ng。合口呼韵母，如“文”，广州话加上了 m。普通话部分有声母的字，在有的方言里又变成了零声母字。r 声母字，在粤方言里大多变成了齐齿呼字。

例如：“燃料”（rán liào）读成 yán liào，“日本”（rì běn）读成 yì běn。要熟悉常见的零声母字和非零声母字。

2.1.3 韵母

1. 韵母的结构

韵母是一个音节中声母后面的部分，主要由元音构成。

韵母一般由韵头、韵腹和韵尾构成。韵腹是韵母的主干，又叫作主要元音，一般由a、o、e、ê、i、u、ü、er、-i（“思”的韵母）、-i（“诗”的韵母）等元音充当。韵头是韵腹前面的元音，介于声母和韵腹之间，又叫作介音或介母，一般由 i、u、ü 等元音充当。韵尾是韵腹后面的部分，一般由 i、u（o）、n、ng 等元音或辅音充当。

所有的韵母都有韵腹，但不是所有的韵母都有韵头和韵尾，例如：温（wen）有韵头、韵腹和韵尾，“凹”（ao）就只有韵腹和韵尾，而“鸭”（ya）只有韵头和韵腹。

【精彩案例 2-5】

某领导的普通话

原文：
大会开鼠，项在请领导花阳。
各位女婿乡绅们：
瓦们汕头，轰景买丽，高通荒便，
山鸡很多，欢迎你来逃猪！瓦花展，
你撞墙。完了，吓吓大家。真的是吓吓
大家。

译文：
大会开始，现在请领导发言。
各位女士先生们：
我们汕头，风景美丽，交通方便，
商机很多，欢迎你们来投资！我发展，
你赚钱。完了，谢谢大家。真的是谢谢
大家。

2. 韵母的分类及发音

普通话韵母共有三十九个。按结构可以分为单韵母、复韵母、鼻韵母；按开头元音发音口形可分为开口呼、齐齿呼、合口呼、撮口呼，简称“四呼”，普通话韵母总表如表 2-2 所示。

表 2-2 普通话韵母总表

项目	开口呼	齐齿呼	合口呼	撮口呼
单韵母	-i	i	u	ü
	a	ia	ua	
	o		uo	
	e			
	ê	ie		üe
	er			
复韵母	ai		uai	
	ei		uei	
	ao	iao		
	ou	iou		
鼻韵母	an	ian	uan	üan
	en	in	uen	ün
	ang	iang	uang	
	eng	ing	ueng	
			ong	iong

1）单韵母

由一个元音构成的韵母叫单韵母，又叫单元音韵母。单元音韵母发音的特点是自始至终口形不变，舌位不移动。普通话中单元音韵母共有十个：ɑ、o、e、ê、i、u、ü、-i（前）、-i（后）、er。

（1）舌面元音

ɑ 发音时，口腔大开，舌头前伸，舌位低，舌头居中，嘴唇呈自然状态。如“沙发”“开花”“打靶”的韵母。

o 发音时，口腔半合，舌位半高，舌头后缩，嘴唇拢圆。如“波”“泼”“摸”的韵母。

e 发音状况大体像 o，只是双唇自然展开成扁形。如“歌”“苛”“喝”的韵母。

ê发音时，口腔半开，舌位半低，舌头前伸，舌尖抵住下齿背，嘴角向两边自然展开，唇形不圆。如“诶”的读音。在普通话里，ê很少单独使用，经常出现在 i、ü的后面，在 i、ü后面时，书写要省去符号“∧”。

i 发音时，口腔开度很小，舌头前伸，后舌面上升接近硬腭，气流通路狭窄但不发生摩擦，嘴角向两边展开成扁平状。如“低”“体”“米”的韵母。

u 发音时，口腔开度很小，舌头后缩，后舌面上升接近硬腭，气流通路狭窄但不发生摩擦，嘴唇拢圆成小孔。如“图书”“互助”的韵母。

ü发音时，口腔开度很小，舌头前伸，前舌面上升接近硬腭，但气流通过时不发生摩擦，嘴唇拢圆成一小孔。发音情况和 i 基本相同，区别是ü嘴唇是圆的，i 嘴唇是扁的。如“语句”“盱眙”的韵母。

（2）舌尖元音

-i（前）发音时，舌尖前伸，对着上齿背形成狭窄的通道，气流通过不发生摩擦，嘴唇向两边展开。用普通话念“私”并延长，字音后面的部分便是 -i（前）。这个韵母只跟 z、c、s 配合，不和任何其他声母相拼，也不能自成音节。如“资”“此”“思”的韵母。

-i（后）发音时，舌尖上翘，对着硬腭形成狭窄的通道，气流通过不发生摩擦，嘴角向两边展开。用普通话念“师”并延长，字音后面的部分便是 -i（后）。这个韵母只跟 zh、ch、sh、r 配合，不与其他声母相拼，也不能自成音节。如“知”“吃”“诗”的韵母。

（3）卷舌元音

er 发音时，口腔半开，开口度比ê略小，舌位居中，稍后缩，唇形不圆。在发 e 的同时，舌尖向硬腭轻轻卷起，不是先发 e，然后卷舌，而是发 e 的同时舌尖卷起。“er”中的 r 不代表音素，只是表示卷舌动作的符号。er 只能自成音节，不和任何声母相拼。如“儿”“耳”“二”字的韵母。

2）复韵母

由两个或三个元音结合而成的韵母叫复韵母。普通话共有十三个复韵母：ɑi、ei、ɑo、ou、iɑ、ie、uɑ、uo、üe、iɑo、iou、uɑi、uei。根据主要元音所处的位置，复韵母可分为前响复韵母、中响复韵母和后响复韵母。

（1）前响复韵母

前响复韵母共有四个：ai、ei、ao、ou。它们的共同特点是前一个元音清晰响亮，后一个元音轻短模糊，音值不太固定，只表示舌位滑动的方向。

ai发音时，先发a，这里的a舌位前，念得长而响亮，然后舌位向i移动，不到i的高度。i只表示舌位移动的方向，音短而模糊。例如“白菜”“海带”“买卖”的韵母。

ei发音时，先发e，比单念e时舌位靠前一点，这里的e是个中央元音，然后向i的方向滑动。例如“配备”“北美”“黑霉”的韵母。

ao发音时，先发a，这里的a舌位靠后，是个后元音，发得响亮，接着向o的方向滑动。例如“高潮”“报道”“吵闹”的韵母。

ou发音时，先发o，接着向u滑动，舌位不到u即停止发音。例如“后楼”“收购”“漏斗”的韵母。

（2）中响复韵母

中响复韵母共有四个：iao、iou、uai、uei。它们共同的发音特点是前一个元音轻短，后面的元音含混，音值不太固定，只表示舌位滑动的方向，中间的元音清晰响亮。

iao发音时，先发i，紧接着发ao，使三个元音结合成一个整体。例如“巧妙”“小鸟”“教条”的韵母。

iou发音时，先发i紧接着发ou，紧密结合成一个复韵母。例如“优秀”“求救”“牛油”的韵母。

uai发音时，先发u，紧接着发ai，使三个元音结合成一个整体。例如“摔坏”“外快”的韵母。

uei发音时，先发u，紧接着发ei，紧密结合成一个整体。例如“退回”“归队”的韵母。

中响复韵母在自成音节时，韵头i、u改写成y、w。复韵母iou、uei前面加声母的时候，要省写成iu、ui，例如liu（留）、gui（归）等；不跟声母相拼时，不能省写，用y、w开头，写成you（油）、wei（威）等。

（3）后响复韵母

后响复韵母共有五个：ia、ie、ua、uo、üe。它们的共同特点是前面的元音发得轻短，只表示舌位从那里开始移动，后面的元音发得清晰响亮。

ia发音时，i表示舌位起始的地方，发得轻短，很快滑向前元音a，a发得长而响亮。例如“加价”“假牙”“压下”的韵母。

ie发音时，先发i，很快发ê，前音轻短，后音响亮。例如“结业”“贴切”“趔趄”的韵母。

ua发音时，u念得轻短，很快滑向a，a念得清晰响亮。例如“花褂”“挂花”的韵母。

uo发音时，u念得轻短，舌位很快降到o，o清晰响亮。例如“过错”“活捉”“阔绰”的韵母。

üe发音时，先发高元音ü，ü念得轻短，舌位很快降到ê，ê清晰响亮。例如“雀跃”“决绝”的韵母。

后响复韵母在自成音节时，韵头i、u、ü改写成y、w、yu。

3）鼻韵母

由一个或两个元音后面带上鼻辅音构成的韵母叫鼻韵母。鼻韵母共有十六个：an、ian、uan、üan、en、in、uen、ün、ang、iang、uang、eng、ing、ueng、ong、iong。

an发音时，先发a，然后舌尖向上齿龈移动，最后抵住上齿龈，发前鼻音n。例如“感叹”“灿烂”的韵母。

en发音时，先发e，然后舌尖向上齿龈移动，抵住上齿龈，发鼻音n。例如“认真”“根本”的韵母。

in发音时，先发i，然后舌尖向上齿龈移动，抵住上齿龈，发鼻音n。例如“拼音”“尽心”的韵母。

ün发音时，先发ü，舌尖向上齿龈移动，抵住上齿龈，气流从鼻腔通过。例如“均匀”“军训”的韵母。

in、ün自成音节时，写成yin（音）、yun（晕）。

ian发音时，先发i，i轻短，接着发an，i与an结合得很紧密。例如“偏见”“先天”的韵母。

uan发音时，先发u，紧接着发an，u与an结合成一个整体。例如“贯穿”“转弯”的韵母。

üan发音时，先发ü，紧接着发an，ü与an结合成一个整体。例如“轩辕”“全权”的韵母。

uen发音时，先发u，紧接着发en，u与en结合成一个整体。例如“春笋”“温存”的韵母。

ang发音时，先发a。舌头逐渐后缩，舌根抵住软腭，气流从鼻腔通过。例如“厂房”“沧桑”的韵母。

eng发音时，先发e，舌根向软腭移动，抵住软腭，气流从鼻腔通过。例如“更正”“生冷”的韵母。

ing发音时，先发i，舌头后缩，舌根抵住软腭，发后鼻音ng。例如“定型”“命令”的韵母。ing自成音节时，写作ying（英）。

ong发音时，舌根抬高抵住软腭，发后鼻音ng。例如“工农”“红松”的韵母。

iang发音时，先发i，接着发ang，使二者结合成一个整体。例如“亮相”“想象”的韵母。

iong发音时，先发i，接着发ong，二者结合成一个整体。例如“汹涌”“穷凶”的韵母。

uang发音时，先发u，接着发ang，由u和ang紧密结合而成。例如“状况”“双簧”的韵母。

ueng发音时，先发u，接着发eng，由u和eng紧密结合而成。ueng自成音节，不拼声母。例如“翁”“瓮”。

iang、iong、uang、ueng自成音节时，韵头i、u改写成y、w。

另外，uen跟声母相拼时，省写作un。例如lun（伦）、chun（春）。uen自成音节时，仍按照拼写规则，写作wen（温）。

2.1.4 声调

声调是音节的高低升降变化，它主要是由音高决定的。音乐中的音阶也是由音高决定的。因此，声调可以用音阶来模拟，学习声调也可以借助于自己的乐感。但要注意，声调的音高是相对的，不是绝对的；声调的升降变化是滑动的，不像从一个音阶到另一个音阶那样跳跃式地移动。

描写声调的高低通常用五度标记法：立一竖标，中分 5 度，最低为 1，最高为 5，如图 2－1 所示。

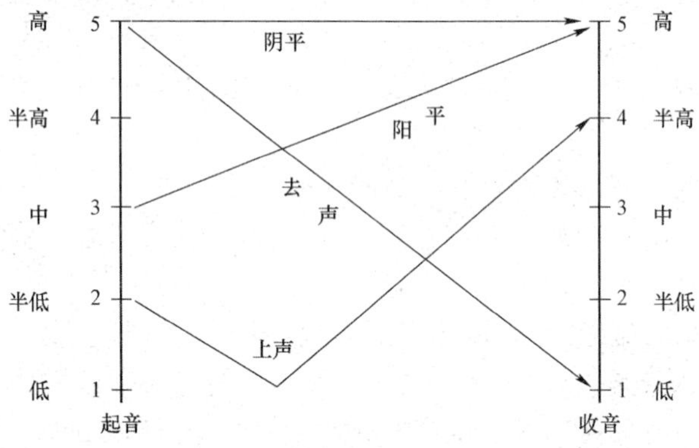

图 2－1 声调常用五度标记法

调类：声调的分类。普通话的声调有四类：阴平、阳平、上声、去声。

调值：声调的实际读音。

1. 阴平

念高平，用五度标记法来表示，就是从 5 到 5，写作 55。声带绷到最紧，始终无明显变化，保持音高。例如：青春光辉、春天花开、公司通知、出租新屋。

2. 阳平

念高升（或说中升），起音比阴平稍低，然后升到高。用五度标记法表示，就是从 3 升到 5，写作 35。声带从不松不紧开始，逐步绷紧，直到最紧，声音从不低不高到最高。例如：人民银行、连年和平、农民犁田、圆形循环。

3. 上（shǎng）声

念降升，起音半低，先降后升，用五度标记法表示，是从 2 降到 1 再升到 4，写作 214。声带从略微有些紧张开始，立刻松弛下来，稍稍延长，然后迅速绷紧，但没有绷到最紧。例如：彼此理解、理想美满、永远友好、管理很好。

4. 去声

念高降（或称全降），起音高，接着往下滑，用五度标记法表示，是从 5 降到 1，写作

51。声带从紧开始到完全松弛为止，声音从高到低，音长是最短的。例如：下次注意、世界教育、报告胜利、创造利润。

【精彩案例 2－6】

网络流传一个调侃段子：一位乡音浓重的语文老师，为学生朗读据说是陆游创作的《卧春》，要求学生边听边写下来。

老师朗读诗歌如下：	有位学生听写如下：
《卧春》	《我蠢》
暗梅幽闻花，	俺没有文化，
卧枝伤恨底，	我智商很低，
遥闻卧似水，	要问我是谁，
易透达春绿。	一头大蠢驴。
岸似绿，	俺是驴，
岸似透绿，	俺是头驴，
岸似透黛绿。	俺是头呆驴。

2.1.5　变调

变调是指语流中某个声调受到相邻字音声调的影响而出现的声调变读现象。例如“古典”，“古”“典”的调值都是 214，单独念读的时候，都要读完 214 调值，合在一起，“古”受到后面“典”的影响，变读 35 调。

变调是一种比较常见的音变现象，阴平、阳平、上声、去声在语流中都存在不同程度的变调。当两个相同的声调相连时，前一个字的声调常常会发生变化，只是有的变化比较明显，有的变化不太明显。例如：阴平+阴平：“今天”，“今”由/55/变读为/44/。阳平+阳平：“和平”，“和”由/35/变读/34/。去声+去声：“注意”，“注”由/51/变读/53/。上声+上声：“舞蹈”，“舞”由/214/变读/35/。

变调的作用在于能使语流更加流畅。如果把语流中的每个上声都读成 214 调，语流的节奏就会受到破坏，就会破坏语流的流畅感，既拗口，又费时。

常见的比较明显的变调有：上声的变调、“一”“不”“七”“八”的变调、轻声、儿化、“啊”的变调。

1. 上声的变调

上声在跟上声相连或跟别的声调相连的时候，都要念变调。

1）念半上

上声在阴平、阳平、去声前面念半上，调值由 214 变成 21 或 211，也就是只降不升，由于上声的起音就低，所以近似低平调。例如：每天 měi tiān　每年 měi nián　每月 měi yuè。

2）念直上

上声跟上声相连，前面的上声变成升调，跟阳平一样（或近似阳平），调值由 214 变成 24 或 35。例如：美好 měi hǎo　厂长 chǎng zhǎng　领导 lǐng dǎo　永久 yǒng jiǔ　好感 hǎo gǎn。

2．“一”“不”的变调

1）“一”的变调

“一”的变调如表 2－3 所示。

表 2－3　“一”的变调

原调	单念或在末尾念原调	在去声前变阳平	在非去声前变去声
yī 一 （阴平）	一、二、三 第一、三十一	一{月、日、万}	一{天、年、起}

2）“不”的变调

“不”单用，用在词句末尾或用在非去声之前时，声调不变，都念去声，“不”的变调如表 2－4 所示。例如：不，我偏去！去不？不多、不忙、不小。

“不”在下面两种情况下变调。

① 在去声前念阳平。例如：

不去 bú qù　不干 bú gàn　不对 bú duì

② 嵌在反复问句中间，念轻声。例如：

来不来 lái bu lái　学习不学习 xué xí bu xué xí　好不好 hǎo bu hǎo

整齐不整齐 zhěng qí bu zhěng qí

表 2－4　“不”的变调

原调	单念或在非去声前念原调	在去声前变阳平	重叠词中间轻声
bù 不 （去声）	不！我不。 不{说（阴平）、来（阳平）、好（上声）}	不{去、对、怕}	来不来 去不去

3．“七”“八”的变调

“七”“八”都读本音，不变调。然而某些方言区很长一段时间错误地把“七（qī）、八（bā）”变读为“骑（qí）、拔（bá）”的现象，给了大忽悠这样的人以可乘之机。

【精彩案例 2－7】

2002 年春晚小品《卖车》台词（节选）

…………

大忽悠：请听题，树上七（qí）个猴，地下一个猴，一共几个猴？

范厨师：俩猴！

大忽悠：错！树上七（qī）个猴，地上一个猴，八（bā）个猴！

2.1.6　轻声

1. 轻声的概念

普通话音节都有一个固定的声调，可是某些音节在词和句子中失去了它原有的声调，读成一种轻短模糊的调子，甚至声母、韵母也发生了变化，这就是轻声。

2. 轻声的规律

普通话多数轻声同词汇、语法有密切联系。

① 语气助词“吗”“呢”“啊”“吧”等：

是吗　　他呢　　看啊　　走吧

② 助词“着”“了”“过”“的”“地”“得”“们”：

看过　　忙着　　来了　　我的　　勇敢地　　喝得（好）　　朋友们

③ 名词的后缀“子”“头”：

桌子　　椅子　　木头　　石头

④ 方位词：

墙上　　河里　　天上　　地下　　底下　　那边

⑤ 叠音词和动词的重叠形式后面的字：

说说　　想想　　弟弟　　奶奶　　谈谈　　跳跳

⑥ 表示趋向的动词：

出来　　进去　　站起来　　走进来　　取回来

⑦ 某些常用的双音节词的第二个音节习惯上读轻声：

明白　　暖和　　萝卜　　玻璃　　葡萄　　知道　　事情　　衣服　　眼睛

3. 轻声的作用

普通话里有些词或词组靠轻声音节与非轻声音节区别意义和词性。

兄弟 xiōng dì（[名] 哥哥和弟弟）

兄弟 xiōng di（[名] 弟弟）

能干 néng gàn（[形] 有才能；会办事）

能干 néng gan（[形] 心灵手巧；精明）

言语 yán yǔ（[名] 指所说的话）

言语 yán yu（[动] 开口；招呼）

运气 yùn qì （词组。武术、气功的一种练身方法）

运气 yùn qi（[名] 幸运）

2.1.7 儿化

1. 儿化和儿化韵

er在普通话里是一个比较特殊的韵母，它不同声母相拼，也不能同其他音素组合成复合韵母，可以自成音节。er自成的音节很少，常见的有“耳”“而”“儿”“饵”“尔”“二”“贰”“迩”等。此外，er常附在其他音节后边，使这个音节发生变化，成为一个带卷舌动作的韵母，这就是儿化现象。儿化后的韵母称为儿化韵。带儿化的韵母的音节，一般用两个汉字来表示。用汉语拼音字母拼写这些儿化音节时，只需在原来的音节之后加上“r”。

2. 儿化的作用

儿化在表达词语的语法意义和修辞色彩上都起着积极的作用。

① 区别词性：

盖（动词）——盖儿（名词）

个（量词）——个儿（名词）

② 区别词义：

信（信件）——信儿（消息）

末（最后）——末儿（细碎的或呈粉状的东西）

③ 表示喜爱温婉的感情色彩：

小曲儿　来玩儿　大婶儿　慢慢儿走

④ 表示细、小、轻、微的性状：

小鱼儿　门缝儿　一会儿　办事儿

3. 儿化韵的发音

① 韵母为a、o、e、u的音节，儿化后主要元音基本不变，后面直接加上表示卷舌动作的“r”：

号码儿 hào mǎr　山坡儿 shān pōr　饭盒儿 fàn hér　水珠儿 shuǐ zhūr

② 韵母 ia、ua、ao、ou、uo和 iao、iou等，儿化后主要元音或韵尾基本不变，直接加“r”：

一下儿 yī xiàr　鲜花儿 xiān huār　手稿儿 shǒu gǎor　封口儿 fēng kǒur

知了儿 zhī liǎor　小牛儿 xiǎo niúr　小说儿 xiǎo shuōr

③ 韵母 i、ü儿化后在原韵母之后加上 er，i、ü仍保留：

小米儿 xiǎo mǐr（读作 xiǎo miěr）

有趣儿 yǒu qùr（读作 yǒu quèr）

④ 韵母 -i（前、后）儿化后失去原韵母，加 er：

戏词儿 xì círr（读作 xì cér）

果汁儿 guǒ zhīr（读作 guǒ zhēr）

⑤ 以 i 或 n 为韵尾的韵母，儿化后丢掉韵尾，主要元音后面加 r：

一块儿 yī kuàir（读作 yī kuàr）

树根儿 shù gēnr（读作 shù gēr）

饭馆儿 fàn guǎnr（读作 fàn guǎr）

冰棍儿 bīng gùnr（读作 bīng gùr）

⑥ 以 ng 为韵尾的韵母，儿化后丢掉韵尾 ng，主要元音鼻化，同时在鼻化元音后加上 r：

瓜瓤儿 guā rángr（读作 guā rár）

板凳儿 bǎn dèngr（读作 bǎn dèr）

⑦ 韵母 in、ün 儿化后，丢掉韵尾 n，主要元音保留，后面加上 er；韵母 ing 儿化后，丢掉韵尾 ng，主要元音保留，后面另上鼻化的 er：

手印儿 shǒu yìnr（读作 shǒu yìer）

花裙儿 huā qúnr（读作 huā qúer）

花瓶儿 huā píngr（读作 huā píer）

2.1.8 语气词“啊”的音变

“啊”附着在句子的末尾是语气助词。由于跟前一个音节连读而受其末尾音素的合音影响，常常发生音变现象。“啊”的音变是一种增音现象（包括同化增音和异化增音）。在不同的语音环境中，“啊”的读音有不同的变化形式。另外“啊”的不同读音，可用相应的汉字来表示。

① 前面音节的末尾音素是 a、o、e、i、ü、ê 的，读作“呀”（ya）。

快去找他啊（tā ya）!

你去说啊（shuō ya）!

今天好热啊（rè ya）!

你可要拿定主意啊（yì ya）!

我来买些鱼啊（yú ya）!

赶紧向他道谢啊（xiè ya）!

② 前面音节的末尾音素是 u（包括 ao、iao）的，读作“哇”（wa）。

你在哪里住啊（zhù wa）?

他人挺好啊（hǎo wa）!

口气可真不小啊（xiǎo wa）!

③ 前面音节的末尾音素是 n 的，读作“哪”（na）。

早晨的空气多清新啊（xīn na）!

多好的人啊（rén na）！

你猜得真准啊（zhǔn na）！

④ 前面音节的末尾音素是 ng 的，读作“啊”（nga）。

这幅图真漂亮啊（liàng nga）！

注意听啊（tīng nga）！

最近太忙啊（máng nga）！

⑤ 前面音节的末尾音素是 -i（前）的，读作“啊”（za）；前面音节的末尾音素是 -i（后）的，读作“啊”（ra）。

今天来回几次啊（cì za）！

你有什么事啊（shì ra）！

你怎么撕了一地纸啊（zhǐ ra）！

掌握“啊”的变读规律，并不需要一一硬记，只要将前一个音节顺势连读“a”（像念声母与韵母拼音一样，其间不要停顿）自然就会念出“a”的变音来。

【思考与训练】

1. 舌尖前音、舌尖中音、舌尖后音中的“前”“中”“后”的含义是什么？

2. 给下面一首诗注音（声、韵、调）。

白日依山尽，
黄河入海流。
欲穷千里目，
更上一层楼。

3. 什么是变调？普通话的变调主要有哪些？

4. 上声最主要的变调有哪些？请举例说明。

5. “一”“不”的变调有哪些？请举例说明。

6. 播放一段标准的普通话录音或视频（如中央电视台的节目），坚持听几分钟，说出所听的内容，然后放大音量重复收听并加以对照。（有关内容教师可根据需求自选）

2.2 普通话发声训练

发音器官包括呼吸器官、喉头和声带、口腔和鼻腔三个部分。其中，除了声带外，其他所有的发音器官都是“兼职”。说话时，横在呼出气流通道上的两条声带，迅速地一开一闭，把稳定的气流切成一串串的喷流，进而转换成听得见的峰音，随着舌、唇、腭等器官的运动，不断改变声道的声学性质，将峰音变成能区别的语音，通过胸腔、喉腔、咽腔、鼻腔、口腔组成的共鸣器放大而发出声音。这就是发音的全过程。从这个过程中可以看出，发音效果如何，与呼吸、声带、共鸣器等有着直接的关系。为此，在发音训练中，应着重进行下列训练。

2.2.1 气息训练

气息是声音的动力来源。充足、稳定的气息是发音的基础。有的人讲话或唱歌声音洪亮、持久、有力，人们赞叹说，他（她）“中气”很足；相反，有的人说话或唱歌声音很小，有气无力，上气不接下气，像蜜蜂一样嗡嗡叫，使人难以听清，这种人则“中气”不足。

1. 胸腹联合呼吸法

讲话时的正确呼吸方法应当是胸腹式联合呼吸法（也称丹田呼吸法）。即运用小腹收缩，丹田的力量控制呼吸。郭兰英在谈到运用这种呼吸方法时说：“唱歌时小肚子常是硬的，唱得越高就越硬。”

胸腹式联合呼吸介于胸式呼吸和腹式呼吸两者之间，是二者的结合。具体方法如下。

1）吸气

小腹向内即向丹田收缩，相反，大腹、胸、腰部同时向外扩展，可以感觉到腰带渐紧，前腹和后腰分别向前、后、左、右撑开的力量。用鼻吸气，做到快、静、深。

2）呼气

小腹几乎要始终收住，不可放开，使胸、腹部在努力控制下，将肺部储气慢慢放出，均匀地外吐。呼气要用嘴，做到匀、缓、稳。在呼气过程中，语音一个接一个地发出后，组成有节奏的有声语言。

2. 气息训练注意事项

在讲话过程中，想要处理好讲话和呼吸的关系，必须注意以下 3 点。

① 尽可能轻松自如，吸气要迅速，呼气要缓慢、均匀，吸入的气量要适中。

② 尽可能在讲话中的自然停顿处换气，不要等讲完一个长句才大呼大吸，显得讲话很吃力。还要根据自己的气量来决定是否用中途不便停顿的长句，不要为了渲染和增强表达效果而勉为其难地为之。否则，会适得其反。

③ 尽可能使讲话时的姿势有利于呼吸。无论是站姿还是坐姿，都要抬头舒肩展背，胸部要稍向前倾，小腹自然内收，双脚并立平放。这样发音的关键部位——胸、腹、喉、舌等才能处于良好的呼吸准备和行进状态之中。呼吸顺畅，方可语流顺畅。

3. 气息训练方法

练习气息的方法有很多，主要有以下 5 种。

① 闻花香：仿佛面前有一盆花，深深地吸进其香气，控制一会儿后缓缓吐出。

② 吹蜡烛：模拟吹灭生日蜡烛，深吸一口气后均匀缓慢地吹，尽可能时间长一点，达到 25～30 秒为合格。

③ 咬住牙，深吸一口气后，从牙缝中发出“嗞——”声，力求平稳、均匀、持久。

④ 数数：从一数到十，往复循环，一口气能数多少遍就数多少遍，要数得清晰响亮。

⑤ 用绕口令或近似绕口令的语句练习气息。如：

打南边来了个哑巴，腰里别了个喇叭；打北边来了个喇嘛，手里提了个鳎蟆。提着鳎蟆的喇嘛要拿鳎蟆换别着喇叭的哑巴的喇叭；别着喇叭的哑巴不愿拿喇叭换提着鳎蟆的喇嘛的鳎蟆。不知是别着喇叭的哑巴打了提着鳎蟆的喇嘛一喇叭；还是提着鳎蟆的喇嘛打了别着喇叭的哑巴一鳎蟆。喇嘛回家炖鳎蟆，哑巴滴滴答答吹喇叭。

开始做练习的时候，中间可以适当换气。练到有了控制能力时，逐渐减少换气次数，最后要争取一口气说完。

2.2.2 口腔训练

口腔灵活，说话才利索。早晨起来，口腔肌肉休息了一晚上，说话没有下午或者晚上那么顺当了，当然也没那么灵活。所以要进行口腔训练，做做口腔体操，使口腔尽快灵活起来，口腔训练的主要方法有以下 4 种。

1. 口腔开合练习

张嘴像打哈欠，闭嘴如啃苹果。开口的动作要柔和，两嘴角向斜上方抬起，上下唇稍放松，舌头自然放平。做这个练习，克服口腔开度的问题。

2. 咀嚼练习

张口咀嚼与闭口咀嚼结合进行，舌头自然放平。

3. 双唇练习

双唇闭拢向前、后、左、右、上、下，以及左右转圈双唇打响（这个练习还有助于女孩子美唇）。

4. 舌头练习

舌尖顶下齿，舌面逐渐上翘。

舌尖在口内左右顶口腔壁，在门牙上下转圈。

舌尖伸出口外向前伸，向左右、上下伸。

舌在口腔内左右立起。

舌尖的弹练，弹硬腭、弹口唇。

舌尖与上齿龈接触打响。

舌根与软腭接触打响。

2.2.3 共鸣训练

说话时，95%左右的音量，需要通过共鸣腔放大得来。共鸣腔是决定音色的重要发音器官，直接引起语音共鸣的是声带上方的喉、咽、口、鼻四腔。此外，胸腔和头腔也有共鸣作用。说话用声是以口腔共鸣为主，以胸腔共鸣为基础。共鸣器以咽腔为主，又可分为高、中、低三个共鸣区。高音共鸣区，即头腔、鼻腔共鸣，音流通过该区共鸣，可以获得高亢响亮的声音。中音共鸣区就是咽腔、口腔共鸣，这里是语音的制造场，是人体中最灵活的共鸣区，音流在这里通过，可以获得丰满圆润的声音。低音共鸣区，主要是胸腔共鸣，音流通过该区共鸣，可以获得浑厚低沉的声音。

要想使说话的声音好听和持久，就要正确地运用共鸣区。而运用共鸣区的关键在于处理好“畅”与“阻”的对立和统一关系。所谓“畅”，就是整个发音的声道必须畅通无阻，胸部舒展自如，喉部放松滑润，脊背自然伸直，以使声音不憋不挤，形成一个声柱，流畅地奔涌出来。所谓“阻”，并不是简单地把声音阻挡住，而是不让声音直截了当地通过声道奔涌出来，让它通过共鸣区加工、锤炼，变得洪亮、圆润、雄浑、优美动听。

1. 共鸣训练方法

要处理好“畅”与“阻”的关系，必须进行共鸣训练。下面介绍几种简单易行的共鸣训练方法。

① 放松喉头，用“哼哼”音唱歌。

② 牙关大开合，同时发出“啊”音。

③ 模拟汽笛长鸣声“滴”，滴（di）既可平行发音，也可由大到小或由小到大地变化发音。

④ 做扩胸运动，同时尽量发高亢或低沉的声音。

⑤ 夸张四声练习。选择韵母因素较多的词语或成语，运用共鸣技巧做夸张四声的训练，如：

逆水行舟　背井离乡　智勇无双　热火朝天　信以为真　万古流芳　厚古薄今　壮烈牺牲

光辉灿烂　旧地重游　气贯长虹　方兴未艾　各奔前程　富贵荣华　心花怒放　欢欣鼓舞

⑥ 大声呼唤练习。假设某人在离自己 100 米处，大声呼唤：张——师——傅——，快——回——来——！喂——，那——里——危——险——，快——离——开——！

2. 口腔共鸣的训练

一般采用双唇用喷法（发 p 音）、舌尖用弹法（发 t 音）。要有意识地集中一个点发，就像子弹从口腔里射出，击中某一个目标。音要从上腭打到硬腭前端，然后送出，发音时鼻腔要关闭（先用“和”捏住鼻子试几次，就感觉到了）。

【练一练】

试读：bā—dā—gā　bā—dā—gā

pā—tā—kā　pā—tā—kā

bā—dā—gā—pā—tā—kā

bā bá bǎ bà/bā bá bǎ bà/bā bá bǎ bà

pēng pā pī　pū pāi

pāi pū pī　pā pēng

3. 鼻腔共鸣的训练

鼻腔共鸣是通过软腭来实现的。当软腭放松时，鼻腔通路打开，口腔的某些部位关闭，声音在鼻腔得到共鸣，如鼻辅音 m、n、ng 等。当鼻腔与口腔同时打开，产生的是鼻化元音。少量的鼻化元音可以增加音色的明亮，但过多的鼻化会造成“齉鼻”，会影响你的朗诵与发音。

① 鼻腔共鸣训练。如：

纯ɑ、i、u 音——加鼻腔共鸣的ɑ、i、u 音。

鼻辅音+口元音 mɑ—mi—mu，nɑ—ni—nu。

m 音哼唱，使硬腭之上的鼻道中的气息振动，软腭的前部扯紧。

n 音哼唱，使软腭中部振动并扩大鼻咽腔。

ng 音哼唱，使软腭中部振动并扩大鼻咽腔。

词语练习：妈妈　大妈　光芒　中央　接纳　头脑

② 解除鼻音训练。软腭上提，口腔后部声音的通道畅通无阻，就可以解除鼻音，同时可以减轻喉音重的毛病。

发“吭”声练习：首先挺软腭，关闭鼻咽道，然后突然发出“吭”声。

手捏住鼻孔不出气，发“ɑ”音。

串发 6 个元音：ɑ—o—e—i—u—ü。

鼻音重的，练声时，尽量少发带有 m、n 的声音。

4. 胸腔共鸣的训练

胸腔的空间及共鸣能量大，发出的声音有深度和宽度，听起来浑厚、宽广，会给听众一种庄严、深沉、真实、可信感。它是口腔共鸣不可缺少的基础。

① “ɑ”元音直上直下有滑动练习，或者用手按住胸口，发“ɑ”音，发“h ɑ”音，然后读“海洋”“遥远”等词。

② 夸大的上声练习，hǎo、bǎi、mǐ 、zǒu 等。

③ 读“百炼成钢”“翻江倒海”等成语。

④ 读“小柳树，满地栽，金花谢，银花开。”（反复练习）

5. 头腔共鸣的训练

头腔共鸣需要一定的气势和音高，在朗诵中很少使用这种共鸣，唱歌时用得多一些。但有时为了加强作品感情色彩也会用到，这时声音高昂、明快、铿锵有力，会感到声音是从眉心发出的。

发“i”“ɑ”上滑音体会，就像练声乐的人发出的一样。

【练一练】

朗读下面诗词，要求放慢速度，有意识地夸张，尽量找出最佳共鸣效果。声音适当偏后些，使之浑厚有力。注意防止“齉鼻音”。

红旗飘，军号响，子弟兵，别故乡。

路迢迢，秋风凉，敌重重，军情忙。

苗岭秀，旭日升，百鸟鸣，报新春。

锣鼓响，秧歌起，黄河唱，长城喜。

手足情，同志心，飞捷报，传佳音。

顶天地，志凌云，山城堡，军威震。

2.2.4　吐字训练

吐字清晰，是朗诵的起码要求之一。因此，吐字归音是学习朗诵必须练习的一项重要基本功。吐字归音是汉语（汉字）的发声法则，即“吐字”和“归音”的技巧。

1. 吐字训练

吐字也叫“咬字”。吐字时首先要注意口型，口型该大开时不能半开，该圆唇时不能展唇，尽量使声音立起来。其次注意字头，字头是字音的开始阶段，要求叼住弹出。“叼住”要叼得巧而不死，过紧则僵，过松则泄；“弹出”要弹得轻捷有力，不粘不滞。发音要有力量，摆准部位，蓄足气流，干净利落，富有弹性。要用这一阶段的力量去带动字腹和字尾的响度，使声音立得住、传得远。

【练一练】

读下面的绕口令。先慢读，注意分辨声母，发好字头音，读准声调，读几遍后再加速。

老宋和老宗，二人去买葱。老宋把葱说成蒜，老宗把蒜说成葱。蒜是蒜，葱是葱，芫荽竹笋芹菜青，哪样说错都不行。

破皮袄破了个破皮窟窿，会补破皮袄的来补破皮窟窿，不会补破皮袄的别来补破皮窟窿。

2. 归音训练

字尾是字音的收尾部分，指韵母的韵尾。归音是指字腹到字尾这个归音过程。归音时，唇舌的动程一定要到位，字腹要拉开立起，即在字腹弹出后口腔随字腹的到来张开适当开度（共鸣主要在这儿体现），然后收住，要收得干净利落，不拖泥带水，但也不能草草收住。如“天安门”三个字归音时舌位要平放，舌尖抵住上齿龈，归到前鼻韵母“n”音上。只有这样归音才到位，才有韵味，普通话才地道。不能归音时听不到“n”的尾音，但要注意做好“到位弱收”，不能用劲。归音恰当、到位与否对“字正”起着重要作用。

【练一练】

读下面的绕口令，注意“n”和“ng”的收音。

梁家庄有个梁大娘，梁大娘家盖新房。大娘邻居大老梁，到梁大娘家看大娘，赶上梁大娘家上大梁，老梁帮着大娘扛大梁，大梁稳稳当当上了墙，大娘高高兴兴谢老梁。

【思考与训练】

请结合普通话水平测试模拟卷，测试自己的普通话水平。

1. 读单音节字词（100 个音节，共 10 分，限时 3.5 分钟）。

宰　姚　怎　翁　蟹　池　砂　怀　旅　罚　潘　拈　孔　跺　抠
蹦　贰　菌　绘　标　涩　凑　习　圆　嫁　弱　眨　荀　抡　泼
暖　絮　碾　穷　舔　邹　船　兆　秦　鸣　槛　缸　隋　救　臊
淹　管　质　涌　憋　封　略　骗　掖　蜜　踩　慌　坛　恨　稿
嗑　图　贡　梯　墨　恽　嚷　剖　故　镇　贷　童　猛　存　紫
废　垮　类　丹　瓷　邬　岭　扯　倍　降　觉　霜　掐　钉　赴
踹　钓　肠　纫　梁　睡　绕　券　耸　求

2. 读多音节词语（100 个音节，共 20 分，限时 2.5 分钟）。

手软　恰如　选派　风筝　庄园　水鸟　财会
儿孙　乒乓球　参加　女神　卓绝　率先　轻蔑
疟疾　揣摩　茂密　差价　小说　配套　仰望
利索　雄兵　勋章　广阔　金鱼儿　混合　蒙古包
提防　松散　废品　醉态　苦处　全局　杏仁儿
掠取　唱片　他乡　传呼　纵队　挂钟　盈亏
而且　轮流　咏赞　裙子　刻薄　汗流　浃背

3. 朗读短文（共 30 分，限时 4 分钟），作品 12 号（见《普通话水平测试指南》第 565 页）。

4. 命题说话（请在下列话题中任选一个，共 40 分，限时 3 分钟）。

① 谈谈对某一社会现象的看法。

② 我最尊敬的一个人。

2.3 普通话综合训练

2.3.1 声母训练

1. 声母发音练习

1）双唇音与唇齿音

① 听读，辨别下列各字的声母。

啤　毛　扶　秒　抱　伐　边　否　扒　幕
倍　飞　炮　膜　被　品　眯　肺　比　瀑

② 练读下列词语，注意读准声母 b、p、m、f。

漂浮　跑步　蜜蜂　北面　风靡　表妹　赔本　普遍
模范　法宝　繁茂　抛锚　喷饭　斑马　肥胖　佩服

2）舌尖前音

① 听读，辨别下列各字的声母。

杂　慈　字　司　操　丝　刺　资　擦　桑
蚕　再　私　灾　裁　苏　增　惨　左　酸

② 练读下列词语，注意读准声母z、c、s。

早操　紫菜　总裁　座次　厕所　再三　操纵　色泽　随从　素材　册子　颂词
总算　走私　参赞　彩色　蚕丝　塑造　苍翠　酸菜　嫂子　从速　自私　存在
才子　粗俗　嗓子　棕色　测算　沧桑　自从　才思　操作　资财　错综　宗祠

3）舌尖中音

① 听辨下列几组读音。

蓝色—难色　郎中—囊中　老人—恼人　累心—内心　篱笆—泥巴
联结—年节　良家—娘家　临界—凝结　冷冻—能动　料到—尿道
邻居—凝聚　隆重—浓重　水流—水牛　大陆—大怒　旅客—女客

② 听读，辨别下列各字的声母。

你　里　腾　带　难　蓝　逮　苔　挪　罗
淋　捻　担　娘　挺　梁　沓　拧　砣　铝

③ 练读下列词语，注意读准声母d、t、n、l。

答礼　脑力　泰斗　嫩绿　露脸　丹田　冷暖　倒塌
年轮　雷同　打通　耐劳　泥泞　纳凉　胎毒　拟订

4）舌尖后音

① 听读，辨别下列各字的声母。

轴　称　惹　闩　锄　绉　婶　润　床　绕
痣　拆　肾　闯　溶　舜　铡　熟　热　枕

② 同声母词语练习。

zh：

庄重　战争　制止　纸张　支柱　执政　忠贞　壮志

ch：

查抄　铲除　成虫　春潮　船厂　愁肠　唇齿　初创

sh：

硕士　顺手　书生　首饰　设施　赏识　烧伤　少数

r：

冉冉　闰日　忍辱　柔弱　濡染　热热　人人　软弱

③ 练读下列词语，注意读准声母zh、ch、sh、r。

昌盛　伸张　禅师　任职　时差　骤然　善终　饶舌
折射　沉渣　食指　乳汁　车辙　燃烧　炒肉　展翅

5）舌面前音（舌面音）

① 听读，辨别下列各字的声母。

挤　稀　嫁　掐　砌　瞎　僵　钱　小　敲

搅　鞋　皆　锌　井　腥　咸　间　咀　券

② 练读下列词语，注意读准声母 j、q、x。

汲取　迁就　席卷　饯行　强项　屈膝　下脚　浆洗

侨居　校庆　京腔　侵袭　相劝　锦旗　囚禁　先觉

6）舌面后音（舌根音）

① 听读，辨别下列各字的声母。

龟　槛　核　挎　晃　搁　划　磕　狠　钙

乖　啃　光　黑　扛　锅　烤　烘　概　棵

② 练读下列词语，注意读准声母 g、k、h。

干枯　看护　壕沟　恐吓　后跟　怀古　关口　函购

蛊惑　惶恐　昏聩　快感　怪话　矿工　抗旱　恭候

2. *声母发音综合练习*

1）词语对比练习

① b—m、b—p 与读零声母（u 韵）的字的辨别。

被服—佩服　饱了—跑了　步子—铺子　鼻子—皮子

必须—秘书　被套—配套　蝙蝠—篇幅　作文—做门

纹路—门路　大网—大蟒　公务—公墓　无恙—模样

② f—k—h 声母字辨别练习。

虎头—斧头—苦头　裤子—父子—护士　欢欣—翻新

花生—发生　荒唐—方糖　舅父—救护　开口—海口

③ d—t、n—l 声母字辨别练习。

肚子—兔子　平淡—平坦　特意—得意　大堤—大题

南宁—兰陵　老路—恼怒　褴褛—男女　无奈—无赖

④ g—k 声母字的辨别。

圆规—圆盔　骨干—苦干　梗概—慷慨　改革—开课

挂上—跨上　关心—宽心　天公—天空　干完—看完

⑤ j—q 声母字与 g—k 声母字的辨别。

一群—一捆　君子—棍子　大曲—大哭　真菌—真困

老九—老狗　江门—肛门　窍门—靠门　求救—求告

⑥ z—c—s 声母字与 j—q—x 声母字的辨别。

资金—基金　字母—继母　自理—祭礼　唱腔—上苍

诗词—稀奇　名次—名气　磁石—其实　辞藻—起早

俗人—昔人　口算—口训　寺院—戏院　死守—洗手

⑦ z—c—s 声母字与 zh—ch—sh 声母字的辨别。

造就—照旧　　增高—蒸糕　　赠品—正品　　栽花—摘花

葱郁—充裕　　粗布—初步　　从来—重来　　新村—新春

散光—闪光　　五岁—午睡　　肆意—示意　　司长—师长

⑧ zh—ch—sh 声母字与 j—q—x 声母字的辨别。

作者—大姐　　招待—交代　　专款—捐款　　船长—船桨

尺码—骑马　　姓陈—姓秦　　朝上—桥上　　窗口—枪口

失望—希望　　发射—发泄　　烧化—消化　　树木—序幕

⑨ r 声母字与零声母字的辨别。

日本—译本　　染病—眼病　　燃料—颜料　　干扰—干咬

柔姿—邮资　　任务—印务　　仍旧—营救　　让座—样坐

2）标注声母练习

练习一：

美德好比宝石，它在朴素背景的衬托下反而更加华丽。同样一个打扮并不华贵却端庄、严肃而有美德的人是令人肃然起敬的。

练习二：

美犹如盛夏的水果是容易腐烂而难以保持的。世上有许多美人，她们有过放荡的青春却迎受着愧悔的晚年。因此，把美的形貌与美的品德结合起来吧，只有这样，美才会放射出真正的光辉。

3）绕口令练习

① 炮兵（p、b）：

八百标兵奔北坡，炮兵并排北边跑。

炮兵怕把标兵碰，标兵怕碰炮兵炮。

② 混纺（h、f）：

丰丰和芳芳，上街买混纺。

红混纺，粉混纺，黄混纺，灰混纺。

红花混纺做裙子，粉花混纺做衣裳。

红、粉、灰、黄花样多，五颜六色好混纺。

③ 四老师（s、sh）：

石、斯、施、史四老师，天天和我在一起。

石老师教我大公无私，斯老师给我精神食粮；

施老师叫我遇事三思，史老师送我知识钥匙。

我感谢石、斯、施、史四老师。

④ 抱子看报纸（z、zh）：

报纸是报纸，抱子是抱子，报纸抱子两回事。

看报纸不是看抱子，只能抱了子看报纸。

⑤ 子词丝（z、c、s）：

四十四个字和词，组成一首子词丝的绕口词。

桃子李子柿子和榛子，栽满院子村子和寨子。

刀子斧子锤子和尺子，做出桌子椅子和箱子。

蚕丝生丝熟丝和缫丝，制成粗丝细丝人造丝。

名词动词数词和量词，组成诗词唱词绕口词。

⑥ 日头热（r）：

日头热，晒人肉，晒得心里好难受。

晒人肉，好难受，晒得头皮直发皱。

4）歌词朗读练习

① 我爱你，中国：

百灵鸟从蓝天飞过，我爱你，中国。我爱你春天蓬勃的秧苗，我爱你秋日金黄的硕果。我爱你青松气质，我爱你红梅品格。我爱你家乡的甜蔗，好像乳汁滋润着我的心窝。我爱你，中国，我要把最美的歌儿献给你，我的母亲，我的祖国。

② 南泥湾（读准n和l）：

花篮的花儿香，听我来唱一唱。来到了南泥湾，南泥湾好地方。好地方那个好风光，再不是旧模样，是陕北的好江南。

5）对话练习

对话一：

卢勇：除了小徐，其他人都随我去厨房帮忙。

劳蓉：小徐怎么这么特殊？

卢勇：小徐去买酒。这么热的天，你也想去吗？

劳蓉：那我可不想去。不过我也不会包饺子。

卢勇：你可真是“衣来伸手，饭来张口”的大小姐！

劳蓉：你别这样说，不会包饺子，可我会炒菜呀！

卢勇：真的？拿手好菜是什么？

劳蓉：香酥鸡、烤乳鸽、西瓜拼盘、清蒸蟹……太多了！

对话二：

饶秀：开发区建了一个花溪公园，很漂亮！

姚珊：我上星期也去过，是很漂亮，也很热闹。

饶秀：可惜的是有些游人到处扔垃圾。

姚珊：对，上次我还跟一个人因为这事吵起来了。

饶秀：是吗？怎么回事？

2.3.2 韵母训练

1. 韵母发音练习

1）单韵母

（1）i 和 ü 对比训练

i：地理　笔记　积极　秘密　漆器　记忆　集体　利益

ü：女婿　区域　序曲　旅居　语句　聚居　须臾　曲剧

① i 和 ü 对比读法：

意见—遇见　移民—渔民　理由—旅游　风气—风趣　经济—京剧

得意—德育　容易—荣誉　雨季—雨具　分期—分区　起义—曲艺

② -i（前）不能读成 i、e 或 u。

zi：资本　子女　自己　仔细　字母

ci：词典　磁场　此外　次品　刺激

si：私人　思考　四处　似乎　饲料

（2）绕口令练习

① 读好 i 和 -i 韵母：

一二三、三二一，一二三四五六七，七六五四三二一。七个姑娘来聚齐，七只花篮手中提，摘的是橙子、橘子、柿子、李子、梨子和栗子。

② 读好 i 和 ü：

清早起来雨淅淅，王七上街去买席，骑着毛驴跑得急，捎带卖蛋又贩梨。一跑跑到小桥西，毛驴一下失了蹄，打了蛋，撒了梨，跑了驴，急得王七眼泪滴，又哭鸡蛋又骂驴。

（3）对话练习

对话一：

小吕：喂！是人民剧团创作室吗（ma）？

老李：是啊，您是哪里？

小吕：我是河滨中学，请问吕革命伯伯在吗？

老李：他到文化局开会去了，下午才能回来。您有事要转告他吗？

小吕：是的，我是他的侄子（zi），他要的两本书我已找到，请您转告他明天上班时，我给他送去，谢谢！

对话二：

小鸽：阿（ā）姨（yí），请给我拿（ná）双旅（lǚ）游鞋。

李玉：你要多大（dà）号的？

小鸽：有三十八（bā）的吗？

李玉：有，就这一种式样，你看看。

小鸽：这怎么是二（èr）十四的？

李玉：你说的是旧鞋码，三八的新码就是二十四。

小鸽：好，我就买这双。

2）复韵母

（1）听音练习，分辨下列字的韵母

毛　该　欧　霞　交　嗅　妾　航　邹　丢

亏　多　对　决　衰　杯　老　窑　虐　胞

（2）练读下列词语，读准每个复韵母

悲哀　雅座　摇摆　表率　血压　诱拐　周到　跨越

瓦解　背后　确凿　接洽　垂柳　抽调　概括　唾液

（3）词语对比练习

① e—er：

蛾子—儿子　恶人—二人　恶心—耳朵　额外—而且

② ai—ei：

摆布—北部　奈何—内河　来生—雷声　埋头—眉头

③ ao—ou：

稻子—豆子　考试—口试　毛利—牟利　牢房—楼房

④ ua—uo：

进化—进货　滑动—活动　抓住—捉住　刷刷—说说

⑤ iao—iou：

耀眼—右眼　生效—生锈　角楼—酒楼　消息—休息

⑥ uai—uei：

怪人—贵人　外来—未来　怀乡—回乡　甩手—水手

⑦ iao—ao：

条子—桃子　缥缈—抛锚　校长—哨长　小数—少数

⑧ iou—ou：

修饰—收拾　旧了—够了　救人—揍人　修复—收复

（4）绕口令练习

① 铜勺和铁勺（ao—iou）：

铜勺舀热油，铁勺舀凉油；铜勺舀了热油舀凉油，铁勺舀了凉油舀热油。

② 彩楼和锦绣（ao—ou—iou）：

咱村有六十六条沟，沟沟都是大丰收。东山果园像彩楼，西山棉田似锦绣。北山有条红旗渠，滚滚清泉绕山走。过去瞅见这六十六条沟，心里就难受；今天瞅见这六十六条彩楼、锦绣、万宝沟，瞅也瞅不够！

（5）对话练习

对话一：

小赵（zhào）：这次普通话考（kǎo）试采用口（kǒu）试的形式，你准备好了吗？

小周（zhōu）：还不行，有些音我老（lǎo）是发不好，这（zhè）盒录音带借（jiè）我听一下，可以吗？

小赵：拿去（qù）吧。不过（guò），星期六（liù）之前一定要还（huán）给我。

小周：OK。好借好还，再借不难。

对话二：

小郝（hǎo）：你哥哥（ge）得了全校高考状元，没庆贺（hè）一下吗？

小侯（hóu）：能少（shǎo）得了吗？亲戚、朋友来了一拨（bō）又一拨。

小郝：够（gòu）你们忙的。他考上了哪所学校（xuéxiào）？

小侯：北大国际关系学院。

小郝：太好了！学什么专业？

小侯：传播学。

3）鼻韵母

（1）听音练习，分辨下列各字的韵母

穷　村　新　染　汪　沾　渊　掌　桑　军

盟　香　闯　丛　星　真　粉　专　先　翁

（2）练读下列词语，读准每个鼻韵母

询问　云南　缓慢　边缘　鲜嫩　辛酸　村镇　心愿

聪明　胸膛　旺盛　东方　声明　涌动　敬仰　亮光

（3）词语对比练习

① an—ang：

开饭—开放　担心—当心　一半—一磅　烂漫—浪漫

赞歌—葬歌　三叶—桑叶　反问—访问　天坛—天堂

② en—eng：

身世—声势　陈旧—成就　三根—三更　诊治—整治

木盆—木棚　申明—声明　瓜分—刮风　清真—清蒸

③ in—ing：

人民—人名　不信—不幸　辛勤—心情　亲近—清静

引子—影子　金银—经营　红心—红星　姓林—姓凌

④ ian—iang：

险象—想象　简历—奖励　坚硬—僵硬　鲜花—香花

小县—小巷　新鲜—新乡　大连—大梁　浅显—抢险

⑤ uan—uang：

机关—激光　专车—装车　大碗—大网　大船—大床

管饭—广泛　环球—黄球　欢迎—荒淫　官民—光明

（4）绕口令练习

① 盆和棚（en—eng）：

老彭拿着一个盆，经过老陈住的棚；盆碰棚，棚碰盆，棚倒盆碎棚压盆。

② 小琴和小青（in—ing）：

小琴和小青，小琴手很勤，小青人很精，手勤人精，琴勤青精，你学小琴还是小青？

③ 扁担和板凳（an—ian—ang）：

扁担长，板凳宽，扁担没有板凳宽，板凳没有扁担长，扁担绑在板凳上，板凳不让扁担绑在板凳上，扁担偏要绑在板凳上。

（5）对话练习

练习一：

小陈（chén）：哟！小程，你的头怎么了？

小程（chéng）：昨天（tiān）打球不小心碰（pèng）伤了，缝（féng）了三针（zhēn）。

小陈：真（zhēn）想不到！一定（dì ng）要小心（xī n）哪，千万（qiānwàn）别弄（nòng）感染（gǎn rǎn）了！

小程：是啊，现在天气很热，最容（róng）易感染。我现在去打消炎（yán）针。

小陈：要不要我陪你？

小程：我自己可以，谢谢你。

练习二：

小金（jīn）：宿舍装（zhuāng）电（diàn）话以后，方便（fāng biàn）多了。

小景（jǐng）：没有电话的时候想（xiǎng）电话，有了电话真（zhēn）麻烦（fán）。

小金：怎（zěn）么讲（jiǎng）？

小景：你想啊，一部电话得负担（dan）多少东（dōng）西？亲情（qī n qí ng）、友情、师生（shēng）情……

小金：这不正（zhèng）好给你机会联（lián）络感情吗？

小景：可电话费负担不起呀，上（shàng）个月我买了三张（zhāng）卡，弄得伙食费很紧张（jǐn zhāng）。

小金：那你就不要打那么多嘛！有事打，没事别瞎聊！

小景：但（dàn）他们（men）老是CALL我呀！

小金：说来说去，还是你自己引（yǐ n）火上身（shēn）哪。

小景：再有啊，那电话说不定（dì ng）什（shén）么时候就响（xiǎng）了，弄得我们睡不好。

小金：我教你一个办（bàn）法，睡觉的时候把话机挂起来，别人打不进（jì n）来。

小景：可人家有急事找你，这不误事吗？

小金：这也不行（xíng），那也不行，没电话的时候你不也活得挺（tǐng）好？

2. 韵母发音综合练习

1）带介音词语发音练习

分段—分蛋　　条子—桃子　　壮族—藏族　　矿上—炕上

缥缈—抛锚　　砸烂—杂乱　　钻探—赞叹　　讲价—井架

明亮—明令　　粮食—零食　　开枪—开仓　　一端——旦

2）音近词语对比练习

① 荣誉—容易：

他今年得了冠军，这个荣誉的取得可不容易啊！

② 稻秧—豆秧：

你没干过农活，连稻秧和豆秧都分不清楚。

③ 小麦—小妹：

我和小妹一起去割小麦。

④ 接着—噘着：

小明噘着嘴不说话，给他皮球也不接着。

⑤ 皮鞋—皮靴：

今天我们俩一起上街，我买了双皮鞋，他买了一双皮靴。

⑥ 铲子—厂子：

我们这个厂子，是生产铲子的。

⑦ 申明—声明：

他发表了一个声明，申明了自己的观点。

⑧ 简化—讲话：

他讲话的内容是关于简化汉字的。

⑨ 不信—不幸：

我不信他会遭到不幸。

⑩ 轮子—笼子：

小心你的车轮子，别碰了我的鸟笼子。

⑪ 盘子—盆子：

我叫你买盘子，你怎么买了一个盆子？

⑫ 北方—北风：

中国北方的冬天，经常刮北风。

⑬ 张开—睁开：

这孩子一睁开眼，就张开双臂叫大人抱。

⑭ 运煤—用煤：

你只知道用煤，不知道运煤，用完了，谁去运？

⑮ 存钱—从前：

从前我每月都把钱花光，这个月起开始存钱了。

3）歌词朗读练习

① 我和我的祖国（uo—e—iao—ou—o）：

我和我的祖国，一刻也不能分割，无论我走到哪里，都流出一首赞歌。我歌唱每一座高山，我歌唱每一条河，袅袅炊烟，小小村落，路上一道辙。我最亲爱的祖国，我永远紧依着你的心窝。你用你那母亲的脉搏和我诉说。

我的祖国和我，像海和浪花一朵，浪是那海的赤子，海是那浪的依托。每当大海在微笑，我就是笑的旋涡，我分担着海的忧愁分享海的欢乐。我最亲爱的祖国，你是大海永不干涸，永远给我碧浪清波，我心中的歌。

② 驼铃（eng—ing—ang—iang—ong—iong）：

送战友，踏征程，默默无语两眼泪，耳边响起驼铃声。路漫漫，雾蒙蒙，革命生涯常分手，一样分别两样情。战友啊战友，亲爱的弟兄。当心夜半北风寒，一路多保重。

送战友，踏征程，任重道远多艰险，洒下一路驼铃声。山叠嶂，水纵横，顶风逆水雄心在，不负人民养育情。战友啊战友，亲爱的弟兄，待到春风传佳讯，我们再相逢。

3. 韵母标音练习

练习一：

美国总统林肯，出身于农民家庭，当过雇工、石匠、店员、舵手、伐木者等，社会地位卑微，但从不放松口才训练。17 岁时，他常徒步 30 多英里到镇上，听法院里律师慷慨陈词的辩护，听传教士高亢悠扬的布道，听政界人士振振有词的演说，回来后就寻一无人处精心模仿演练，终于口才日日进步。1830 年夏，他为准备在伊利诺伊一次集会上的演说，面对光秃秃的树桩和成行成片的玉米，一遍又一遍地试讲。后来他连任两届总统，也成了世界著名的演说家。

提示：训练 xùn liàn　　慷慨 kāng kǎi　　高亢 gāo kàng

练习二：

我国著名演说家曲啸，在 20 世纪 80 年代初的几场演讲，真是一鸣惊人，众人叹服。当有人评说他是“天生的好口才”时，他笑着说：“哪来天生的好口才呀？不敢当。我小时性格内向，说话还口吃，越急越结巴，有时脸涨得通红也说不出话来……”曲啸练口才也吃了不少苦。比如为开阔心胸，训练心理素质，他常常早晨迎着寒风，跑到沙滩高声背诵高尔基的散文诗《海燕》。他不放过一切“说”的机会，积极参加论辩会、演讲比赛、朗诵会、话剧演出，终于在高中阶段崭露头角。一次在“奥斯特洛夫斯基诞辰纪念会”上，他拿着一份简单的提纲，一口气竟作了两个小时的精彩演讲。经历了 20 多年的人生磨难，生活的锤炼使他的口才达到炉火纯青的地步。

提示：结巴 jiē ba　　背诵 bèi sòng　　锤炼 chuí liàn

2.3.3　音变训练

1. 变调训练

1）上声的变调

（1）单项训练

① 单念字或词语末尾的上声。

走　你　甩　想　海　嘴　铁　晓　一起　宽广　大胆　历史

在朗读时，句子末尾的上声字一般不读全上（214 调值），读半上（211 调值）即可，例如：

在课外的时候，她教我们跳舞，我现在还记得她把我打扮成女孩子表演跳舞的情景。

今天想来，她对我接近文学和爱好文学，是有着多么有益的影响……即使她写字的时候，我们也默默地看着她，连她握铅笔的姿势都急于模仿。

有时为了强调才会读全上，例如：

我现在还记得她把我打扮成女孩子表演跳舞的情景。

② 上声字在非上声字前。

在阴平字前：

好书　火车　老师　小说　首先　指挥　紧张　普通

主观　本身　眼光　武装　纺织　柳州　体贴　产生

在阳平字前：

祖国　朗读　几何　语言　古船　美人　旅行　可能

以前　女人　感情　小时　委员　仿佛　本来　有时

在去声字前：

讨论　感谢　感动　请假　美术　马上　表示　美丽

主任　保证　掌握　巩固　反映　土地　整顿　总是

在轻声字前：

尾巴　脑袋　耳朵　婶婶　斧头　老爷　椅子　老实

矮子　奶奶　老婆　马虎　口袋　伙计　嘴巴　喇叭

两个上声字相连：

处理　所以　粉笔　管理　采取　品种　老板　选举

勇敢　水果　理解　手指　厂长　影响　只好　彼此

三个上声音节相连：

展览/馆　蒙古/语　洗脸/水

水彩/笔　手写/体　洗染/组

很/理想　小/两口　老/保守

耍/笔杆　纸/雨伞　请/允许

三个以上的上声音节相连：

永远/友好　　老李/想走　　请/往北/走　　我很了解/你

咱俩/永远/友好　　给你/两碗/炒米粉　　请你/给我/打点儿/洗脸水

展览馆/里/有/好/几百种/展览品

（2）综合训练

朗读下面的句子或片段，注意需要变调的地方。

① 一切反动派都是纸老虎。

② 两国人民是永远友好下去，还是挑起事端燃起战火？

③ 柳厂长批评了管理组的做法，要求他们整改。

④ 有些演讲者全神贯注在自己的讲稿上，从来不正视听众一眼。肯定地说，这样的演讲者在演讲的当天，就会被听众忘掉。

⑤ 还有一些演讲者从头到尾用一种语调读自己的讲稿。这样的演讲根本不会被人家接受，只不过是麻痹听众的注意力，使听众昏昏欲睡。

⑥ 养鸟是我的一个癖好。与鸟为伴，乐无他求。鸟有灵性与人相通，此乃爱之根源。

2）“一”和“不”的变调

（1）单项训练

① 单念、词末、序数。

一：

始终如一　　统一　　第十一排　　三十一号座位　　第一

不：

偏不！她刚才高兴不？

② 在阴平、阳平、上声前。

训练一：

一锅　一车　一吨　一筐　一拍　一家　一根　一张

一头　一直　一行　一时　一连　一齐　一团　一层

一举　一己　一本　一晃　一里　一口　一脸　一嘴

训练二：

不多　不说　不屈　不高　不安　不惜　不堪　不公

不读　不成　不曾　不凡　不符　不及　不详　不然

不法　不轨　不久　不朽　不许　不准　不好　不美

训练三：

一盘散沙　一朝一夕　一衣带水　一知半解　一刀两断

一鸣惊人　一如既往　一团和气　一贫如洗　一筹莫展

一板一眼　一手遮天　一往无前　一举两得　一马平川

训练四：

不甘寂寞　　不知所措　　不经之谈　　不哼不哈　　不约而同
不劳而获　　不言而喻　　不平则鸣　　不谋而合　　不学无术
不打自招　　不假思索　　不解之缘　　不省人事　　不可胜数

③ 在去声前。

训练一：

一半　一切　一致　一部　一辆　一块　一段　一并
一次　一亿　一扇　一丈　一趟　一粒　一架　一再
一去　一寸　一万　一对　一个　一瞬　一概　一律

训练二：

不幸　不料　不测　不愧　不要　不错　不断　不快
不但　不怕　不论　不过　不用　不便　不必　不利
不屑　不逊　不外　不做　不适　不信　不在　不像

训练三：

一技之长　　一诺千金　　一日千里　　一曝十寒　　一意孤行
一箭双雕　　一落千丈　　一脉相传　　一面之词　　一目十行

训练四：

不见不散　　不计其数　　不见经传　　不置可否　　不义之财

④ 夹在词语中间。

看一看　走一走　说一说　跳一跳　拉一拉　停一停
行不行　跑不跑　差不多　睡不着　打不开　关不关

（2）综合训练

① 我们俩一见如故，无话不谈。

② 这不假思索的一番话，搞得大家不尴不尬。

③ 一座座青山紧相连，一朵朵白云绕山间，一片片梯田绿，一阵阵歌声随风传。谁不说俺家乡好？

④ 不了解情况就不要乱说，更不应该随便下结论。

⑤ 如果一定要走，也应该把理由说一说。

⑥ 我不是不想去，是不能去。

⑦ 因为当初一念之差，导致现在一事无成。

⑧ 想起当年这块不毛之地，真让人不寒而栗。

2. 轻声训练

1）词语练习（注意读准轻声音节的调值）

① 阴平后面的轻声。

桌子　他的　心思　苍蝇　闺女　商量　哆嗦　亲戚

② 阳平后面的轻声。

虫子　　您的　　柴火　　能耐　　麻利　　皮匠　　勤快　　蛤蟆

③ 上声后面的轻声。

椅子　　你的　　扁担　　搅和　　口袋　　比量

④ 去声后面的轻声。

凳子　　绿的　　秀才　　亲家　　伺候　　大夫　　力量　　位置

2）找出下列句中的轻声词，并进行朗读练习

① 这个问题不容易明白，麻烦你再给我讲讲。

② 小伙子，下点儿功夫，搞出点儿名堂来。

③ 谁的裙子这么漂亮？在哪儿买的？

④ 赶紧换上干净衣服，我们去公园逛逛。

⑤ 他的聪明用得不是地方。

⑥ 这样的好事打着灯笼也难找哇！

⑦ 什么事情都可商量，不要吵。

⑧ 对这个问题我们已经了解得很清楚了，他还啰唆个没完。

3）朗读短文（注意读好轻声词）

短文一：

曲曲折折的荷塘上面，弥望的是田田的叶子。叶子出水很高，像亭亭的舞女的裙。层层的叶子中间，零星地点缀着些白花，有袅娜地开着的，有羞涩地打着朵儿的；正如一粒粒的明珠，又如碧天里的星星。微风过处，送来缕缕清香，仿佛远处高楼上渺茫的歌声似的。这时候叶子与花也有一丝的颤动，像闪电般，霎时传过荷塘那边去了。叶子本是肩并肩密密地挨着，这便宛然有了一道凝碧的波痕。叶子底下是潺潺的流水，遮住了，不能见一些颜色；而叶子却更见风致了。

短文二：

早上起来，妈妈给弟弟穿上衣服，打开窗户。窗子上的玻璃把太阳光反射到墙上，整个屋子显得格外明亮。我揉揉眼睛，对爸爸说："今天天气真暖和，咱们去公园逛逛，好吗？"哥哥在外面听见了，跑进来说："妹妹说得对，我们一起去。"爸爸站起来，看看妈妈，摸摸我的头说："行啊，是个好主意！大家收拾一下，准备点儿东西就走吧！"

3. 儿化训练

1）听辨音与发音练习

① 音节的末尾是a、o、e、ê、u（包括ao、iao）。

酒窝儿　　浪花儿　　饭盒儿　　大伙儿　　唱歌儿　　带头儿　　加油儿

配角儿　　白猫儿　　小鸟儿　　油画儿　　麦苗儿　　台阶儿　　小狗儿

② 音节的末尾是i、n（in、ün除外）。

窗台儿　　小孩儿　　晚辈儿　　香味儿　　零碎儿　　木塞儿　　碗筷儿

一点儿　　旅馆儿　　课本儿　　木棍儿　　灯芯儿

③ 音节的韵母是in、ün。

树林儿　织锦儿　皮筋儿　围裙儿

晓军儿　合群儿　郎君儿　上旬儿

④ 音节的韵母是i、ü。

玩意儿　小鸡儿　眼皮儿　小米儿　麦粒儿　见底儿　金鱼儿

马驹儿　毛驴儿　蛐蛐儿　工具儿　水渠儿

⑤ 音节的韵母是-i（“思”的韵母）、-i（“诗”的韵母）。

没词儿　棋子儿　铁丝儿　渣滓儿　鱼刺儿　后嗣儿

鱼翅儿　喂食儿　锯齿儿　树枝儿　红纸儿　有事儿

⑥ 音节的韵母是后鼻音韵母（ing、eng、ang）。

帮忙儿　光亮儿　油灯儿　老翁儿　没空儿　门缝儿　板凳儿

小虫儿　借光儿　瓜秧儿　竹筐儿　粪坑儿　危房儿　好样儿

⑦ 音节的韵母是ing、iong。

花瓶儿　银杏儿　烙饼儿　红星儿　水晶儿　晓零儿　知青儿

女佣儿　小勇儿　英雄儿　陶俑儿　前胸儿　小熊儿　师兄儿

2）句子中儿化音节的辨读练习

① 小王儿特别喜欢吃瓜子儿。

② 咱俩一块儿去打球儿吧！

③ 新疆的葡萄干儿久负盛名。

④ 别看他个儿矮，干起活儿来劲儿可大啦。

⑤ 这包子的味儿不对，馅儿可能馊了。

⑥ 我们从后门儿走，到公园玩儿玩儿。

⑦ 麻烦你把盖儿盖上。

⑧ 这笔尖儿太尖了，差点儿划破了纸。

4. 语气词“啊”的变音训练

1）句子练习

① 千万注意啊！

② 好大的雨啊！

③ 是他啊！

④ 真多啊！

⑤ 这是什么车啊？

⑥ 大家一起学啊！

⑦ 身上这么多土啊！

⑧ 这里的条件真好啊！

2）对话练习

第一组：

甲：这是什么啊？

乙：吃的东西啊！

甲：啊，应有尽有啊！面包啊、香肠啊、饮料啊、西瓜啊、瓜子啊。今天我们要大吃一顿啊？

乙：是啊，给你好好庆贺庆贺啊！

甲：给我庆贺什么啊？

乙：今天是你的生日啊！你怎么忘了？

第二组：

甲：人的欲望啊，真是没有止境。

乙：你又在发什么感叹啊？

甲：我正在看戴厚英的《人啊，人》这部小说。

乙：这小说和“人的欲望”有什么关系啊？

甲：当然有啊！你看了作品之后，也会有同感的。

第三组：

甲：你怎么乱放报纸啊？

乙：不放这儿，放哪儿啊？

甲：你往柜子里放啊，那儿有的是地方。

乙：好大的脾气啊！好好好，我拿走就是了。

第四组：

甲：这件衣服好漂亮啊！

乙：它花了我半个月的工资啊！

甲：是吗？这么贵啊？

乙：你看这衣服上印的字啊，是进口货！

甲：这可骗不了我，这明明是英文的“中国制造”啊！

乙：啊？

第 3 章

读诵训练

【情境导入】

2008 年 5 月 18 日，中央电视台“爱的奉献”赈灾晚会中陈道明等众多演艺明星朗诵的《我们与你同在》感人肺腑，催人泪下。人们在感受朗诵魅力的同时，感悟了人生真谛。

我们与你同在

朱　海

陈道明：这一刻，我们的泪眼朝着一个共同的方向，一个名叫汶川的地方！

宋春丽：一阵大地剧烈的颤抖，撕裂了我们的胸膛，无法抑制的泪流，挂满了中国的脸庞。

王刚：多少亲人呐，在地动山摇的瞬间骨肉分离，家毁人亡。

袁立：多少孩子，从得救的那刻起便成了孤儿，失去爹娘。

陶泽如：多少个鲜活的生命挣扎在废墟下，渴望着生还的最后一线希望！

温玉娟：抢救生命，时不我待。党中央国务院第一时间、第一地点把运筹帷幄的总指挥部设在了抗震救灾的第一线上。

侯勇：向前，向前，向前，通路，通电，通讯，我亲爱的十万战友啊，你们从空中，水路，山路，八方突进，凿开生存之路，把战旗插向生命最需要的地方。

陈宝国：这一刻我们要用悲伤呼唤，呼唤灾区所有生命的坚强，你在死亡线上，我们就在你们的身旁。

唐国强：每一分钟都在发起抢救生命的总攻，每一秒钟都在与死神直面较量，一分一秒的煎熬，一分一秒的争夺，为夺回亲人心跳的力量。

濮存昕：挺住！我的父母！挺住！我的孩子！挺住！我们所有在废墟下的亲人！我们有十三亿双手伸向你啊，一定要把你拉出死亡的魔掌！

陈好：别哭，孩子。当爷爷奶奶告诉你这句话的时候，全中国的父母都在你的身旁，你是我们的孩子，一瞬间的灾难夺不去你一生的幸福，孩子，学会坚强。

濮存昕：别怕，老人家，您的儿女不在了，还有我们在身旁，为您重聚往日的欢乐，为您尽孝，为您继续幸福时光。

陈道明：我灾区的父老乡亲啊，我的姐妹弟兄！来，靠近我们的肩膀，一起向远方眺望，哪怕生命的翅膀再沉重，有我们在，一定要让你飞向阳光。

宋春丽：这一刻，亲情的中国集结起所有的爱心的力量，进军巴蜀，进军汶川，进军所有受灾的地方。

王刚：献出你的爱心吧，我的朋友，为风餐露宿的亲人添一个帐篷，哪怕是一碗方便面，一瓶矿泉水。

袁立：献出你的爱心吧，我的同行，为嗷嗷待哺的孤儿添一个奶瓶，为清理废墟多一双手套，多一把铁锹。

温玉娟：献出你的爱心吧，我的战友，为失去校园的孩子添一张课桌，为受伤的生命送去急需的药品吧。

陈宝国：献出你的爱心吧，我的海内外同胞们，一方有难八方支援，支持灾区就是支持我们自己。因为我们是离灾区最近最亲的亲人。

唐国强：来吧，灾区需要我们，我们是灾区人民身后的祖国，今天的中国是强大的中国，强就强在民心凝聚、士气高昂，这是亿万爱心筑起的长城啊，永远震不垮、推不倒、砸不烂！

侯勇：来吧，有钱出钱、有力出力，让爱的暖流抚平大地的创伤。

陈好：来吧，有钱出钱、有力出力，让爱的真情抹去生命的泪光。

濮存昕：爱，在这一刻献出来，这不需要理由也没有理由，因为我们同在一个春天，再大的风雨也带不走所有的阳光。

全体：灾难终将过去，迎接我们的一定是抗震救灾的全面胜利。

诵读如同品美酒。读之越深，越觉其味之甜美；诵之越浓，越觉其香之醇厚。一个个性格鲜明的人物，一抹抹或清新淡雅或绚丽浓重的风景，一篇篇饱含深情的故事，让人们深刻感受诵读的魅力。

《说文解字·段注》借孟子“诵其诗、读其书”，将“读”和“诵”分为两个概念。

3.1 朗读方法及技巧

三国时期的董遇强调：“书读百遍，其义自见。”豪放旷达的北宋文学家苏轼亦云：“故书不厌百回读，熟读深思子自知。”朗读是理解、积累语言的有效方法，是培养语感的重要途径，是口才训练的基础。

3.1.1 朗读的含义

朗读就是大声读书，即运用普通话把书面语言清晰、响亮、富有感情地读出来，变文字的视觉形象为听觉形象。朗读能提高阅读能力、增强艺术鉴赏能力，还可以陶冶性情、开阔胸怀、文明言行。

3.1.2 朗读的基本要求

1. 正确朗读作品的字、词、句

朗读和说话不同，它除了要求朗读者忠于作品原貌，不添字、不漏字、不改字、不回读之外，还要求在声母、韵母、声调、音变等方面符合普通话语音的规范。

1）注意普通话和方言在语音上的差异

在朗读中，不仅要注意普通话和方言在声、韵、调等方面的差异，还要注意轻声词和儿化韵的不同，要多查字典和词典，加强记忆、反复练习。

2）注意多音字读音的不同

一字多音是容易产生误读的重要原因之一。区分多音字读音可以从两个方面把握：第一是意义不同的多音字，要着重区分不同含义的读音；第二是意义相同的多音字，要着重区分不同场合的读音。

3）注意由字形相近或由偏旁类推引起的误读

由于字形相近，将甲字张冠李戴地读成乙字，这种误读十分常见。由偏旁本身的读音或者由偏旁组成的较常用的字读音，去类推一个生字的读音，也很常见，如“芮”和“丙”。

4）注意异读词的读音

普通话词汇中，有一部分词，音义相同或基本相同，但在习惯上有两个或几个不同的读法，这些被称为“异读词”，如：薄，书面语读“bó”，口语读“báo”，但意思相同。1985年，国家公布了《普通话异读词审音表》，要求全国文教、出版、广播及其他部门、行业，所涉及的普通话异读词的读音、标音，均以新的《普通话异读词审音表》为准。

2. 正确理解作品的思想，把握情感基调

准确把握文学作品的情感基调，是恰当运用朗读技巧的关键，是朗读成功的前提。朗读者要把作品的思想感情准确地表达出来，需要透过字里行间，理解作品的内在含义。如徐志摩的名诗《再别康桥》，写的是离愁别绪，其情感基调定在一个“愁”字上，而且，这愁，不是哀愁，不是浓愁，而是轻淡的忧愁，愁中又带有一丝对康桥美景的沉醉，带有一丝对母校眷恋的深情。

1）分析作品创作的时代背景、主题，把握作品的情感基调

作品的基调，即作品的总的态度感情、总的色彩和分量。人们的思想情感是丰富而复杂的，有欢乐的、愉快的、悲伤的、沉痛的、压抑的、深重的、激动的、不安的、绝望的、怀疑的、感慨的，等等。在朗读过程中，情感的变化直接制约着朗读形式的变换，各种情感在朗读时，都应采用恰当的朗读基调表达出来。

【精彩案例3－1】

海 燕

高尔基

在苍茫的大海上，狂风卷集着乌云。在乌云和大海之间，海燕像黑色的闪电，在高傲地飞翔。

一会儿翅膀碰着波浪，一会儿箭一般地直冲向乌云，它叫喊着，——就在这鸟儿勇敢的叫喊声里，乌云听出了欢乐。

在这叫喊声里——充满着对暴风雨的渴望！在这叫喊声里，乌云听出了愤怒的力量、热情的火焰和胜利的信心。

海鸥在暴风雨来临之前呻吟着，——呻吟着，它们在大海上飞窜，想把自己对暴风雨的恐惧，掩藏到大海深处。

海鸭也在呻吟着，——它们这些海鸭啊，享受不了生活的战斗的欢乐：轰隆隆的雷声就把它们吓坏了。

蠢笨的企鹅，胆怯地把肥胖的身体躲藏在悬崖底下……只有那高傲的海燕，勇敢地、自由自在地，在泛起白沫的大海上飞翔！

乌云越来越暗，越来越低，向海面直压下来，而波浪一边歌唱，一边冲向高空，去迎接那雷声。

雷声轰响。波浪在愤怒的飞沫中呼叫，跟狂风争鸣。看吧，狂风紧紧抱起一层层巨浪，恶狠狠地把它们甩到悬崖上，把这些大块的翡翠摔成尘雾和碎末。

海燕叫喊着，飞翔着，像黑色的闪电，箭一般地穿过乌云，翅膀掠起波浪的飞沫。

看吧，它飞舞着，像个精灵，——高傲的、黑色的暴风雨的精灵，——它在大笑，它又在号叫……它笑那些乌云，它因为欢乐而号叫！

这个敏感的精灵，——它从雷声的震怒里，早就听出了困乏，它深信，乌云遮不住太阳，——是的，遮不住的！

狂风吼叫……雷声轰响……

一堆堆乌云像青色的火焰，在无底的大海上燃烧。大海抓住闪电的箭光，把它们熄灭在自己的深渊里。这些闪电的影子，活像一条条火蛇，在大海里蜿蜒游动，一晃就消失了。

——暴风雨！暴风雨就要来啦！

这是勇敢的海燕，在怒吼的大海上，在闪电中间，高傲地飞翔；这是胜利的预言家在叫喊：

——让暴风雨来得更猛烈些吧！

《海燕》是高尔基创作的一篇脍炙人口的散文诗。诗歌创作于 1901 年，当时的俄国正处于最黑暗的年代，风起云涌的革命运动撼动着沙皇统治的根基。面对沙皇政府对人民群众的镇压，高尔基拿起手中的笔，刻画了勇敢的精灵——“海燕”的战斗英姿，歌颂了俄国无产阶级革命先驱者不朽的形象和坚强无畏的战斗精神，号召广大劳动人民积极行动起来，迎接伟大的革命斗争。作品以象征的手法展现了三个画面：暴风雨初起时，海燕渴望暴风雨的到来；暴风雨逼近时，海燕勇敢地迎接暴风雨的到来；暴风雨即将爆发时，海燕以坚定的信念和胜利的预言家的姿态疾呼“让暴风雨来得更猛烈些吧！”，充分展示了作者的革命浪漫主义的情怀。作品一经发表，便在俄国大地上产生巨大反响，一时间成为最受欢迎、最富有宣传性和号召力的“传单”，被誉为“战斗的革命诗歌”“鼓舞人民革命的号角”。整个作品文笔粗犷、气势磅礴、色彩厚重，感情基调激越奔放，朗读时要感情充沛、高亢有力，充分展现出无产阶级革命先驱者的豪壮情怀和革命乐观主义精神。

2）仔细体味，进入情境

有些朗读听起来也有着抑扬顿挫的语调，但却打动不了听众。主要原因是朗读者对作品的领悟还不深，没有真正走进作品，而是在“挤”情、“造”情。朗读者要唤起听众的感情，使听众与自己同喜、同悲、同呼吸，必须仔细体味作品，进入角色，进入情境。

【精彩案例 3－2】

金铜仙人辞汉歌

李　贺

茂陵刘郎秋风客，夜闻马嘶晓无迹。
画栏桂树悬秋香，三十六宫土花碧。
魏官牵车指千里，东关酸风射眸子。
空将汉月出宫门，忆君清泪如铅水。
衰兰送客咸阳道，天若有情天亦老。
携盘独出月荒凉，渭城已远波声小。

朗读《金铜仙人辞汉歌》时，必须完全沉浸在诗人艰难凄苦的处境中，蓄积已久的悲恸之情如火山般迸发而出，悲怆激昂地喷涌出“天若有情天亦老”，然后又以低沉、凝重的声调念出最后两句诗：“携盘独出月荒凉，渭城已远波声小。”最后将“波—声—小”重复吟咏，且声音、气息渐次减弱，细致入微地传达了诗中忧伤怅惘的思绪。

总之，只有掌握不同作品的特点，熟悉作品的具体内容和感情基调，准确掌握作品的节奏，才能进入角色，进入情境，做到以情动人，以情感人。

3. 展开丰富的联想和想象

在理解感受作品的同时，要伴随着丰富的联想和想象，让作品的内容在自己的心中、眼前活动起来，体验亲眼看到、亲身经历的感受。

【精彩案例 3-3】

热 爱 生 命

汪国真

我不去想，
是否能够成功，
既然选择了远方，
便只顾风雨兼程。
我不去想，
能否赢得爱情，
既然钟情于玫瑰，
就勇敢地吐露真诚。
我不去想，
身后会不会袭来寒风冷雨，
既然目标是地平线，
留给世界的只能是背影。
我不去想，
未来是平坦还是泥泞，
只要热爱生命，
一切，都在意料之中。

《热爱生命》创作于 1986 年，是一首富含励志色彩的抒情诗歌。诗人正值风华正茂、意气风发之时，面对人生大事，提出了“热爱生命”的人生命题，表现出具有时代气息的价值观和人生态度。此诗运用四个较为工整的排比诗节，形式对称，音韵和谐。读者在朗读中，能够借助诗中的意象，想象诗人在成功、爱情、奋斗和未来 4 个方面，积极面对、锐意进取的姿态，进而理解诗中传达的热爱生命的哲理，并思考如何面对自己的人生。

3.1.3 朗读符号

朗读者在分析和体味文字作品的准备工作中，为了清楚、准确地表达作品的中心思想，可以在文字中做些标记，以提醒自己注意，这些标记称作朗读符号。目前，朗读符号并没有像标点符号那样，有着统一的标准。本章本着切实可行，有益于朗读和便于操作的原则，介绍几种常用的朗读符号，如表 3－1 所示。

表 3－1　常用的朗读符号

轻读	重读	慢速	快速	平调	升调	降调
△	·	﹏	—	→	↗	↘
短暂停顿	长停顿	连续	拉长音	换气	渐强	渐弱
/	︽	⌒	·—	V	<	>
顿音						
▽						

1. “△”表示轻读

该符号画在轻读的词语下面。

母亲啊！你是荷叶，我是红莲，心中的雨点来了，除了你，谁是我在无遮拦天空下的荫蔽？

2. “·”表示重读

该符号画在相关重读的字词下面。

我们的战士，对敌人这样狠，而对朝鲜人民却是那样的爱，充满了国际主义的深厚感情。

3. “﹏”表示慢速

相关语句要读得语速慢些，如以下例句，该符号画在语句的下面。

大堰河，在她的梦没有做醒的时候已死了。

她死时，乳儿不在她的旁侧，

她死时，平时打骂她的丈夫也为她流泪，

五个儿子，个个哭得很悲，

她死时，轻轻地呼着她的乳儿的名字，

大堰河，已死了，

她死时，乳儿不在她的旁侧。

4. “—”表示快速

相关语句要读得语速快些，如以下例句，该符号画在语句的下面。

雷声轰响，波浪在愤怒的飞沫中呼叫，跟狂风争鸣。看吧，狂风紧紧抱起一层层巨浪，恶狠狠地把它们甩到悬崖上，把这些大块的翡翠摔成尘雾和碎末。

5. “→”表示平调

相关语句的句尾的音平而稳。一般用于陈述句，画在句尾。

这几天心里颇不宁静。今晚在院子里坐着乘凉，忽然想起日日走过的荷塘，在这满月的光里，总该另有一番样子吧。月亮渐渐地升高了，墙外马路上孩子们的欢笑，已经听不见了；妻在屋里拍着闰儿，迷迷糊糊地哼着眠歌。我悄悄地披了大衫，带上门出去。→

6. “↗”表示升调

相关语句的句尾，音先低后高。一般用于疑问句，或表示感情激动、亢奋、惊异和呼唤等句子。画在句尾，也可在句中出现。

难道真是有钱就有幸福吗？↗

7. “↘”表示降调

相关语句的句尾，音先高后低。一般用于肯定的语气，感情强烈的感叹句，或表示愿望的祈使句等。

十二年过去了，那小姑娘的爸爸一定早回来了。↘

8. “/”表示短暂停顿

相关语句把词或短语分开，停顿时间很短，不换气，通常用在句子中没有标点的地方。

儿童教育真正的专家/是那些父母。他们卓有成效的实践经验/和见仁见智的看法/对那些在与孩子交流中感到力不从心/总抱怨孩子不听话的父母/将大有启发。

9. “︽”表示长停顿

相关语句的停顿时间相当于句号。

燕子︽去了，有再来的时候；杨柳︽枯了，有再青的时候；桃花︽谢了，有再开的时候。

10. “⌒”表示连续

只用于有标点符号的地方，表示缩短停顿时间，连起来读。

……人群里，年长的是大娘，⌒大爷，同年的是大哥，⌒大嫂，兄弟，⌒姐妹，都是亲人。又仿佛队伍同时是群众，⌒群众又同时是队伍，根本分不清……

11. “·—”表示拉长音

拉长音符号的点与横线是紧挨着的，中间没有空隙，如以下例句。

我们在天安门前深情地呼唤：周—总—理……

12. “V”表示换气

相关语句，不论有无标点符号处，都可使用。

我掀开帘子，V看见一个小姑娘，只有八九岁光景，瘦瘦的苍白的脸，V冻得发紫的嘴唇，头发很短，穿一身很破旧的衣裤，V光脚穿一双草鞋，正在登上竹凳想去摘墙上的听话器，V看见我似乎吃了一惊，把手缩了回来。

3.1.4 朗读技巧

1. 呼吸技巧

学会自如地控制自己的呼吸非常重要，因为这样发出来的音坚实有力，音质优美，而且传送得较远。有的人在朗读时呼吸显得急促，甚至上气不接下气，这是因为使用了胸式呼吸。朗读一般采用胸腹联合呼吸法。它的特点是胸腔、腹腔都配合着呼吸进行收缩或扩张，尤其要注意横膈膜的运动。

1）取坐姿呼吸方式

取坐姿呼吸方式，身体重心在臀下椅子的前部，需满臀坐。腰直、胸含、肩松，完全自然地像叹气一样，将体内余气全部吐出来，然后从容自然地吸气。注意体会吸气时，小腹自然的外凸、两肋后部及腰两侧自然张开、撑起的感觉。吸到正常的程度自然地呼气，注意体会两肋下榻、腹壁渐松复原。

2）以慢吸、慢呼的方式

以坐姿体会稍有控制的吸气和呼气。在将体内余气全部吐出来之后，吸气时有意识地将气吸到腹底、两肋打开，以腹壁打开的感觉进行慢吸、慢呼。在吸气的过程中，着重体会两肋后部渐张、腹肌渐渐向"丹田"集中。腹壁从松弛状渐渐绷紧到"站定"的感觉。当吸气至比日常自然吸气稍多的五六成满时，调整吸气肌、呼气肌的控制感觉，屏气一瞬间立即慢慢的呼气。

2. 发音技巧

发音的关键是嗓子的运用。朗读者的嗓音应该柔和、动听、富于表现力。

1）注意保护嗓子

不要长期高声喊叫，也不要因饮食高温或过于辛辣而刺激嗓子。

2）注意提高对嗓音的控制能力

声音的高低是由声带的松紧决定的，音量的大小则由发音时振动用力的大小来决定。朗读时不要自始至终高声大叫。

3）注意调节共鸣

共鸣，是使音色柔和、响亮、动听的重要技巧。人们发声的时候，气流通过声门，振动声带发出音波，经过口腔或鼻腔的共鸣，形成不同的音色。改变口腔或鼻腔的条件，音色就会大不相同。例如舌位靠前，共鸣腔浅，可使声音清脆；舌位靠后，共鸣腔深，可使声音洪亮刚强。

3. 吐字技巧

吐字技巧不仅关系到音节的清晰度，而且关系到声音的圆润、饱满。朗读跟平时说话不同，要使每个音节都让听众听清楚，发音就要有一定力度和时长，每个音素都要到位。为加强吐字基本功训练，平时可多练习绕口令。

1）准确把握常用词语标准音

朗读时，要熟悉每个音节声母、韵母、声调，按照它们的标准音来发音。

2）克服发音含糊、吐字不清的毛病

一是在声母形成阻碍的阶段注意发音器官的准确部位，二是在韵母发音阶段注意口形和舌位，三是发音吐字速度放慢，将调值发音完全。

4. 停顿技巧

停顿，是指朗读过程中，语句或词语之间声音上的间歇。朗读时，既不能一字一停，断断续续地进行，也不能字字相连，一口气念到底。无论是对朗读者还是听众，无论是出于生理需求，还是心理需求，朗读中的停顿都是必不可少的。它既是显示语法结构的需要，也是明确地表达语意、传达感情的需要。同时，也可给听者领略、思考、理解和接受的空间，帮助听者理解文章含义，加深印象。

1）停顿与标点符号的关系

（1）一致关系

书面语中的标点，有着不可忽视的作用，朗读的停顿必须服从标点。多数情况下，书面语中有点号的地方，同朗读时需要有停顿的地方是一致的。我们用“/”表示很短的停顿，但不换气。

一般地说，句号、问号、感叹号的停顿比分号长些；分号的停顿要比逗号长些；逗号的停顿比顿号长些；而冒号的停顿则有较大的不确定性，有时相当于句号，有时相当于分号，有时只相当于逗号。斜竖线的多少表示停顿时间的长短，例如：

诚然，/它不像荷花，/它没有什么艳称、//佳号；///荷叶、/莲叶，//如此而已。////当人们指点、/欣赏着荷花甚至忘记它的存在时，//它从不计较什么；///不争名，//不求利，//不出风头，//不论地位，//它总是默默地工作，//默默地战斗。////是的，//古人的诗赋中从没专门歌颂过它，//但离开它，//便使一切咏荷之作的产生成为不可能。////它的风格不但深深感染着我，//而且给我许多启示。////这湖中的美景是谁创造的呢？////远处的青山是谁染绿了的呢？////……他们像荷叶一样，//也只有两个最简单的名称：////人民、/群众。……（郑伯琛《荷叶咏》）

这段短文中有标点的地方，朗读时都必须停顿，而且要根据不同的标点符号，实行长短不同的停顿。

（2）不一致关系

标点符号虽是停顿的重要标志，但也不是完全一致的，有时要根据语意的表达和语气的需要灵活处理。一般来说，可以分为两种情况。

① 没有标点却要停顿，如：

在苍茫的大海上，狂风/卷集着乌云。在乌云和大海之间，海燕/像黑色的闪电，在高傲地/飞翔。（高尔基《海燕》）

始终微笑的和蔼的刘和珍君/确是/死掉了。（鲁迅《纪念刘和珍君》）

② 句中有标点，却不停顿，如：

风，你咆哮吧！咆哮吧！尽力地咆哮吧！（郭沫若《雷电颂》）

这几句对风的呼喊，流露出屈原对风的急切的渴盼！风即是改变黑暗的变革力量，对风及后面的雷、电的呼唤，实际也就是对变革现实的伟大力量的呼唤。朗读时应把握急切、渴望之情。句中前两个感叹号可以不停顿，一气读出。

2）停顿的种类

（1）区分性停顿

朗读时，对作品中每个独立的词、词组都要予以区分。区分性停顿是对不按词语分隔、只有线性连写的汉字，按语义进行创造性的划分和组合的停顿类型。它使语义更清晰、更准确，不出现歧义和误解。比如“女人一边一个孩子手捧鲜花”这句话，如果在“一边”的后面安排一个停顿，说明是一个孩子；如果在“孩子”后面停，就有两个孩子。

冬天/快到了，它们/买了一坛子猪油/准备过冬吃。老鼠说：“猪油/放在家里，我嘴馋，不如/藏到远一点儿的地方去，到冬天/再取来吃。”猫说：“行啊。”它们/趁天黑，把这坛子猪油/送到离家十里远的大庙里/藏起来。（《“猫”和“老鼠”》）

（2）呼应性停顿

为了显现前后句之间的呼应关系而安排的停顿，叫呼应性停顿，是为加强语句内在联系（如主谓关系、动宾关系等，尤其是长句子中“呼”和“应”距离较远时）的停顿类型。

他/十六岁上大学，二十岁读研究生，二十三岁参加工作。

下面请汪校长介绍/前进小学校/开展城乡少年“手拉手”活动的/具体做法。

（3）并列性停顿

在作品中属于同等位置、关系、样式的词语之间的停顿及各成分内部的连接。

一切都像刚睡醒的样子，欣欣然张开了眼。山/朗润起来了，水/涨起来了，太阳的脸/红起来了。（朱自清《春》）

这地方的火烧云变化极多，一会儿/红彤彤的，一会儿/金灿灿的，一会儿/半紫半黄，一会儿/半灰、半百合色。（萧红《呼兰河传》）

（4）转换性停顿

为表现内容的转折和反差所安排的停顿，停顿时间一般较长。转换性停顿常常可以根据书面语言中，表示转折关系的关联词语，如“可是”“但是”等来确定。但有时句子中并不出现转折关系的词，只要前后句构成转折关系，即可做转换性停顿。

自然，在热带的地方，日光是永远那么毒，响亮的天气，反有点叫人害怕。/可是，在北中国的冬天，而能有温晴的天气，济南真得算个宝地。（老舍《济南的冬天》）

（5）强调性停顿

为强调某一词语而在其前后安排的停顿和其他词语之间产生的连接。这其实是重音表达手段的一种。

这是入冬以来，胶州半岛上/第一场雪。（峻青《第一场雪》）

（6）生理性停顿

表现因生理变化而引起的停顿。如哽咽、语噎、垂危时的叮咛、气喘吁吁的报告、人物的口吃等。可不拘标点，灵活处理，并注意神似，点到为止。

这时候，他用力把我往上一顶，一下子把我甩在一边，大声说："快离开我，咱们两个不能都牺牲！……要……要记住/革命……"（长征故事《草地夜行》）

【练一练】

请在应该停顿的地方画上停顿符号。

1. 我赞成他也赞成你怎么样？
2. 我不相信他是好人！
3. 亲爱的爸爸妈妈欢迎您！

5. 重音技巧

1）重音的含义

朗读中，为了准确地表达语意和思想感情，有时要强调起重要作用的词或短语，被强调的词或短语叫重音或重读。朗读过程中，有些音节要轻读，有些音节要重读，这样才能传达出生动活泼的语气，突出文章的重点。如果将所有音节都读得一样重，就很难把文章的内容传达清楚。同样一句话，如果重音位置不同，整个句子的意思就发生了很大的变化，如：

我请你吃饭。（请你吃饭的不是别人）

我请你吃饭。（怎么样，给面子吧？）

我请你吃饭。（不请别人）

我请你吃饭。（不请你唱歌）

2）确定重音的依据

（1）依据结构

有些句子，平平常常，没有特殊的感情色彩，也没有特别强调的语意。这种句子的重音可以依据其语法结构来确定。一般地，需要重读的有短句中的谓语、宾语、定语、状语、补语和有的代词。这类重音叫作语法重音或意群重音。这类重音在朗读时不必过分强调，只要比其他音节读得重些就可以了。

（2）依据语意和感情

有些句子或由于构造复杂，或由于表意曲折，或由于感情特殊，它的重音往往不能马上确定，必须联系上下文，把它放到特定的语言环境中，才能确定其重音。通常把这类重音叫作逻辑重音和感情重音。它同语法重音有时是一致的，有时是不一致的。当逻辑重音和语法重音不一致时，后者必须服从前者。

3）重音的类型

一般根据重音在语句中的位置，把重音归结成十种类型。

（1）并列性重音

在段落、语句中有并列关系的词或短语，通常用并列连词或者顿号体现。为了突出事物的特征，这些并列的词或短语需要重读。

前天下午 6 点到晚上 10 点，北京站、北京西站、北京南站售票中断四个小时。

当然，能够只是送出去，也不算坏事情，一者见得丰富，二者见得大度。（鲁迅《拿来主义》）

（2）对比性重音

在对照式结构明显的句子中，通过对两种或者两种以上的事物的比较、对照，使事物的特征表现得更突出，形象更鲜明，这时需要对比性重音。

我爱热闹，也爱冷静，爱群居，也爱独处。（朱自清《荷塘月色》）

我们的战士，对敌人这样狠，而对朝鲜人民却是那样的爱，充满了国际主义的深厚感情。（魏巍《谁是最可爱的人》）

（3）呼应性重音

揭示上下文呼应关系，使文章层次清晰、结构完整。

用什么来表达自己的心意呢？战士们又有什么呢，他们只有一双结着硬茧的手，一颗赤诚的心。（魏巍《依依惜别的深情》）

如果说科研工作是探索真理、发现真理，那么教学工作的一个重要内容，应该是说明真理、传播真理。

（4）递进性重音

揭示语言链条的承继性，后一个重音比前一个重音揭示更深一层的含义。

竹叶烧了，还有竹枝；竹枝断了，还有竹鞭；竹鞭砍了，还有深埋在地下的竹根。（袁鹰《井冈翠竹》）

我们要造成民主风气，要改变文艺界的作风，首先要改变干部作风；改变干部作风首先要改变领导干部的作风；改变领导干部的作风首先从我们几个人改起。（周恩来《在文艺工作座谈会和故事片创作会议上的讲话》）

（5）转折性重音

与递进性重音的发展方向是相反的，经常出现在转折复句中。关联词有“虽然、但是”“可是”“却”等。

虽然英吉利海峡的水温较低，只有平均摄氏 16 度，但张健的身体状况和竞技状态保持得不错。

是的，胜利来了，可是人们所盼望的经过流血争取的独立自由和平民主的生活，又是要为蒋介石和美帝国主义所破坏。（魏巍《依依惜别的深情》）

（6）肯定性重音

“肯定”是做出明确判断的意思。包括两种情况：一是肯定“是什么”；二是肯定“是”还是“不是”。肯定性重音通常和对比性重音、递进性重音、转折性重音紧密相连。

原来他喜欢的不是真龙。

假话误国，实干兴邦，这道理是谁都懂的，我们河南过去更是吃够了搞浮夸的苦头。可是，弄虚作假之风又总是屡禁不绝，以致成为一种官场顽症。

（7）比喻性重音

重读文章中的比喻性词语，可以使被比喻的事物生动形象，加深对所描写事物或阐明道理的理解。但要注意，有比喻词的比喻句，不要重读比喻词“像”“好像”“仿佛”等。

如果说瞿塘峡像一道闸门，那么巫峡简直像江上一条迂回曲折的画廊。（刘白羽《长江三峡》）

蓝天，蓝得有点发黑，白云就像银子做成的一样，就像白色的大花朵似地点缀在天上。（萧红《失眠之夜》）

（8）拟声性重音

拟声性重音一般是象声词，但不是所有的象声词都是重音，要看它是否体现语句目的。表达时不必惟妙惟肖，重在传神。

小偷将夹克像变魔术似的偷走，那女士伸头望了一下，不禁“啊”的一声叫了起来。

一连几天，雨总是哗哗地下着，快把人闷死了。

（9）反义性重音

有“正话反说”和“反话正说”两种，表达赞同或反对的态度。强调反义性重音时要借助语气的配合，不能一带而过，也不能在字面上过分着力。

一个人如果弯起来的话，的确十分耀眼。想当明星而四处碰壁者，不妨一学。虽然没人在床头挂自己的尊容，虽然不被抢着握手，请去电视上做如泣如诉的广告，明星效应还是有一点。（陈村《弯人自述》）

（10）强调性重音

为突出某种感情，突出、强调之处要重读。

一曲完了，她激动地说：“弹得多纯熟啊！感情多深啊！……”

他就是我的老师——大谦。

一般情况下，不同种类的重音是交叉出现的，一个重音多种作用，这样文章的意图才能体现得充分明晰。所以，不能用上述十种类型的重音去生搬硬套。只要能够准确恰当地表现出作品的感情，语句的目的实现了，听众就能听明白了。

4）重音的表现方法

重音的表现方法有很多种，常见的有以下 4 种情况。

（1）加强音量

有意识地把某些词语读得重一些、响一些，使音量增强。

（2）拖长音节

有意将音节拖长一些，用延长音节的办法使重音突出。

（3）重音轻读

表现重音，不一定非要增加音量，有时用减轻音量的方法，将重音低沉地轻轻吐出，效果反而会更好。一般在表达极为复杂而细腻的感情时，多用这种方法。

（4）停顿强调

在要强调的词后面做一短暂的停顿。

【练一练】

请在应该重读的字词下面画上重读符号。

① 我们的战士，对敌人这样狠，而对朝鲜人民却是那样的爱，充满了国际主义的深厚感情。

② 井冈山的翠竹啊！去吧，去吧，快快地去吧！多少工地，多少工厂矿山，多少高楼大厦，多少城市和农村，都殷切地等待着你们！

③ 陈毅："关于详细计划，改日再与齐先生细说吧。"

齐仰之："不、不，现在就说，现在就说！"

④ 我似乎打了一个寒噤；我就知道，我们之间已经隔了一层可悲的厚障壁了……

⑤ 可是在中国，那时是确无写处的，禁锢得比罐头还严密。

⑥ 我们应当禁绝一切空话。但是主要的和首先的任务，是把那又长又臭的懒婆娘的裹脚，赶快扔到垃圾桶里去。

⑦ 竹叶烧了，还有竹枝；竹枝断了，还有竹鞭；竹鞭砍了，还有深埋在地下的竹根。

⑧ 好个"友邦人士"！日本帝国主义的兵队强占了辽吉，炮轰机关，他们不惊诧；阻断铁路，追炸客车，捕禁官吏，枪毙人民，他们不惊诧。中国国民党统治下的连年内战，空前水灾，卖儿救穷，砍头示众，秘密杀戮，电刑逼供，他们也不惊诧。在学生的请愿中有纷扰，他们就惊诧了！（鲁迅《友邦惊诧论》）

6. 语速技巧

语速就是朗读的节奏的快慢。说话的速度是由说话人的感情决定的，朗读的速度则与文章的思想内容相联系。一般来说，热烈、欢快、兴奋、紧张的内容速度快一些，平静、庄重、悲伤、沉重、追忆的内容速度慢一些，而一般的叙述、说明、议论则用中速。朗读文章时，要正确地表现不同的生活现象和人们不同的思想感情，就必须使用与之相适应的不同的朗读速度。

其间有一个十一二岁的少年，项带银圈，手捏一柄钢叉，向一匹猹尽力地刺去，那猹却将身一扭，反从他的胯下逃走了。

月亮底下，你听，啦啦的响了，猹在咬瓜了。你便提捏了胡叉，轻轻地走去。（鲁迅《故乡》）

以上是两种不同的动态。不同的动态引起的感觉是不一样的。朗读时必须体现出前者“将身一扭，反从他的胯下逃走了”之快和后者“你便提捏了胡叉，轻轻地走去”之慢。

决定语速的因素主要有以下五个方面。

1）不同的场面

急剧变化发展的场面宜用快读，平静、严肃的场面宜用慢读。体会下面这段描写是怎样实现速度的转换的。

海在我们的脚下沉吟着，诗人一般。那声音仿佛是朦胧的月光和玫瑰的晨雾一般。又像是情人的密语那样芳醇；低低地，轻轻地，像微风拂过琴弦，像落花飘零在水上。

海睡熟了。

大小的岛拥抱着，偎依着，也静静地恍惚入了梦乡。

星星在头上眨着慵懒的眼睑，也像要睡了。

许久许久，我俩也像入睡了似的，停止了一切的思念和情绪。

不晓得过了多少时间，远寺的钟声突然惊醒了海的酣梦，它恼怒似的激起波浪的兴奋，渐渐向我们脚下的岩石掀过来，发出汩汩的声音，像是谁在海底吐着气。海面的银光跟着晃动起来，银龙样的。接着我们脚下的岩石就像铃子、铙钹、钟鼓在奏鸣着，而且声音愈响愈大起来。

没有风。海自己醒了。喘着气，转侧着，打着呵欠，伸着懒腰，抹着眼睛。因为岛屿挡住了它的转动，它狠狠地用脚踢着，用手推着，用牙咬着。它一刻比一刻兴奋，一刻比一刻用劲。岩石也仿佛渐渐战栗，发出抵抗的嚎叫，击碎了海的鳞甲，片片飞散。

海终于愤怒了。它咆哮着，猛烈地冲向岸边袭击过来，冲进了岩石的罅隙里，又拨刺着岩石的壁垒。

音响就越大了。战鼓声，金锣声，呐喊声，叫号声，啼哭声，马蹄声，车轮声，机翼声，掺杂在一起，像千军万马混战了起来。

银光消失了。海水疯狂地汹涌着，吞没了远近大小的岛屿。它从我们的脚下扑了过来，响雷般地怒吼着，一阵阵地将满含着血腥的浪花溅在我们的身上。（鲁彦《听潮》）

2）不同的心情

紧张、焦急、慌乱、热烈、欢畅的心情宜用快读，沉重、悲痛、缅怀、悼念、失望的心情宜用慢读。

前者如：

发泄出无边无际的怒火，把这黑暗的宇宙，阴惨的宇宙，爆炸了吧！爆炸了吧！

电，你这宇宙中的剑，也正是，我心中的剑。你劈吧，劈吧，劈吧！把这比铁还坚固的

黑暗，劈开，劈开，劈开！（屈原《雷电颂》）

一连串的反复，“爆炸了吧！爆炸了吧！”“劈吧，劈吧，劈吧！”“劈开，劈开，劈开！”一个比一个强烈、一个比一个坚决，朗读时语气应不断加快、加重，以表达屈原想要冲破黑暗的急切而又果断的决心。

后者如：

在一个深夜里，我站在客栈的院子中，周围是堆着破烂的什物；人们都睡觉了，连我的女人和孩子。我沉重地感到我失去了很好的朋友，中国失掉了很好的青年，我在悲愤中沉静下去了，然而积习却从沉静中抬起头来，凑成了这样的几句：惯于长夜过春时，挈妇将雏鬓有丝。梦里依稀慈母泪，城头变幻大王旗。忍看朋辈成新鬼，怒向刀丛觅小诗。吟罢低眉无写处，月光如水照缁衣。（鲁迅《为了忘却的记念》）

3）不同的谈话方式

论辩、争吵、急呼，宜用快读；闲谈、絮语，宜用慢读。

周朴园：鲁大海，你现在没有资格跟我说话，矿上已经把你开除了。

鲁大海：开除了？！

周冲：爸爸，这是不公平的。

周朴园：（向周冲）你少多嘴，出去！

鲁大海：好，好。（切齿）你的手段我早就明白，只要你能弄钱，你什么都做得出来。你叫警察杀了矿上许多工人，你还——

周朴园：你胡说！

鲁侍萍：（至大海说）走吧，别说了。

鲁大海：哼，你的来历我都知道，你从前在哈尔滨包修江桥，故意叫江堤出险——

周朴园：（厉声）下去！

仆人们：（拉大海）走！走！

鲁大海：你故意淹死了两千二百个小工，每一个小工的性命你扣三百块钱！姓周的，你发的是绝子绝孙的昧心财！你现在还——

周萍：（冲向大海，打了他两个嘴巴，）你这种混账东西！

（大海还手，被仆人们拉住。）

周萍：打他！

鲁大海：（向周萍）你！

（仆人们一齐打大海。大海流了血。）

周朴园：（厉声）不要打人！

（仆人们住手，仍拉住大海。）

鲁大海：（挣扎）放开我，你们这一群强盗！

周萍：（向仆人们）把他拉下！

鲁侍萍：（大哭）这真是一群强盗！（曹禺《雷雨》）

4）不同的叙述方式

抨击、斥责、控诉、雄辩之处，宜用快读；一般的记叙、说明、追忆，宜用慢读。

前者如：

反动派暗杀李先生的消息传出以后，大家听了都悲愤痛恨。我心里想，这些无耻的东西，不知他们是什么想法，他们的心理是什么状态，他们的心怎样长的！（捶击桌子）其实很简单，他们这样疯狂地来制造恐怖，正是他们自己在慌啊！在害怕啊！所以他们制造恐怖，其实是他们自己在恐怖啊！特务们，你们想想，你们还有几天？你们完了，快完了！你们以为打伤几个，杀死几个，就可以了事，就可以把人民吓倒了吗？其实广大的人民是打不尽的，杀不完的！要是这样可以的话，世界上早没人了。（闻一多《最后一次讲演》）

后者如：

我怀念从故乡的后山流下来、流过榕树旁的清澈的小溪，溪水中彩色的鹅卵石，到溪畔洗衣和汲水的少女，在水面嘎嘎嘎地追逐欢笑的鸭子；我怀念榕树下洁白的石桥，桥头兀立的刻字的石碑，桥栏杆上被人抚摸光滑了的小石狮子。那汩汩的溪水流走了童年的岁月，那古老的石桥镌刻着我深深的记忆，记忆里的故事有榕树叶子一样多。（黄河浪《故乡的榕树》）

5）不同的人物性格

年轻、机警、泼辣的人物的言语、动作宜用快读；年老、稳重、迟钝的人物的言语、动作宜用慢读。

前者如：

这有什么依不依。闹是谁也总要闹一闹的；只要用绳子一捆，塞在花轿里，抬到男家，捺上花冠，拜堂，关上房门，就完事了。可是祥林嫂真出格，听说那时实在闹得厉害，大家还都说大约在念书人家做过事，所以与众不同呢。太太，我们见得人多了：回头人出嫁，哭喊的也有，说要寻死觅活的也有，抬到男家闹得拜不成天地的也有，连花烛都砸了的也有。祥林嫂可是异乎寻常，他们说她一路只是嚎，骂，抬到贺家坳，喉咙已经全哑了。拉出轿来，两个男人和她的小叔子使劲地擒住她也还拜不成天地。他们一不小心，一松手，啊呀，阿弥陀佛，她就一头撞在香案角上，头上碰了一个大窟窿，鲜血直流，用了两把香灰，包上两块红布还止不住血呢。直到七手八脚地将她和男人反关在新房里，还是骂，啊呀呀，这真是……（鲁迅《祝福》）

后者如：

"冬天没有什么东西了。这一点干青豆倒是自家晒在那里的，请老爷……"

我问问他的景况。他只是摇头。

"非常难。第六个孩子也会帮忙了，却总是吃不够……又不太平……什么地方都要钱，没有定规……收成又坏。种出东西来，挑去卖，总要捐几回钱，折了本；不去卖，又只能烂掉……"

他只是摇头；脸上虽然刻着许多皱纹，却全然不动，仿佛石像一般。他大约只是觉得苦，却又形容不出，沉默了片时，便拿起烟管来默默地吸烟了。(鲁迅《故乡》)

【练一练】

下面是鲁侍萍回忆往事，揭露周朴园罪恶的两段话。一段是相认前，一段是相认后，相认前后，鲁侍萍的怨愤之情由克制到逐渐显露，说话的语气和态度也起了变化，试用不同的语速加以表达。

——她是个下等人，不很守本分的。听说她跟那时周公馆的少爷有点不清白，生了两个儿子。生了第二个，才过三天，忽然周少爷不要她了。大孩子就放在周公馆，刚生的孩子她抱在怀里，在年三十夜里投河死的。(相认以前)

——哼，我的眼泪早哭干了，我没有委屈，我有的是恨，是悔，是三十年一天一天我自己受的苦。你大概已经忘了你做的事了！三十年前，过年三十的晚上我生下你的第二个儿子才三天，你为了要赶紧娶那位有钱有门第的小姐，你们逼着我冒着大雪出去，要我离开你们周家的门。(相认以后)(曹禺《雷雨》)

7. 语调技巧

为适应表达思想感情的需要，说话或朗读时，语音总是要有高低升降的变化，这种变化就形成了语调。语调是有声语言所特有的，它是句子的语音标志，是口语中表达各种语气的声音色彩。任何句子都带有一定的语调，借助语调，有声语言才有极强的表现力。

同样一句“这是一百万元”，采用不同的语调可以表达出不同的情绪。

这是一百万元。(一手交钱，一手交货，司空见惯)

这是一百万元！(强调金额很大)

这是一百万元！(后悔，不该错过赚大钱的机会)

这是一百万元？（惊讶，怎么这么多）

这是一百万元？（怀疑，不相信有这么多）

这是一百万元？（喜悦，为一下子有这么多钱而高兴）

语调是千变万化的，它的基本类型主要有以下 4 种。

1）平直调

朗读时始终平直舒缓，没有显著的高低变化。一般多用在叙述、说明，或表示迟疑、深思、冷淡、悼念、追忆的句子里。

住所近边的土坡上，有两棵苍老蓊郁的榕树，以广阔的绿阴遮蔽着地面。(黄河浪《故乡的榕树》)

我在十八九岁的时候，遇见一位国文先生，他给我的印象最深，使我受益也最多，我至今不能忘记他。(梁实秋《我的一位国文老师》)

烈士们的英名和业绩将永垂不朽！

2）高升调

语调前低后高，语气上扬。多用在疑问句、反诘句、短促的命令句，或者是在表示愤怒、发出呼唤、号召的句子里使用。

我大胆地设想：如果去掉这些荷叶将会怎么样？如果只剩下一枝枝光杆荷花，茕茕孑立，景色还能这样迷人吗？（郑伯琛《荷花咏》）

……这是胜利的预言家在叫喊：——让暴风雨来得更猛烈些吧！（高尔基《海燕》）

3）降抑调

语调逐渐由高降低，末了的字读得低而短。一般用在感叹句、祈使句或表示肯定、坚决、自信、赞扬、祝愿等感情的句子里。

秋天，无论在什么地方的秋天，总是好的。（郁达夫《故都的秋》）

他们像荷叶一样，也只有两个最简单的名称：人民、群众。可是，荷叶的风格就深深蕴含在他们之中。荷叶的风格不就是人民的伟大的精神的象征！（郑伯琛《荷花咏》）

4）曲折调

语调曲折变化，对句子中某些音节，特别地加重、加高或延长，形成一种升降曲折的调子。这种语调常用来表示特殊的感情，如讽刺、讥笑、夸张、强调、反语等。

哎呀呀，你这么大的力气，山都会被你推倒呢！

“友邦人士”，从此可以不必“惊诧莫名”，只请放心来瓜分就是了。（鲁迅《“友邦惊诧”论》）

但段政府就有令，说她们是暴徒。（鲁迅《记念刘和珍君》）

【练一练】

根据提示，用正确的语调朗读下列各句。

① 今天天气很好？（不太相信，语调升得快而高）

② 今天天气很好。（极端肯定，语调降得快而低）

③ 今天天气很好！（天气之好出乎意料）

④ 今天天气→很好。（沉吟）

⑤ 今天天气很→好。（感叹）

3.1.5 不同体裁作品的朗读技巧

1. 记叙文朗读

记叙文常常是通过对人物、事件的具体叙述，或赞扬某种品质，或肯定某种行为，或表达某种认识，等等。记叙文往往以一个事件的经过贯穿全文。朗读时，要根据故事情节的变化变换朗读基调。一般这类文章的字里行间都流露出作者对事物的爱憎情感。朗读时，可以把作者的情感作为依据，确定朗读的节奏和基调。“记叙”就是讲故事，讲故事最重要的是“引人入胜”，要渲染气氛，交代脉络，塑造人物。如《卖火柴的小女孩》是一篇以事记人的文章，开头的几大段都是叙述，都可采用平实和缓的朗读基调朗读。

【精彩案例 3－4】

卖火柴的小女孩

安徒生

天冷极了，下着雪，又快黑了。这是一年的最后一天——大年夜。在这又冷又黑的晚上，一个乖巧的小女孩赤着脚在街上走着。她从家里出来的时候还穿着一双拖鞋，但是有什么用呢？那是一双很大的拖鞋——那么大，一向是她妈妈穿的。她穿过马路的时候，两辆马车飞快地冲过来，吓得她把鞋都跑掉了。一只怎么也找不着，另一只叫一个男孩捡起来拿着跑了。他说，将来他有了孩子可以拿它当摇篮。

小女孩只好赤着脚走，一双小脚冻得红一块青一块的。她的旧围裙里兜着许多火柴，手里还拿着一把。这一整天，谁也没买过她一根火柴，谁也没给过她一个硬币。可怜的小女孩！她又冷又饿，哆哆嗦嗦地向前走。雪花落在她的金黄的长头发上，那头发打成卷儿披在肩上，看上去很美丽，不过她没注意这些。每个窗子里都透出灯光来，街上飘着一股烤鹅的香味，因为这是大年夜——她可忘不了这个。

2. 散文朗读

散文，是以抒发作者个人感受为主的文章，一般作者从主观视点出发，观察世界，感悟世界，体现看、想及感悟的过程，所以散文朗诵的基调是平缓的，没有太大的起伏，即使是在作品的高潮，也不会像演讲那样异峰突起、慷慨激昂。在朗诵时要用中等的速度、柔和的音色，一般用拉长而不加重的方法来处理强调重音。散文虽然不像诗歌那样有规整的节奏和严格的韵律，但是也讲究节奏和韵律美。散文的局部和某些句子也有对称结构。例如：“风，轻悄悄的；草，软绵绵的。”在朗诵时，我们可以用相同的语调来读这对语句，使文中的韵律美表现出来。同时要注意散文“形散而神不散”的特点，把握住全篇起统帅作用的主要感情线索基调。

【精彩案例 3－5】

春

朱自清

盼望着，盼望着，东风来了，春天的脚步近了。

一切都像刚睡醒的样子，欣欣然张开了眼。山朗润起来了，水涨起来了，太阳的脸红起来了。

小草偷偷地从土里钻出来，嫩嫩的，绿绿的。园子里，田野里，瞧去，一大片一大片满是的。坐着，躺着，打两个滚，踢几脚球，赛几趟跑，捉几回迷藏。风轻悄悄的，草软绵绵的。

桃树、杏树、梨树，你不让我，我不让你，都开满了花赶趟儿。红的像火，粉的像霞，白的像雪。花里带着甜味儿，闭了眼，树上仿佛已经满是桃儿、杏儿、梨儿！花下成千成百的蜜蜂嗡嗡地闹着，大小的蝴蝶飞来飞去。野花遍地是：杂样儿，有名字的，没名字的，散在草丛里，像眼睛，像星星，还眨呀眨的。

“吹面不寒杨柳风”，不错的，像母亲的手抚摸着你。风里带来些新翻的泥土的气息，混着青草味儿，还有各种花的香，都在微微润湿的空气里酝酿。鸟儿将巢安在繁花嫩叶当中，高兴起来了，呼朋引伴地卖弄清脆的喉咙，唱出宛转的曲子，与轻风流水应和着。牛背上牧童的短笛，这时候也成天嘹亮地响着。

雨是最寻常的，一下就是三两天。可别恼。看，像牛毛，像花针，像细丝，密密地斜织着，人家屋顶上全笼着一层薄烟。傍晚时候，上灯了，一点点黄晕的光，烘托出一片安静而和平的夜。在乡下，小路上，石桥边，有撑起伞慢慢走着的人；地里还有工作的农民，披着蓑，戴着笠。他们的房屋，稀稀疏疏的，在雨里静默着。

天上风筝渐渐多了，地上孩子也多了。城里乡下，家家户户，老老小小，也赶趟儿似的，一个个都出来了。舒活舒活筋骨，抖擞抖擞精神，各做各的一份儿事去。“一年之计在于春”，刚起头儿，有的是工夫，有的是希望。

春天像刚落地的娃娃，从头到脚是新的，它生长着。

春天像小姑娘，花枝招展的，笑着，走着。

春天像健壮的青年，有铁一般的胳膊和腰脚，领着我们上前去。

【朗读指导】

《春》是一篇优美的散文，作者抓住了春天景物的主要特征，绘出了一幅幅动人的春景图。文章处处充满着轻松、明快的气息，应带着欣喜的语气去读，语调上扬，整体节奏为轻快型，不时有舒缓型节奏交错，形成文章回环往复的特点。

“盼望着，盼望着，东风来了，春天的脚步近了。”这一段是对盼春的描写，是舒缓型节奏，为下文轻快型节奏做铺垫。此时春天尚未来临，人们热切地盼望她的到来。“盼望着，盼望着”这一反复手法的运用，将渴望的心情描写得淋漓尽致。朗读的时候要注意把握这两个小短句的层次性，中间不停顿。就情感而言，应一次比一次强烈，语调上扬。“东风来了”表明春天已近，“春天的脚步近了”表明春天确实到了。应重读“来”“近”，读出作者对春天到来的欣喜之情。

“一切都像刚睡醒的样子，欣欣然张开了眼。山朗润起来了，水涨起来了，太阳的脸红起来了。”这是对初春总体轮廓的勾勒，也是绘春的开始。应用轻快的节奏，程度稍轻。首先粗笔勾勒“一切都像刚睡醒的样子，欣欣然张开了眼”。“刚睡醒”“张开”为强调性重音。应读出春回大地、万物复苏的景象。“朗润”“涨”“红”为强调性重音，写了春天的色彩和动感，应读出这几句中包含的欣喜之情。

“小草偷偷地从土里钻出来，嫩嫩的，绿绿的。园子里，田野里，瞧去，一大片一大片满是的。坐着，躺着，打两个滚，踢几脚球，赛几趟跑，捉几回迷藏。风轻悄悄的，草软绵绵的。”绘春图首先从草写起，节奏轻快。“偷偷地”“钻”为强调性重音，写出了春天小草顽强的生命力，又带着可爱的神态。“嫩嫩的”“绿绿的”为比喻性重音，写出小草生长的清新、颜色的可爱。“一大片一大片满是的”应重读“满”，读出草迅速蔓延的情景。随后写人物的活动，读的时候要注意节奏，节奏愈快，就越能体现出在春景中尽情欢乐。“风轻悄悄的，草软绵绵的”应放慢速度，读出在春景中陶醉的情形。

“桃树、杏树、梨树，你不让我，我不让你，都开满了花赶趟儿。红的像火，粉的像霞，白的像雪。花里带着甜味儿，闭了眼，树上仿佛已经满是桃儿、杏儿、梨儿！花下成千成百的蜜蜂嗡嗡地闹着，大小的蝴蝶飞来飞去。野花遍地是：杂样儿，有名字的，没名字的，散在草丛里，像眼睛，像星星，还眨呀眨的。”这是一幅绝妙的春花图。视觉所及，先写树花，再写野花，节奏为轻快型。朗读时抓住拟人的写法。“桃树、杏树、梨树，你不让我，我不让你，都开满了花赶趟儿。”“红的像火，粉的像霞，白的像雪”中间的逗号应连读，读出花儿闹春的气氛来。“满是”“闹”“飞来飞去”，是联想到的图景，应重音轻读，把握住声音的虚实结合。

“‘吹面不寒杨柳风’，不错的，像母亲的手抚摸着你。风里带来些新翻的泥土的气息，混着青草味儿，还有各种花的香，都在微微润湿的空气里酝酿。鸟儿将巢安在繁花嫩叶当中，高兴起来了，呼朋引伴地卖弄清脆的喉咙，唱出宛转的曲子，与轻风流水应和着。牛背上牧童的短笛，这时候也成天嘹亮地响着。”绘春的第三个步骤是春风图。节奏为舒缓型与轻快型互相交错。风本无形，作者却用自己的笔抓住了春风中事物的特点，以此来描绘无形的春风。“抚摸”为重音轻读，读出春风的温柔。“风里带来些新翻的泥土的气息，混着青草味儿，还有各种花的香，都在微微润湿的空气里酝酿。”应用舒缓的语气读，读出轻松，读出美好。接下来的几句节奏陡然加快，“高兴”“清脆”“宛转”“应和”“响”为强调性重音，要找到鸟儿、短笛在风中穿透的感觉，把声音拉出去。

“雨是最寻常的，一下就是三两天。可别恼。看，像牛毛，像花针，像细丝，密密地斜织着，人家屋顶上全笼着一层薄烟。傍晚时候，上灯了，一点点黄晕的光，烘托出一片安静而和平的夜。在乡下，小路上，石桥边，有撑起伞慢慢走着的人；地里还有工作的农民，披着蓑，戴着笠。他们的房屋，稀稀疏疏的，在雨里静默着。”绘春的第四个步骤是春雨图。节奏为轻快型与舒缓型交错，为下一段作铺垫。“最寻常”强调春雨的连绵不断。“别恼”是转折性重音，然后向你介绍了春雨的特色是轻快型节奏。朗读的时候，用气声托出，要读出烟雨迷蒙那种情景。“绿”“逼”为情感性重音，写出了雨中的清新。接着又展现了一幅雨夜图，节奏变得极其舒缓。“慢慢”“静默”应重音轻读，要突出人们雨中的惬意。

“天上风筝渐渐多了，地上孩子也多了。城里乡下，家家户户，老老小小，也赶趟儿似的，一个个都出来了。舒活舒活筋骨，抖擞抖擞精神，各做各的一份儿事去。‘一年之计在于春’，刚起头儿，有的是工夫，有的是希望。”最后描绘的是迎春图，节奏为轻快型。两个“多”字，一个比一个读得重，传达出孩子们的无限喜悦。接下来写所有人的活动，节奏更加轻快了，春天给所有人带来了青春活力。两个“有的”的重读，强调春天带给人们的无限美好希望。

“春天像刚落地的娃娃，从头到脚是新的，它生长着。春天像小姑娘，花枝招展的，笑着，走着。春天像健壮的青年，有铁一般的胳膊和腰脚，领着我们上前去。”这是文章的第三个部分，颂春。节奏为轻快型，程度依次为轻、中、重。三个排比句由小到大，读的时候注意语气色彩应是逐渐加重的。“上前去”应一字一顿，语气再落到实处，表达了自己要珍惜大好春光，努力“上前去”的心情。

3. 说明文朗读

说明文具有条理清楚、结构严谨的特点。所以，说明文的朗读基调应较平实，在语速、停顿等方面可以用叙述的语气把文章读得正确，强调课文中所介绍事物的特点。

4. 议论文朗读

议论文具有严密的逻辑性和较强的说理性，朗读时，一般采用严肃、认真、坚定有力的朗读基调。议论文，无论是立论，还是驳论，都强烈地表达作者爱憎分明的思想观点和情感，朗读者也可据此来确定其朗读语气的轻重、缓急。

3.1.6 朗读训练方法

朗读训练可以使我们逐渐掌握汉语语法规律，培养敏感的语感，还可以使声带、发音、语气、语调、语势等得到全面锻炼。朗读训练应采用循序渐进、由低到高的“五步法”，有条不紊地进行。

1. 基础训练

选用一百字左右的文章或新闻稿件朗读。要求是：发音准确，声音洪亮，吐字清楚，不添字、丢字，不读错字，按标点符号要求进行恰当的停顿。

2. 过渡训练

选用二三百字的文章或新闻稿朗读。在第一步训练的基础上，过渡到通顺流畅，且能读出陈述、疑问、感叹、祈使等几种句子的不同语气、语调。

3. 巩固训练

选用五百字左右的文章朗读，重点练习朗读技巧，并结合听范文朗读，巩固前两步的训练成果。要求在前两步的基础上，能进一步读出长句中的停顿和句中的轻重缓急，且依据文章的思想内容，恰当而自然地带着感情去朗读。

4. 综合练习

选用八百字左右的文章朗读。将分项训练中的各种技巧综合运用到朗读中去。要求语言流畅，语气连贯，具有较强的感染力。

5. 发挥训练

选用千字以上文章朗读。着重在感情运用上下功夫，感情表达准确丰富，声情并茂，使作品深刻的思想内容与朗读者的感情融为一体。

【思考与训练】

1. 请用朗读符号标记下面的句子。

① 小草偷偷地从土里钻出来，嫩嫩的，绿绿的。

② 瞧，它多美丽，娇巧的小嘴，啄理着绿色的羽毛，鸭子样的扁脚，呈现出春草的鹅黄。

③ 她笑眯眯地看着我，短头发，脸圆圆的。

④ 他长着两条细弱的小腿，此刻这两条小腿却怎么也不听使唤，老是哆哆嗦嗦地。

2. 试体味以下各句在朗读时的细微差别。

① 读小学的时候，我的外祖母过世了。

② 在我依稀记事的时候，家中很穷，一个月难得吃上一次鱼肉。

③ 小学的时候，有一次我们去海边远足，妈妈没有做便饭，给了我十块钱买午餐。

④ 从山沟沟里跨进大学那年，我才 16 岁，浑身上下飞扬着土气。

3.2　朗诵方法及技巧

朗诵是阅读、思维、想象、口头表达等各种能力的综合运用，要使朗诵水平达到一定的高度，需要掌握一些朗诵知识和技巧，并经过一定的训练。

3.2.1　朗诵的含义

朗诵是一门艺术，是文学作品的延伸。朗，即声音的清晰、响亮；诵，即诵读。朗诵，就是用清晰、响亮的声音，结合各种语言手段，来完善地表达作品思想感情的一种语言艺术。朗诵是把诉诸人们视觉的书面文字，转化为诉诸听觉的有声语言的再创作过程，它把源于生活、高于生活的文学作品，经过抑扬顿挫、声情并茂地加工，使之形于声，创造出具有很强表现力和感染力的有声语言艺术品。当朗诵者以优美的声音、清晰而富有激情的语言，同时通过内心辅之以手势、眼神等表情动作，绘声绘色地将文学作品生动形象地表达出来，给听众以强烈的艺术上的享受时，朗诵就成为融语言与表演为一体的艺术。

3.2.2　朗诵与朗读的异同

朗诵和朗读有着密不可分的联系，也有明显的差异。朗读是清晰、响亮地把文章流畅地念读出来。朗诵是用清晰、响亮的声音，经过对声音抑扬顿挫、声情并茂地加工，结合各种语言手段来完善地表达作品思想感情的一种语言艺术。

1. 相同点

① 两者都是以有声语言作为主要的表达手段，声音是朗读和朗诵的载体。

② 两者都要以创作好的文学作品作为依据，而且都会选用辞美、意美、脍炙人口的文学精品。

③ 两者都要求严格按照作品的文字、词语序列进行，不可增字、减字、改字、颠倒字，声韵调正确，音变符合规律，句子停顿分明、正确，字字清晰，声声入耳。

2. 不同点

朗读和朗诵相比，朗读是一种念读，更注重语言的规范、语句的完整和语意的精确。朗读的目的是让听众准确、全面地理解作品的主要内容和思想感情。朗诵是文学作品的延伸，是语言与表演融为一体的艺术。

1）目的功能不同

朗读主要是社会生活、教育领域的需要，主要目的是传递信息、知识和观念。

朗诵是艺术审美活动的需要，朗诵的目的不仅是传递信息，还要带给听众审美感受。

2）使用范围不同

朗读的使用范围要比朗诵更加广泛，日常生活中的各种文学作品、书信、报纸、文件都可以用朗读的方式；而朗诵一般用于舞台表演和文娱生活，而且主要用于对诗词和散文的朗读。

3）表现方式不同

朗读要求声音自然、平实，更接近生活化，主要强调声音宏亮，吐字清晰、节奏合理、停顿正确，对朗读者的形态、表情、衣着打扮等没有过多的要求。

朗诵则要求朗诵者不仅声音洪亮、语言标准，还要求对声音的处理符合作品的主题和特色。朗诵者既要有自己的风格，又要符合作品中角色的个性，还要能够突出作品的戏剧冲突。这就要求朗诵者将自己对作品的感悟，通过声音的大小、音区的高低、节奏的快慢等多方面艺术形式的变化，形成一种独特的艺术感染力，打动听众。朗诵者在朗诵过程中要通过有声语言、肢体语言以及衣着打扮等的和谐统一、协调配合，强化朗诵的艺术感染力。

3.2.3 朗诵的作用

坚持朗诵，有很多好处，它有助于理解文章的词句篇章的内容，增强艺术欣赏趣味，提高口头表达能力和普通话水平。

1. 有助理解和记忆

朗诵化无声文字为有声语言，口读耳听，口耳并用，增加了向大脑传输信息的渠道。这不仅使阅读真正活起来，而且印象深刻、便于理解。

2. 有利于品味作品

通过对优秀篇章、名言佳句反复诵读，一边缓缓朗诵，一边慢慢思考，将“读”与“思”有机结合起来，可以加深对作品的理解。

3. 提高口语表达能力，增加作品感染力

朗诵时读音响亮，抑扬顿挫，节奏分明，声情并茂，并将读者自身的感情融合到读物中去，这就大大增强了读物的形象感、韵律感和情趣感。

3.2.4 朗诵前的准备

朗诵是朗诵者的一种再创作活动。这种再创作，不是脱离朗诵材料另行一套，也不是照字读音的简单活动，而是要求朗诵者通过原作品的字句，用有声语言传达出原作品的主要精神和艺术美感。不仅要让听众领会朗诵的内容，而且要使其在感情上受到感染。为了达到这个目的，朗诵者在朗诵前必须做好一系列的准备工作。

1. 选择适合的朗诵材料

朗诵是一种传情的艺术。朗诵者要很好地传情，引起听众共鸣，首先要注意材料的选择。选择材料要注意以下三个问题。

① 选择材料时，要注意选择那些语言形象性强而且适于上口的文章。作品内容便于理解，不能深奥难懂。看着都费解的材料，朗诵出来效果也不会好。因为形象感受是朗诵中一个很重要的环节；干瘪枯燥的书面语言，对于具有很强感受能力的朗诵者，也构不成丰富的形象感受。

② 要根据朗诵的场合和听众的需要，以及朗诵者自己的爱好和实际水平，选择适合的作品。篇幅适中，不宜太短或太长，要有完整性，一般不要选择节选片段的作品。

③ 作品必须是朗诵者自己喜欢的、感兴趣的。别人推荐的作品，如果自己不喜欢，不感兴趣，即使再好，也不能作为自己朗诵的作品。

2. 把握作品的内容和思想

选好了作品，还要在深入理解上下功夫。准确地把握作品内容，透彻地理解其内在含义，是作品朗诵重要的前提和基础。深入理解包括既要吃透作品的原意，还要了解作品产生的年代和写作背景，还要了解作者的生平、创作和作者其他相关的作品，而不能简单地理解了大概的意思就上场朗诵。特别是诗歌的朗诵，诗的语言非常凝练，往往表面浅显易懂的句子的背后蕴含着深刻的意义，这是表面理解所体会不到的。

3. 规范普通话发音

要使自己的朗诵优美动听，必须使用标准的普通话进行朗诵。普通话是汉民族共同语，用普通话朗诵有利于不同方言区听众的理解、接受。因而，在朗诵之前，首先要咬准字音，掌握语流、音变等普通话知识。

4. 设计恰当的态势语言

朗诵者上台时，要侧脸 45 度，用眼神和大家打招呼，展现一个良好的精神面貌。领诵者要向前迈一大步，朗诵时要记住句末的最后两个字，从容地抬头看听众。做动作时，手眼要一致，不能脱节。手势是为了更好地表达。动作要做开、放开，眼神要和朗诵内容一致，动作、语言、心灵要完美结合。

3.2.5 朗诵语言的特殊技巧

朗诵者不仅要对朗读的基本语言技巧，如停、连、重音、节奏、语势、语调、语气等能够正确、娴熟地运用，还要掌握朗诵语言的特殊技巧。这样才会使朗诵更有立体感、形象感，也就更富于个性化，从而获得绘声绘色、声形毕肖的表达效果。

1. 笑言与泣语

天赋好的演员，随着剧情的发展说哭就哭、说笑就笑，这很是让人佩服。如果在朗诵中也能有所借鉴，适当地采用笑言和泣语，相信朗诵效果会增色不少。

1）笑言

笑言是带着发笑的声音来朗诵片段的一种技巧。它是一种假声处理，应做必要的音色改变。但笑言不是开口笑出声来，只是带着发笑的喜悦，让人感到你在“笑而言曰”地说话。笑言表示喜爱、风趣、欢快、嘲讽等。

①“已经借来了，再送回去，倒叫她多心。”我看他那副认真、为难的样子，又好笑，又觉得可爱。（茹志鹃《百合花》）

② 我笑着说：“你看你这人，我在上水洗，你说下水脏，这么一条大河，哪里就能把我脸上的泥土冲到你的菜上去？现在叫你到上水来，我到下水去，你还说不行，那怎么办哩？”（孙犁《山地回忆》）

2）泣语

泣语是带着哭泣的声音来朗诵的一种技巧。它也是一种假声处理，也应做必要的音色改变，但不能像演戏那样真的哭出声来，而是处于一种“饮泣”的状态。泣语表示悲痛、忧伤、喜极而泣等情绪。

①“我妹妹……她、她、她死在‘鬼沼’里了！……”我双手捂住脸，克制不住巨大的悲痛，失声号啕了。（梁晓声《这是一片神奇的土地》）

②“简·爱！——简·爱!”这是他所说的一切。

“我亲爱的主人,”我回答，“我是简·爱，我已经找到了你——我回到你这儿来啦。”

“真的？——活着？我的活着的简？”（夏洛蒂·勃朗特《简·爱》）

2. 沙哑与尖声

沙哑和尖声都是用来塑造特型人物的，并且一般是塑造反面人物，有所不同的是，沙哑多表现男人，尖声则多表现女人。

1）沙哑

沙哑是低沉而不圆润的声音，表现凶残、粗野或神秘、怪异的人物语言。

① 混江龙好像一只凯旋的枭鸟咯咯地笑起来：“离开这么几天，你就不认识我了？”（梁山丁《绿色的谷》）

② 曼诺维利哈？我是叫过曼诺维利哈，现在你叫我什么都行啦……（[苏联]亚·库普林《阿列霞》）

2）尖声

尖声是一种细、高而锐利的声音。用来表现尖酸、刻薄或轻浮、泼悍。

① “啊呀啊呀，真是愈有钱，便愈是一毫不肯放松，愈是一毫不肯放松，便愈有钱……”圆规一面愤愤的回转身，一面絮絮地说……（鲁迅《故乡》）

② 胖菊子又说了话：“咳！快点吧！反正是这么回事，何必多饶一面呐，离婚是为了有个交代，大家脸上都好，你要不愿意呢，我还是跟他去，你不是更……”（老舍《四世同堂》）

3. 虚声与深叹

虚声与深叹是气息的运用。由于虚声气多声小，为了能让受众听清，在运用的时候，要注意气息的均匀和集中。深叹带有强烈的感情色彩，它既是朗诵者宣泄感情的方式，也往往是产生艺术感染力的地方，但前提是运用得自然、恰当。

1）虚声

虚声是控制声高，以气为主，发出一种声小气多、类似耳语的声音，表示紧张、内心活动、自言自语等。

① 他远远望着徐文霞那个亮着灯的窗户，每次要到窗户跟前又退回来，“怎么说呢，向她说些什么呢？”（陆文夫《小巷深处》）

② 她讲完了，我们都陷入沉思。只有妹妹叹息了一声，自言自语地说：“我真想获得许多许多那种‘忘忧果’……”（梁晓声《这是一片神奇的土地》）

2）深叹

深叹是将深深吸入的气息自然地缓缓地吐出，来渲染慨叹、赞叹、惊叹、兴叹、哀叹等。

① 对酒当歌，人生几何？譬如朝露，去日苦多。（曹操《短歌行》）

② 蜀道之难，难于上青天！（李白《蜀道难》）

4. 拖腔与颤音

1）拖腔

拖腔就是把句中的字词的读音有意拖长些，用来表示追忆、领悟、傲慢、安闲等。

① 那是一个冬天，该是一九四一年的冬天，我打游击打到这个小村庄，情况缓和了，部队决定休息两天。（孙犁《山地回忆》）

② 这又怪又丑的石头，原来是天上的呢！（贾平凹《丑石》）

2）颤音

颤音是控制声门，使声门开放和阻塞急促交替，发出一种仿佛打颤的声音，表示极度惆怅、痛惜或激动等。

① 寒蝉凄切，对长亭晚，骤雨初歇。（柳永《雨霖铃》）

② 而当你终于无视地走过/在你身后落了一地的/朋友啊　那不是花瓣/是我凋零的心。（席慕蓉《一棵开花的树》）

尽管拖腔可以使朗诵的内涵意味深长，颤音可以使朗诵的情感动人心弦，但不能勉为其难地拉长声音，或装腔作势打着颤音，那样很可能令人发笑。如果缺乏真实的情感或一定的技巧，拖腔和颤音很难达到预期效果。因此，在运用时，感情和技巧缺一不可。

5. 倒吸与喷吐

1）倒吸

倒吸就是倒抽一口气，表现极度恐惧、骤然紧张、惊异、激动等情绪所采用的一种技巧（用“V”表示）。

① “V那里，还有一个！”我的妹妹又发现了同样的不祥之物，她第一个朝拖拉机退去。（梁晓声《这是一片神奇的土地》）

② V突然是深灰色石岩从高空直垂而下浸入江心，令人想到一个巨大的惊叹号……（刘白羽《长江三日》）

2）喷吐

喷吐就是把音节的声母读得富有弹力，韵母读得短促、有力，以表示愤慨或激动等难以控制的强烈感情（用“○”表示）。

今天，这里有没有㊕务？你㊟出来！是好汉的㊟出来！你出来讲！㊗什么要杀死李先生？（闻一多《最后一次讲演》）

倒吸与喷吐都是气息的运用，尤其需要依据具体的情境使用，切不可故弄玄虚，要做到卷舒自如，翕张任意。

【思考与训练】

1. 体会朗读和朗诵的异同。
2. 欣赏中央电视台新年新诗会，谈谈自己的体会。
3. 分角色朗诵艾青《我爱这土地》。
4. 配乐朗诵徐志摩《雪花的快乐》。

3.3 读诵综合训练

朗读和朗诵水平提高的过程，是一个循序渐进的过程，应当由易到难，由浅入深，不可急于求成。忽视基本功的训练，幻想一步到位，是不现实的。应先从分项训练开始，即从语音、语调、语气等训练做起，一项一项地练，才能有进步。

3.3.1 基础训练

1. 训练目标

朗读者要在对文字材料进行深入理解、分析，找到具体的感受，明确朗读的目的，准确把握好基调的基础上进行。同时，还必须认准每个字、词的读音，用标准的普通话朗读。

2. 训练内容

单项训练，分别进行停、连、重音、语调和语速的训练。

1）灵敏度训练

训练视觉扫描准确度、发声快速度。任选一篇文章作为朗读材料，检查学生一口气阅读的字数总量及误读率。以一口气阅读的字数越多而误读率越低为佳。

2）停顿训练

试用不同的停顿，区别下列句子的不同语意。

① A. 学习文件　　B. 学习/文件

② A. 读了/一篇课文　　B. 读了一篇/课文

③ A. 反对/目无纪律的行为　　B. 反对目无纪律的/行为

3）重音训练

试判断下列语句的重音位置。

① 我知道你爱看小说。（别以为我不知道）

我知道你爱看小说。（爱不爱看诗歌我不知道）

② 要想从我这里发财，你们想错了。（方志敏《清贫》）

③ 下午，他拣好了几件东西：两条长桌，四个椅子，一副香炉和烛台，一杆台秤。（鲁迅《故乡》）

④ 不单是懂得希腊就行了，还要懂得中国；不但要懂得外国革命史，还要懂得中国革命史；不但要懂得中国的今天，还要懂得中国的昨天和前天。（毛泽东《改造我们的学习》）

4）语速训练

试体会下面两段话的语速有何不同。

① 她猛然喊了一声。脖子上的钻石项链没有了。

她丈夫已经脱了一半衣服，就问："什么事情？"

她吓昏了，转身向着他说：

"我……我……我丢了佛来思节夫人的项链了。"

他惊慌失措地直起身子，说：

"什么！……怎么啦？……哪儿会有这样的事！"

他们在长衣裙褶里，大衣褶里寻找，在所有口袋里寻找，竟没有找到。

他问："你确实相信离开舞会的时候它还在吗？"

"是的，在教育部走廊上我还摸过它呢。"

"但是，如果是在街上丢的，我们总得听见声响。一定是丢在车里了。"

"是的，很可能。你记得车的号码吗？"

"不记得。你呢，你没注意吗？"

"没有。"

他们惊惶地面面相觑……（莫泊桑《项链》）

② 路上只我一个人，背着手踱着。这一片天地好像是我的；我也像超出了平常的自己，到了另一个世界。我爱热闹，也爱宁静；爱群居，也爱独处。像今晚上，一个人在这苍茫的

月下，什么都可以想，什么都可以不想，便觉是个自由的人。白天里一定要做的事，一定要说的话，现在都可不理。这是独处的妙处，我且受用这无边的荷香月色好了。（朱自清《荷塘月色》）

5）语调训练

朗读下列句子，体会应采用什么语调。

① 还小呢，刚刚能走路，就能跨台阶？”路旁一位头发花白的老奶奶啧了啧嘴说，“做大人的要帮他一把。”（短文《第一次》）

② 人生会有多少个第一次啊！（短文《第一次》）

③ 在我依稀记事的时候，家中很穷，一个月难得吃上一次鱼肉。（短文《妈妈喜欢吃鱼头》）

④ 哎！我可怜的玛蒂尔德！可是我那一挂是假的，至多值五百法郎！（莫泊桑《项链》）

3.3.2 过渡训练

1. 训练要求

选择一篇作品，对作品的内容、思想感情进行分析；感受必须具体、真切；朗读的目的和基调要十分明确；停顿的位置和时间要把握好；重音要找准；语气、语调和语速的确定要恰如其分；作品的体裁特点要抓住；字、词、句的读音要标准，然后才可以练习朗读。

2. 训练内容

第一场雪

这是入冬以来，胶东半岛上第一场雪。

雪纷纷扬扬，下得很大。开始还伴着一阵儿小雨，不久就只见大片大片的雪花，从彤云密布的天空中飘落下来。地面上一会儿就白了。冬天的山村，到了夜里就万籁俱寂，只听得雪花簌簌地不断往下落，树木的枯枝被雪压断了，偶尔咯吱一声响。

大雪整整下了一夜。今天早晨，天放晴了，太阳出来了。推开门一看，嗬！好大的雪啊！山川、河流、树木、房屋，全都罩上了一层厚厚的雪，万里江山，变成了粉妆玉砌的世界。落光了叶子的柳树上挂满了毛茸茸亮晶晶的银条儿；而那些冬夏常青的松树和柏树上，则挂满了蓬松松沉甸甸的雪球儿。一阵风吹来，树枝轻轻地摇晃，美丽的银条儿和雪球儿簌簌地落下来，玉屑似的雪末儿随风飘扬，映着清晨的阳光，显出一道道五光十色的彩虹。

大街上的积雪足有一尺多深，人踩上去，脚底下发出咯吱咯吱的响声。一群群孩子在雪地里堆雪人，掷雪球，那欢乐的叫喊声，把树枝上的雪都震落下来了。

俗话说，“瑞雪兆丰年”。这个话有充分的科学根据，并不是一句迷信的成语。寒冬大雪，可以冻死一部分越冬的害虫；融化了的水渗进土层深处，又能供应庄稼生长的需要。我相信这一场十分及时的大雪，一定会促进明年春季作物，尤其是小麦的丰收。有经验的老农把雪比做是“麦子的棉被”。冬天“棉被”盖得越厚，明春麦子就长得越好，所以又有这样一句谚语："冬天麦盖三层被，来年枕着馒头睡。"

我想，这就是人们为什么把及时的大雪称为"瑞雪"的道理吧。

3. 训练指导

这是一篇写景的散文，通过描写胶东半岛上第一场雪及由此带来的欢乐，引出对雪的议论。读的时候，应该树立生动的视觉形象，把握文章喜悦、轻盈的基调。

这是入冬以来，胶东半岛上第一场雪。

开篇点题，用叙述的语气，重读"第一场雪"。

雪纷纷扬扬，下得很大。开始还伴着一阵儿小雨，不久就只见大片大片的雪花，从彤云密布的天空中飘落下来。地面上一会儿就白了。冬天的山村，到了夜里就万籁俱寂，只听得雪花簌簌地不断往下落，树木的枯枝被雪压断了，偶尔咯吱一声响。

这段写下雪的情景，读时注意节奏的跳跃性。"雪纷纷扬扬"，仿佛看到了雪花随风漫天飞舞的情景，"雪"后停顿，后面四字先降后升，要读出抑扬顿挫的音乐美来。"一阵儿""大片大片"的重读，突出了雪越下越大，这里节奏的跳跃性很大。接下来，描述了雪夜的"万籁俱寂"，重音轻读，"簌簌""咯吱"等拟声词，更加反衬出雪夜的寂静。读的时候，语速放缓，语气中充满一种俏皮的味道。

大雪整整下了一夜。今天早晨，天放晴了，太阳出来了。推开门一看，嗬！好大的雪啊！山川、河流、树木、房屋，全都罩上了一层厚厚的雪，万里江山，变成了粉妆玉砌的世界。落光了叶子的柳树上挂满了毛茸茸亮晶晶的银条儿；而那些冬夏常青的松树和柏树上，则挂满了蓬松松沉甸甸的雪球儿。一阵风吹来，树枝轻轻地摇晃，美丽的银条儿和雪球儿簌簌地落下来，玉屑似的雪末儿随风飘扬，映着清晨的阳光，显出一道道五光十色的彩虹。

这段写雪后的美景，用欣喜的语调来读。"整整"的重读，强调雪下得时间之长。"出来"读出喜悦的语气。"嗬！好大的雪啊！"连续两个感叹句，尤其能表达作者的喜悦的心情。"嗬"叹词，读得高而平，"好"起调较低，"大的"语调由顶点降到最低点，"啊"稍延长，语调上扬。"粉妆玉砌"比喻性重音，"毛茸茸亮晶晶""蓬松松沉甸甸"重叠词的运用，读出节奏的跳跃感来。加上儿化音，带有几许可爱的色彩。而接下来一句，更使雪景的美充满灵动气息。"轻轻地摇晃""随风飘扬"，节奏舒缓，语气轻盈。"五光十色的彩虹"比喻性重音，写出了雪的色彩美。

大街上的积雪足有一尺多深，人踩上去，脚底下发出咯吱咯吱的响声。一群群孩子在雪地里堆雪人，掷雪球，那欢乐的叫喊声，把树枝上的雪都震落下来了。

这段写雪后人们的活动，节奏轻快。前面一句，速度稍慢，"咯吱咯吱"不只是脚踩在雪地上的声音，更是人们舒畅心情的外露。后面的一句，节奏加快，最后一个逗号不停顿，更能突出孩子们玩得高兴。

俗话说，"瑞雪兆丰年"。这个话有充分的科学根据，并不是一句迷信的成语。寒冬大雪，可以冻死一部分越冬的害虫；融化了的水渗进土层深处，又能供应庄稼生长的需要。我相信这一场十分及时的大雪，一定会促进明年春季作物，尤其是小麦的丰收。有经验的老农把雪比做是“麦子的棉被”。冬天“棉被”盖得越厚，明春麦子就长得越好，所以又有这样一句谚语：“冬天麦盖三层被，来年枕着馒头睡。”

这段是对瑞雪所发的议论，读时语速放慢，语气平实。“并不是”肯定性重音，“冻死”“促进”呼应性重音，具体说明瑞雪的价值。“一定”“尤其”再次肯定第一场雪的价值。接下来的几句，应读得俏皮、活泼些，可在“被”“馒头”处停顿，加以强调。

我想，这就是人们为什么把及时的大雪称为“瑞雪”的道理吧。

最后一段，自然地道出了自己的真实的感受。朗读时应气徐声柔，语调稍扬。

3.3.3 朗读训练

1. 训练目标

练习时要注意做到用普通话朗读，口齿清楚、声音响亮、停顿适当、语气连贯、语调自然、表情达意、速度适中、完美和谐、领会主旨。

2. 训练内容

济南的冬天

老　舍

对于一个在北平住惯的人，像我，冬天要是不刮风，便觉得是奇迹；济南的冬天是没有风声的。对于一个刚由伦敦回来的人，像我，冬天要能看得见日光，便觉得是怪事；济南的冬天是响晴的。自然，在热带的地方，日光是永远那么毒，响亮的天气，反有点叫人害怕。可是，在北中国的冬天，而能有温晴的天气，济南真得算个宝地。

设若单单是有阳光，那也算不了出奇。请闭上眼睛想：一个老城，有山有水，全在天底下晒着阳光，暖和安适地睡着，只等春风来把它们唤醒，这是不是个理想的境界？小山整把济南围了个圈儿，只有北边缺着点口儿。这一圈小山在冬天特别可爱，好像是把济南放在一个小摇篮里，它们安静不动地低声地说：“你们放心吧，这儿准保暖和。”真的，济南的人们在冬天是面上含笑的。他们一看那些小山，心中便觉得有了着落，有了依靠。他们由天上看到山上，便不知不觉地想起：“明天也许就是春天了吧？这样的温暖，今天夜里山草也许就绿起来了吧？”就是这点幻想不能一时实现，他们也并不着急，因为有这样慈善的冬天，干啥还希望别的呢！

最妙的是下点小雪呀。看吧，山上的矮松越发的青黑，树尖上顶着一髻白花，好像日本看护妇。山尖全白了，给蓝天镶上一道银边。山坡上，有的地方雪厚点，有的地方草色还露着；这样，一道儿白，一道儿暗黄，给山们穿上一件带水纹的花衣；看着看着，这件花衣好像被风儿吹动，叫你希望看见一点更美的山的肌肤。等到快日落的时候，微黄的阳光斜射在山腰上，那点薄雪好像忽然害了羞，微微露出点粉色。就是下小雪吧，济南是受不住大雪的，那些小山太秀气！古老的济南，城里那么狭窄，城外又那么宽敞，山坡上卧着些小村庄，小村庄的房顶上卧着点雪，对，这是张小水墨画，也许是唐代的名手画的吧。

那水呢，不但不结冰，倒反在绿萍上冒着点热气，水藻真绿，把终年贮蓄的绿色全拿出来了。天儿越晴，水藻越绿，就凭这些绿的精神，水也不忍得冻上，况且那些长枝的垂柳还要在水里照个影儿呢！看吧，由澄清的河水慢慢往上看吧，空中，半空中，天上，自上而下全是那么清亮，那么蓝汪汪的，整个的是块空灵的蓝水晶。这块水晶里，包着红屋顶，黄草山，像地毯上的小团花的小灰色树影；这就是冬天的济南。

3. 训练指导

这篇文章节奏舒缓。作者以对济南十分深厚的爱，写出了这篇清新、淡雅的文字。在这篇文章中，语言的运用十分纯熟，比如长短句在文中的配合使用“对于一个在北平住惯的人，像我，冬天要是不刮风，便觉得是奇迹；济南的冬天是没有风声的。对于一个刚由伦敦回来的人，像我，冬天要能看得见日光，便觉得是怪事；济南的冬天是响晴的。自然，在热带的地方，日光是永远那么毒，响亮的天气，反有点叫人害怕。”使得文章节奏的变化十分自然和谐，长句读起来像小桥流水，而短句如“像我、像我”的重复，“自然”等词的有规律的出现，十分自然地形成了节奏的回环往复之势，听起来毫不造作，浑然天成。朗读中注意体会作者的这些匠心所在。

3.3.4　朗诵训练

1. 训练要求

朗诵时要读音响亮，抑扬顿挫，节奏分明，声情并茂，并将读者自身的感情融入作品中。

2. 训练内容

我爱这土地

艾　青

假如我是一只鸟，
我也应该用嘶哑的喉咙歌唱：
这被暴风雨所打击着的土地，
这永远汹涌着我们的悲愤的河流，

这无止息地吹刮着的激怒的风，
和那来自林间的无比温柔的黎明……
——然后我死了，
连羽毛也腐烂在土地里面。
为什么我的眼里常含泪水？
因为我对这土地爱得深沉……

大海里的追寻

喻子涵

初识大海

与水有缘，便让我从想象走向真实。

真实的大海，水的行为蔚为壮观，而你就矗立在这永恒的壮观里。

首先让我欣赏你的裸体赤身，让本质和智慧化为海的骄子。漂流归来，立足沙滩，哪怕一声口哨，你的诗波光粼粼，荡漾海的气魄。

然后是凝思，因一片云，一叶远帆，一丝海风。忧郁是美的主题。生命在这忧郁里获得充实，获得灵感，就像大海的忧郁获得博大和浩渺、恒久和丰富。

忧郁让世界走进你心中；而世界让你精神不灭。

日升月降，潮起潮落，你的影子拉长又缩短。而海滩，你那深深浅浅的脚印里，盛满洁白的生命和真理的结晶。

多少忧郁目光的期待，多少焦急心灵的思索，都沉淀在这一行行生命的脚印里。

谁来收获这些果实呢？

第一次日落，你紧紧怀抱我，久久矗立……

囚　歌

叶　挺

为人进出的门紧锁着，
为狗爬出的洞敞开着，
一个声音高叫着——
爬出来吧，给你自由！
我渴望自由，

但我深深地知道——
人的身躯怎能从狗洞子里爬出！
我希望有一天，
地下的烈火，
将我连这活棺材一齐烧掉，
我应该在烈火与热血中得到永生！

沁园春·雪

毛泽东

北国风光，千里冰封，万里雪飘。望长城内外，惟余莽莽；大河上下，顿失滔滔。山舞银蛇，原驰蜡象，欲与天公试比高。须晴日，看红装素裹，分外妖娆。

江山如此多娇，引无数英雄竞折腰。惜秦皇汉武，略输文采；唐宗宋祖，稍逊风骚。一代天骄，成吉思汗，只识弯弓射大雕。俱往矣，数风流人物，还看今朝。

面朝大海春暖花开

海　子

从明天起，做一个幸福的人
喂马，劈柴，周游世界
从明天起，关心粮食和蔬菜
我有一所房子，面朝大海，春暖花开
从明天起，和每一个亲人通信
告诉他们我的幸福
那幸福的闪电告诉我的
我将告诉每一个人
给每一条河每一座山取个温暖的名字
陌生人，我也为你祝福
愿你有一个灿烂前程
愿你有情人终成眷属
愿你在尘世获得幸福
我只愿面朝大海，春暖花开

再别康桥

徐志摩

轻轻的我走了，
正如我轻轻的来；
我轻轻地招手，
作别西天的云彩。
那河畔的金柳，
是夕阳中的新娘，
波光里的艳影，
在我的心头荡漾。
软泥上的青荇，
油油的在水底招摇；
在康河的柔波里，
我甘心做一条水草！
那榆荫下的一潭，
不是清泉，是天上虹；
揉碎在浮藻间，
沉淀着彩虹似的梦。
寻梦？撑一支长篙，
向青草更青处漫溯，
满载一船星辉，
在星辉斑斓里放歌。
但我不能放歌，
悄悄是别离的笙箫；
夏虫也为我沉默，
沉默是今晚的康桥！
悄悄的我走了，
正如我悄悄的来；
我挥一挥衣袖，
不带走一片云彩。

第 4 章

演讲训练

【情境导入】

古希腊的时候，要想成为城邦领袖，必须先登台演讲。著名演讲家德摩斯梯尼第一次登台演讲，是被观众轰下台的。因为他演讲时，肩膀总是往上耸，还总是气不够用。被轰下台的德摩斯梯尼并不气馁，回到家后，他闭门谢客，开始拼命地读书，反复地练习、纠错。经过一段时间的艰苦努力和训练，他终于克服了讲话吐字不清、边讲边耸肩和讲话气力不足的 3 个毛病。当他再次登台演讲时，人们的掌声如暴风雨一般地响起来。最终，他为后人留下了 7 篇精彩的演说。

当今社会，演讲能力越来越受到人们的重视，是自我宣传、树立形象的重要手段。演讲水平的高低，成为用人单位衡量员工综合素质的重要方面。

4.1 演讲基础知识

演讲是一项融科学、艺术为一体的综合性较强的社会实践活动。鼓励员工需要演讲，凝聚人心需要演讲，宣传动员需要演讲，沟通思想需要演讲，疏通人脉需要演讲，激发士气需要演讲。演讲是现代人适应社会发展的一项重要能力。

4.1.1 演讲的内涵

演讲又叫演说，是针对特定对象，运用艺术的表现手法和技巧，以有声语言为主要手段，以体态语言为辅助手段，传达自己的主张，表达自己的情感或阐述某种事理的社会活动形式。“演讲”从字面上分析，“演”字，左边为“水”，水在行进的过程中是流动的、流畅的，是鲜活的、动态的。所以，好的演讲，如行云流水。“演”字的右边是“寅”，是十二生肖中的“虎”。所谓“一声长啸谷生风，独步山林盖世雄”。演讲者在台上，要有舍我其谁、独步丛林的豪迈气概。

演讲是“讲”与“演”的统一。演讲要通过口语艺术（修辞、节奏、声调等）、动作、表情、风度等的配合，不仅要把事物和道理讲清楚，让人听明白，还要通过现场有声语言和无声语言的表达，把事物和道理讲得生动、形象、感人，既有情感的激发力，又有声、态并用的审美感染力。

【精彩案例 4－1】

马云的魅力演讲

在众多企业家的演讲中，阿里巴巴的创始人马云演讲视频的点击率在亚裔观众群体中通常是最高的。相较于许多科技界大佬，马云在公共场合的演讲总能让观众从他的一言一行、一举一动中，学到宝贵的知识。究其原因，是他的演讲独具特色。

马云从不泛泛而谈，而是永远保有清晰的思路，并且直率地表明自己的态度。这种直率并没有妨碍他的演讲效果，因为他的演讲可谓是“量体裁衣”——时刻以听众为导向，运用浅显易懂的语言、舒缓平和的语速，化解听众对铺天盖地的行业术语的疑惑；同时，他还经常借助听众广泛认同的类比物帮助他们理解新鲜事物。马云曾将“大材小用”类比为将波音飞机的引擎装在拖拉机上。这一类比风趣幽默，画面感十足，可谓大道至简，以简驭繁。所以，他的演讲几乎能使所有人都耐心听完，并有所收获。

马云演讲另一突出特点是“幽默风趣”。他乐于自嘲，博君一笑。马云谈论自己的“囧事”，能够拉近与听众之间的距离，让他变得更加真实、亲切，而非不食人间烟火的亿万富豪。

他也从来不会乖乖地站在一处，而是不停走动，借助肢体动作和面部表情强调自己的观点。哪怕遇上座谈会或访谈，需全程就座时，他也会“张牙舞爪”“眉飞色舞”地展开对话——因为肢体是他强调观点的工具。

马云凭借丰厚的学识、超凡的智慧、卓越的成就书写了商界领袖的传奇。借助他的演讲，我们步入了全民解读马云的时代。

4.1.2 演讲的作用

公元前 2080 年左右，埃及一位年迈的法老谆谆告诫准备继承王位的儿子麦雷卡：“当一个雄辩的演讲家吧，只有这样，你才能成为一个坚强的人……，舌头是把利剑，……演讲比打仗更有威力。”古希腊演讲大师德摩斯第尼认为：“雄辩的口才，比准确的子弹更有力；弹无虚发的子弹，敌不过锐利如刀的辩才。”我国春秋战国时期，演讲风气盛况空前，孔子、孟子、苏秦、张仪等，都是才学出众、能言善辩的演说家。

1. 启迪心智

演讲重在说理，其首要的作用就是对人们心智的启迪。

【精彩案例 4－2】

俞敏洪同济大学演讲（节选）

同学们，人生总是要有份期待，哪怕是没有希望的期待。同学们可以想一下，我们历史上有很多人物，比如说姜太公在河边钓鱼，到了 80 岁那一年，周文王在他边上走过，发现这个老头用直的鱼竿钓鱼，跟他一聊，便发现这个老头很有智慧，所以把他带回去，两人一起打下了周朝的天下。齐白石同志在 50 岁的时候还在做木工，根本不是个伟大的画家，他的所有伟大的作品都是在 80 岁到 90 岁的时候完成的。所以生命总有这样的现象，有的人在年轻的时候有作为，有的人中年时候有作为，有的人老年时候有作为。花儿总是在不同的季节开放，如果所有的鲜花都在春天开放完毕了，到了夏天、秋天、冬天没有任何的花儿开放你还会觉得这个自然界是如此的美丽动人吗？肯定不会。我们之所以期待夏天，很多时候为了欣赏荷花的清香，期待冬天是蜡梅在雪中豪放的诗意……生命在不同的季节开放出不同的花朵。所以大家想一想，如果人生所有的精彩都在大学里过完了，后面永远都是平淡，你觉得这人生会完美吗？换句话说，你大学里过得不那么精彩，毕业后却变得越来越精彩是不是更好呢？事实证明，我们很多同学在大学里的成绩总是名列前茅，可是大学毕业后却怎么也做不出什么事情来了。因为在社会上，并不是成绩在起作用。成绩只能证明你智商比别人高，但并不能决定你一辈子就一定有出息。

无疑，俞敏洪这段睿智、深刻、精辟的话语中蕴含的创业感悟，令这些马上要创业的莘莘学子深受触动，受益匪浅，真是“听君一席话，胜读十年书”。

2. 激发情感

演讲不仅能以理服人，还能以情感人。所谓演讲特有的“煽动”作用，主要体现为情感的激发作用。有的演讲慷慨激昂，如闻一多的《最后一次演讲》；有的演讲深沉内敛，能将听众从平静中带入深刻的思考，如鲁迅在北平辅仁大学的演讲，声调平缓，像年老的长辈为孩子讲沧海桑田的故事。

3. 传播知识和信息

向听众传播大量科学知识和最新的信息，是演讲作用的重要组成部分。

4. 宣传真理，扬善惩恶

人类社会的文明史，就是真、善、美与假、丑、恶的斗争史，斗争的主要武器之一就是演讲。

5. 引导行动

演讲的最高目标就是引导受众行动。不能引发受众行动的演讲，其作用是浅层的、微弱的，不会有更深远的社会价值和历史意义。

【精彩案例 4－3】

美国因为你们而不同

——奥巴马 2012 总统大选演讲（摘录）

那正是我们所期望的未来，是我们共有的愿景，是我们需要前进的方向，那是我们的目标。对于如何实现这一目标，我们可能会意见相左，有时分歧甚大，两个多世纪以来，一直如此。你们使我成为一位更好的总统。

无论我是否赢得了你的选票，我都倾听了你的呼声，从你身上得到了教益。

我们的经济正在复苏，为期十年的战争已近尾声，一场漫长的竞选现已结束。无论我是否赢得了你的选票，我都倾听了你的呼声，从你身上得到了教益，你使我成长为更好的总统。

带着你们的故事与挣扎，我回到白宫时，对面临的任务与未来，更为坚定，更有激情。今晚，你们投票换来的将会是积极的行动，而不是以往那样的政治游戏。你们选择了我们，是让我们关注你们的就业，而非我们自己的官位。公民在我们的民主体系中所扮演的角色，并不止于投票。

美利坚的意义，并不在于别人能为我们做什么，而是在于我们能一起做什么，而这依靠的就是公民自治。这虽然困难而又往往令人灰心，却是不可或缺的。这是我们的建国理念。

布拉克·奥巴马再次刷新美国的历史，连续两次登上总统宝座。他的成功除了美国的政治经济等因素外，也有赖于卓越的演讲能力。

4.1.3 演讲的特征

演讲作为实用性较强的语言表达艺术，有着自己独特的个性特征，掌握这些特征，可以更准确地理解演讲艺术的本质，从而达到更好的演讲效果。

1. 公开性

演讲是在特定的公开场合进行的当众讲话。演讲触及的是具有社会普遍意义的、听众关心的话题，它是一个社会成员对其他社会成员进行宣传活动的口语表达形式。

2. 艺术性

演讲优于现实中的所有口语表现形式，它要求演讲者将有声语言和无声语言艺术性地结合起来，以集中、凝练、富有创造色彩的语言风貌表情达意。

3. 时间性

演讲一般要求在规定时间内进行。因此，演讲者不仅对演讲内容要有时间限定，而且在演讲每一个环节的设计安排上也要有时间设计。

4. 针对性

演讲的主题、材料、结构方式及语言风格的选择，只有针对听众的年龄、身份、文化程度等设定，才能最大限度地满足听众的需求，获得演讲的最佳效果。

4.1.4 演讲要素

演讲由演讲主体、演讲客体、演讲载体和演讲受体 4 个部分组成。四个部分共同构成了演讲的整体，缺一不可。只有了解了各要素的具体内容，才能使其作用发挥得淋漓尽致，而只有各要素的有机统一才能使演讲达到理想效果。

1. 演讲主体

演讲主体即演讲者，是演讲活动的中心，是演讲内容的生发者和体现者，是演讲成败的决定因素。因此，演讲者自身的能力和素质，是决定演讲成功与否的主要因素。

2. 演讲客体

演讲客体，即演讲的内容，是演讲要反映的客观事物，以及这些事物在演讲主体心灵中形成的意识成果。首先，演讲的内容必须正确，立场坚定，旗帜鲜明，观点明确；其次，演讲内容必须真实，只有内容真实才能真正起到教育人、激励人的作用，演讲才有价值；最后，演讲内容必须符合时代精神，与时俱进。

3. 演讲载体

演讲的载体是语言。语言包括有声语言和态势语言。演讲是语言的艺术，语言运用不好，演讲很难成功。演讲需要有声语言和态势语言的良好结合才能达到最佳效果。

4. 演讲受体

演讲的受体是听众。听众是演讲中不可或缺的重要组成部分，没有听众的演讲便称不上是演讲。听众是演讲中非常活跃的因素，听众对演讲的信息接收程度有完全的主动权，并且听众可以对演讲者的内容进行反馈。

4.1.5 演讲种类

1. 从演讲内容上分类

1）政治演讲

为了一定的政治目的、出于某种政治动机，就某个政治问题及与政治有关的问题而发表的演讲均属政治演讲。它包括外交演讲、军事演讲、政府工作报告、各种会议上的总结报告及政治评论、就职演说、集会演讲、宣传演讲等。

2）生活演讲

演讲者就社会生活、工作中存在的各种问题、风俗、现象而做的演讲，它表达了演讲者对这些问题的看法、见解和观点。这种演讲内容更加广泛，形式更加多样，主要包括竞赛演讲，巡回演讲，作贺词、悼词、欢迎词、欢送词、祝酒词、答谢词等。

3）学术演讲

演讲者就某些系统、专门的知识和学问而发表的演讲。一般指学校和其他场合的专题讲座、学术报告、学术评论、科学报告、信息报告和学位论文答辩等。

4）法庭演讲

包括公诉人、辩护代理人在法庭上所做的演讲和律师的辩护等。

5）宗教演讲

宗教神职人员在教堂宣传宗教教义、教规，讲授宗教故事或一切与宗教仪式、宗教宣传有关的激发宗教热情的演讲。

2. 从演讲的表达形式上分类

1）命题演讲

命题演讲由主办方拟定题目或演讲范围，并通过一定时间的准备后所做的演讲。如某职业学院在校园文化艺术节开幕式暨新生演讲比赛上，要求以“大学生·挑战·责任”为主题的演讲。

2）即兴演讲

即兴演讲指演讲者在事先无准备的情况下，就眼前场面、情境、事物、人物等，临时起兴发表的演讲，如婚礼祝词、欢迎致辞、丧事悼念、聚会演讲、会议演讲等，它要求演讲者要紧扣主题，抓住由头，迅速构思，言简意赅。

3）论辩演讲

论辩演讲指由两方或多方，就某一问题阐述不同观点的面对面的言语辩论，其目的是坚持真理、批驳谬误、明辨是非。生活中常见的有法庭论辩、外交论辩、赛场论辩及生活论辩等。

【思考与训练】

1. 影响演讲水平的因素有哪些？
2. 请结合具体的例子谈谈演讲的社会作用。
3. 通过下列测试，判断自己的演讲水平。

① 对于演讲主题和观点你能够做到的是（　　）。

A. 观点模糊　　B. 有观点，但平淡

C. 观点不集中，缺乏概括性　　D. 观点高度概括

② 对于演讲结构设计你能做到的是（　　）。

A. 不知如何设计　　B. 结构层次不清晰

C. 结构有层次，逻辑不严谨　　D. 层次分明，结构严谨

③ 对于演讲的具体内容你能做到的是（　　）。

A. 内容空洞，不具体　　B. 言之有物，但不够通俗

C. 道理多，事实少　　D. 内容生动，引发共鸣

④ 从心态来讲，你在演讲时能够做到的是（　　）。

A. 紧张得要命，大脑空白　　B. 每次都会紧张，但能调整

C. 重要场合才紧张　　D. 从来不紧张

⑤ 对于自己的演讲声音，你的评价是（　　）。

A. 声音小，没底气　　B. 音量可以，但缺少力度

C. 声音大，但不够饱满　　D. 声音饱满圆润

⑥ 对演讲有声语言的总体感觉是（　　）。

A. 声音平淡，缺少节奏　　B. 声音过快或过慢

C. 节奏无法与内容匹配　　D. 节奏适当，表达流畅

⑦ 在演讲过程中，对于态势语言，通常能够做到的是（　　）。

A. 从没想过这些　　B. 偶尔做一些动作

C. 经常做，但机械呆板　　D. 经常用，感觉不错

⑧ 对于演讲的控场互动，你能做到的是（　　）。

A. 没有概念，不会控场　　B. 演讲现场有些散漫

C. 气氛可以，但不会互动　　D. 能控场，会互动

⑨ 从场景来说，你的演讲能做到的是（　　）。

A. 很少考虑场景　　B. 想到场景，不清楚要注意哪些

C. 了解具体场景，不知如何结合　　D. 能够结合场景讲话

⑩ 从演讲总体效果来讲，你的演讲是（　　）。

A. 演讲不能进入情景　　B. 感情平淡，缺少说服力

C. 有感情，少激情　　D. 有感情，有激情，感染力强

评分标准：本测试共 10 道题，每题满分 10 分，测试总分值为 100 分。每题 4 个选项对应的分值分别为：A—2 分、B—5 分、C—8 分、D—10 分，所选选项累计即为总分。

4.2 演讲技巧

4.2.1 命题演讲技巧

在日常的学习、工作与生活中，人们或因参加演讲比赛，或因发表就职演说，或因参加学术讲座等情形而需要进行演讲，这一类的演讲通常被称为命题演讲。所谓命题演讲，一般是指出题者给出一个既定的题目，要求演讲者根据这个给定题目进行演讲。

命题演讲一般会有较多的准备时间，所以演讲者可以充分地收集资料，合理地安排结构，仔细地斟酌语言。为了突出演讲主题，圆满地完成演讲，演讲者需要做好以下 4 点。

1. 拟写演讲稿

命题演讲的过程开始于演讲稿的写作，可以说，演讲稿的优劣直接关系到演讲的质量，所以成功的命题演讲第一步便是演讲稿的写作。演讲稿的基本结构是“提出问题—分析问题—解决问题”。演讲者要依据给定题目和所面对听众的特点确定演讲主旨，并据此收集相关素材。掌握素材后，要精心设计开场白，以吸引听众的注意力；主体部分层层展开，充分论证，以实现说服听众的目的；结尾简洁有力，或振奋人心，或余音绕梁。

2. 熟读记忆

要做一次成功的演讲，在演讲稿写成之后，最重要的就是把演讲词熟记于心。演讲者首先要熟读演讲稿，充分把握整体结构与细节，进而融入情感进行朗读，使演讲呈现出有理有据、情感充沛的效果。为了达到良好的记忆效果，演讲者还可以采用提纲记忆法、关键词记忆法、形象记忆法等方法。

3. 融入态势语

态势语是演讲过程的重要组成部分，演讲者要根据演讲词精心设计态势语，使简洁的手势、动作、表情等与演讲词表达的内涵高度统一。

4. 反复演练

“台上一分钟，台下十年功”，为了达到良好的演讲效果，演讲者需要进行反复演练。可以独自练习或对着镜子练习，达到熟练程度后，可以对着家人、朋友、同学或同事练习，并请他们给出一些建议或意见。每一次的演练和修正都会促使演讲走向成功。

【精彩案例 4－4】

美丽的微笑与爱心

——特蕾莎修女在诺贝尔和平奖颁奖典礼上的演讲（节选）

前一段时间，我们在加尔各答遇到的最大困难，是买不到白糖。我不知道这事怎样传到孩子们的耳朵里。一个四岁的印度男孩回家后对他的父母说：“从今天开始，我三天不吃糖。我要把我的那份糖给德肋撒嬷嬷的孩子们。”三天以后，孩子的爸爸妈妈陪着孩子来到我们这里。我从前从未见过他们。那个小男孩甚至连我的名字都叫不准，但是他非常明白是来做什么的。他知道他想要别人分享他的爱心。

这些事就是使我得到爱心的感受和体会。自从我来到这里后，就一直被爱的气氛包围着，我一直沐浴在真诚理解的爱心中。在这里，无论是来自非洲的人，还是来自印度的人，都有一种融入特殊氛围的感觉，是回到自己家的感觉。我觉得，自己好像又回到加尔各答，和修女们在一起，我们是在一个真正的大家庭里。

我在这里要对你们讲，要你们在这里发现贫乏，发现你们家中的贫乏，然后将爱灌输到贫乏之处，从灌输爱心做起。请把这个喜讯带到你们家人那里，带到你们的邻居中去，去真正认识他们。我曾经结识了一个印度家庭，这个家庭有八个孩子。从和这个家庭的接触中，我有一些非常感人的收获。一天，一位先生来到我们的住处。他说："特蕾莎嬷嬷，一个有八个孩子的家庭已经断炊好几天了，请帮帮他们。"听了他的话，我马上给这个家庭送去了一些大米。孩子们看到大米眼睛都睁得大大的，眼睛里还闪着兴奋的光。我不知道你们是否见过饥饿的人的眼睛，但是我太熟悉这些眼睛了。当那位母亲接过大米后，立即把它分成两份，然后就出去了。当她回来后，我问她："你去了哪里？做什么去了呢？"她简单地回答说："他们也在挨饿。"原来她的邻居是一个穆斯林家庭，这个家庭也正在受着饥饿的煎熬。所以她把我送给她的米分了一半出去。这件事深深地感动了我。但我再没有给那个穆斯林家庭送过米。这样做的原因，是我想让她们分享相互帮助的快乐和美好。家庭中的孩子们从母亲那里得到快乐，他们和母亲共同享受着生活的乐趣，因为他们有母亲的爱。你瞧，这就是爱的发源地，爱的源头出自家庭。

我们都应该为我们这个世界上有这样的人感到欢乐。我将于 15 日返回印度，那时我要把这里的经历带回去，把你们的爱带回到印度去。

4.2.2　即兴演讲技巧

在现实生活中，人们经常会面对各种应酬场面，有时在毫无准备的情况下被邀当众"讲几句话""表表态"或"作作指示"。如参加同学的生日宴，出席班级联欢会，在毕业典礼会场上等，都有可能当众即兴讲话。

由于即兴演讲是在事先毫无准备的情况下发表的，没有过多的时间深思熟虑、斟词酌句，所以难度较大。因此，讲话者要把握以下 5 点，方能使演讲取得良好的效果。

1. 做好精神准备

当被邀请参加某个会议，接到邀请时，就应该做发言的准备。当被邀请讲几句话时，应该大胆面对需要演讲的场合，迅速决定讲什么。如哪方面的话题最适合此时的场景，对正在讨论的问题应怎样表示态度等，并迅速调整好心理状态。

2. 选好即兴演讲的主题

主题是即兴演讲最终要表达的根本目的。讲话时每一层次、每一段落、每一个句子、每一个词都要围绕主题。因此，即兴演讲要寻找触点，临场发挥，及时提炼新颖而典型的主题。

3. "此时此地"的运用

"此时此地"是指说话者即将进行讲话时所面对的时间、地点和听众。例如，可谈谈听众，说说他们是谁，他们在做什么，寻找其中独特的例子，谈他们对社会、对人类有哪些独特贡献；谈这次会议召开的客观条件，是纪念性的、表彰性的，还是年度性的，是政治集会还是其他集会等；如果对前一个人的演讲内容有深刻印象的话，还可以表示很欣赏他的某一个见解，并对其加以引申。这样既可消除紧张情绪，又可吸引听众的注意力。

【精彩案例4-5】

一位数学老师的即兴演讲

同学们：

在天高云淡的秋季，我们相识于××××学院的高等数学课堂，开始了我们为期一年的合作。

我与大家的相识是一种缘分。我曾期待我们的合作能够愉快。现在我可以说：过去的日子的确令我有喜悦之感。

在第一节课里我就和大家说过：现代科学技术离不开现代数学，而现代数学是以高等数学为起点的……

正好像走路，当我们学会驾驶技术，就能愉悦轻快地驶向我们要去的地方，而不必一步步走过去。同样，当我们用数学武装自己，生活就会越发舒畅。数学就是这样一个法宝，它能帮助我们的手足和大脑，从而使我们人类发展得更加美好。

在高等数学的课堂上，你也许会常常感到岁月是那么的漫长，但是当我们今天再度回首的时候，你同样会感到它又是那么的短暂。我们每个人都生活在过去和未来这两个无穷的联结点中，它虽然短暂，却能够永恒。高等数学作为人类的两千多年文明的结晶之一，几乎处处闪耀着人类智慧的光芒。爱美之心人皆有之，但懂得如何去欣赏美才是更重要的。

尽管我们不能把要做的事情都做得尽善尽美，但只要我们努力了，我们就问心无愧。在我们共同迎接国家教委高等数学统一测试的日子里，我们彼此的心似乎贴得更近了，为了集体，同学们相互帮助，共同前进，三九严冬的冰封，仿佛也在我们心灵的碰撞交织中消融了。

每个人都有自己的想法和愿望，努力的程度也不尽相同，我个人认为，这恰是我们这个时代的思维特征。尽管今天的发展还有很多不尽如人意的地方，但是我们已经清醒地认识到，没有文化的民族是悲哀的，文化素质低下的民族是没有希望的。正因为如此，大家的责任更重，道路更长，更需发奋，更要求索。天下者，我们的天下，国家者，我们的国家，我们不说谁说，我们不做谁做。如果你是大树，就让它参天；如果你是小草，就让它绿地；如果你是天际中的一颗流星，就让它给黑夜里的人们带去一缕光明。

人生总有挑战，奋起必须拼搏。在这没有硝烟的洗礼中，我们受到的是锤炼，得到的是成长，而留在我们心中的必将是一段段温馨与自豪。

4. 快速组合演讲材料

几乎所有的问题都可以根据时间和空间进行排列。从时间上，可以把事情分为过去、现在和将来，或者确定一个时间，然后由此前溯，或由此后推。从空间排列上，可以根据某一中心论点向前后左右辐射。

5. 简明扼要，以简驭繁

即兴演讲中，演讲者要力求以最简洁的语言表达最广泛、最深刻的意思，以达到出奇制胜的效果。

【精彩案例 4－6】

一位毕业生在参加毕业会餐时的即兴演讲

敬爱的领导、老师，亲爱的同学、朋友们：

今天我们就要毕业了。首先，向处处关心、辛勤培养我们的领导、老师及朝夕相处的同学们敬礼！

我们在学校度过了 3 个年头。回忆这一千多个日日夜夜的学习生活，我心潮澎湃，思绪万千。

难忘啊，辛勤培育我们的老师。你们日夜操劳，不知疲倦，备课、批作业，日复一日，年复一年，额上增添了皱纹，鬓角增添了白发，你们是在用心血哺育着我们！

难忘啊，朝夕相处的同学——师弟师妹们！分别的时候，希望你们要珍惜在校的每寸光阴，好好学习。“长江后浪推前浪”，你们一定会比我们学得更好，为母校争得更大的光荣！

离开母校，我们中间，有的同学要到更高一级的学校深造，有的将直接参与国家的建设，无论在哪个岗位上，我们一定不辜负老师的期望，努力学习，勤奋工作，用优异的成绩为母校争光！向老师报喜！

尽管山路高远，但我们有一双铁脚，我们能踢开一切拦路虎，永远进取！攀登！

4.2.3　态势语言的运用技巧

有声语言是演讲主要的表达方式，体现的是“讲”。此外相应的辅助性体态语言是演讲的“演”。如演讲者怎样站，怎样看，怎样举手投足，怎样丰富表情等都是体态语言，也叫态势语言。态势语言在演讲中具有特别重要的意义，有时甚至起到“此时无声胜有声”的作用。

1. 态势语言的运用原则

演讲中体态语言并不是使用得越多越好，如果无目的地乱用一气，会有喧宾夺主之嫌，不仅不能为演讲增色，反而会影响演讲的整体效果。我们需要注意以下 4 个问题。

1）整体协调

一般来说，使用体态语言要做到，与声音语言相协调，与感情、语境相协调，与其他非语言手段相协调，切不可生搬硬造，否则会弄巧成拙。

2）雅观自然

按照我们民族的审美观，演讲时的表情、手势和体态美等应自然含蓄，温文尔雅，有分寸不拘谨，也不造作，即使是表现强烈的激情，也不做过火的态势。

3）适度适宜

正像说话多不一定就表明语言能力强一样，体态语言运用过多，或是运用得不恰当，都会适得其反，影响演讲者形象。

4）富有变化

演讲者要随着说话内容、情绪的变化适当变换动作和姿态，以达到生动活泼、富有朝气和魅力的效果，避免一种表情、一种手势贯穿演讲的始终。

2. 态势语言的运用技巧

态势语言与有声语言一样，在漫长的人类历史进程中不断进化、完善，形成了约定俗成的含义。

1）走姿语

演讲者从台下走到台上的过程，是展示演讲者精神风貌的过程。演讲者的脚步从容、身体挺拔，会给人以轻松、自信、稳健的良好印象。

演讲结束，演讲者向听众致礼后，转身走向原座位时，举止、神态和表情应如上台一样稳重大方、自然亲切，做到有始有终。切忌一旦结束演讲，就如释重负，匆匆忙忙跑下讲台。

2）站姿语

演讲者站立时，应挺胸收腹，精神饱满，气沉丹田，两肩放松，胸略向前上方挺起，重心支撑在脚掌和脚腕上，身体挺直、舒展、自然，不要左右摇摆。演讲时，双脚可稍稍分开平行；也可一脚在前，一脚在后，前后脚距离不超过一脚长度。演讲者全身的重力应集中在前脚上，后脚跟略微提起。

3）手势语

手势是演讲中使用频率最高、最富于表现力的态势语。有人说："为了强调某个重要的观点，手势能缩短你和听众之间的距离。"

手势的运用没有固定模式，以自然为佳，最好是日常习惯性手势，在此基础上，可进行适当的修饰和设计。手势宁少勿多，不要让人感到生硬，指向听众或自己时不要用手指，而要用手掌。演讲的手势，完全是由演讲者的性格和演讲的内容及演讲者的情绪支配的，因人而异，随讲而变。手势挥动的高度，按演讲者的身材分为上、中、下 3 个部位。上位，是从肩部以上，常在演讲者感情激烈，或大声疾呼、发出号召、进行声讨，或强调内容、展示前景、指示未来的时候运用；中位，即从腹部至肩部，常是心绪平稳、叙述事实、说明情况、阐述理由的时候运用；下位，即在腹部以下，这个部位的手势多用于表达厌恶、鄙视、不快和不屑一顾的情感。

演讲者要有意识地克服、纠正习惯性不雅观动作，如挖鼻子、掏耳朵、捂嘴巴、玩钥匙、摆衣襟、抚弄纽扣等。

4）表情

人的面部表情由脸色的变化和眉、目、鼻、嘴肌肉的动作来体现。运用面部表情时，需要遵循以下 3 个原则。

① 面部表情一定要与特定的演讲内容和特定的演讲气氛相适应。比如在愉快的场合发表演讲，演讲者就应该春风满面，以适应欢乐气氛的需要；而在悲哀的场合发表演讲，则必须要呈现出沉静、肃穆、伤感的面部表情。

② 面部表情要自然真诚，发自内心，而不能装腔作势，故作姿态。许多演讲者的演讲实践证明，那种情不由衷、矫揉造作的面部表情，只能令人生厌，而不可能收到征服人心的良好效果。

③ 演讲者的目光要平视前方，兼顾两边听众，眼神要富有感情。通过环视、点视、虚视等方法的结合，随时观看听众，掌握反馈信息。切忌目光呆滞、集中精力背稿；切忌目光集中在某一点，丢掉大多数听众或分散听众注意力。

4.2.4 临场控制技巧

演讲时，常常会出现一些意想不到的事情，比如紧张、忘词、讲错话、听众被其他的突发事件干扰而不再听演讲，或对演讲不满意、不感兴趣等。面对这样的状况，就需要演讲者具有灵活机智的应变能力，能处乱不惊，并扭转局面，从窘迫的困境中解脱出来，使演讲继续下去。下面介绍 3 种简单的应变技巧。

1. 紧张情绪调控技巧

根据调查，演讲者演讲之前都很紧张，甚至恐惧。这种心理上的变化，又会引起生理上的变化，比如：手脚发颤、身上出汗、口干舌燥、呼吸急促，甚至出现休克现象。有时紧张过后还会出现过分的激动，变得无拘无束、忘乎所以、信口胡说，忘记了演讲的宗旨和目的。演讲者要养成自我控制的能力，控制可能出现的“紧张”“怯场”和过分激动等心理状态。

1）了解紧张、怯场的本质

紧张和怯场是每个人都会产生的心理与生理的正常现象，只是表现的程度有所不同而已。适度紧张，对于演讲来说是一件好事，能够让我们发挥得更好，如果过度紧张，对演讲可能就不是很好了。因此，每当紧张、怯场的时候，演讲者如果心里想：这是普遍现象，大家彼此都一样，就可如释重负，变得轻松一些。进而还可以利用心理暗示：给自己不断输送“我不紧张”的信息，那么表现也会是“不紧张”的。

2）采取心理对策

当感到紧张、怯场的时候，可进行以下心理活动减弱紧张和怯场的程度。

① 自己对这次演讲做了长期充分的准备，对这个问题，自己比听众知道得多，看得深。

② 听众都是友好的，他们正盼着自己为他们演讲，自己讲好讲坏他们不在乎，只要讲，他们就高兴。

③ 自己准备的演讲，里面有不少精彩的段落，他们一定会鼓掌的。

总之，要尽力想一些积极的、有利于自己的方面，鼓励自己，增强信心。

3）采取切实行动

（1）多次演练

演讲的实践经验越多，紧张和怯场的程度就越轻。所以演讲者，尤其是初学演讲者，要精心准备演讲稿，在稿件没有任何问题后背熟，再请有经验的人指导，对着镜子反复演练。重点观察自己是否能自然地微笑，能否站得笔直，走动的神态如何，能做多少种手势，双眉是否平正，眼睛能否保持不斜视。通过反复这样的练习，直到认为很自然、很满意为止。

（2）采用物理方法

①“一四二”深呼吸法。深深地呼吸，眼睛微闭，全身放松，心里默默地数数，使血液循环减慢，全身即可放松。“一四二”讲是的时间，吸气用 1 个单位的时间，屏气用 4 个单位的时间，吐气再用 2 个单位的时间。一般 1 个单位时间为 1 秒。

② 临场活动法。由于紧张会使体内产生大量的热能，如果在讲话前稍加活动，如双手握紧，然后放松，就会促使热量散发；或进行口腔运动，放松面部肌肉，如进行搓脸、合口、左右噘唇、转唇、双唇打响、弹唇、舌头向左右分别顶腮、转舌、张嘴打嘟、做鬼脸等一系列运动，来转移自己的注意力，从而消除紧张情绪。

③ 闭目养神法。闭目用舌尖顶住上腭，用鼻吸气；或凝视某一物体，分析它的形状，观察其颜色与远近，都可使情绪安定。

④ 饮水镇静法。讲话前喝一杯温开水，可以增加唾液，保证喉部湿润，也可以稳定情绪。但切不可喝碳酸饮料和酸奶等饮品。

2. 演讲忘词的补救技巧

演讲中出现忘词是很令人尴尬的。遇到这种情况，演讲者不可放弃演讲，也不可对听众说“不好意思，让我从头再讲”，更不可拿出稿子翻找下文。其实，演讲时出现忘词是很正常的，特别是对初学者来说更常见。一旦遇到这种意外之变，演讲者除了稳定自己的情绪外，最重要的是要及时采弥补措施，使演讲继续下去。

1）创造思索、回忆的机会

一是把刚才说过的话用加重语气、放慢语速的方式再重复一遍，用这种方法唤起演讲者的记忆。二是把刚才说过的话，用疑问句的形式再说一遍，巧借疑问后的停顿间隙回想起要讲的内容。

2）随方就圆，跳跃衔接

演讲者从哪里记起就从哪里接着讲，这种方法也叫跳跃衔接法。通常情况下，演讲者忘词并不是把后面的内容全部都忘记了，而是忘记了其中的某一句、某几句或某一段话。如果是这种情况，演讲者可以随方就圆巧妙地跳过遗忘的内容，哪里没忘就从哪里接着讲。倘若跳过的内容到后来又想起来了，演讲者应根据这些内容的性质采取不同的措施。这部分内容若不重要，就没必要再补充进去，若很重要，可在适当的时候把这部分内容重新补充进去，如“在此我再次强调一点”或者“最后尤其应该注意……”，这样演讲就完整了。

著名政治家、演讲家丘吉尔，年轻时也常常背稿后发表演讲。在一次国会会议的演讲中，丘吉尔突然忘记了下面的一句话，他不断重复最后一句话仍然无济于事，最后只得面红耳赤地回到座位上。从此，丘吉尔放弃了背诵演讲稿的准备方式。如果一味地背稿，虽然背得一流二顺，但不会有感人的力量；如果还偶尔因为忘了词翻翻白眼，那就更是大煞风景。真正好的演讲，就是用心与听众交流，把“背稿”变回到“讲稿”。只有演讲者用心去讲，听众才会用心去听。一份连自己都不能打动的讲稿，又怎么能打动他人呢？从这个意义上说，把握文稿的感情脉络，可能比背诵演讲稿更重要。

对于大多数的演讲者来说，提倡采用提纲要点记忆法。提纲要点记忆的一般程序是：首先，就有关演讲的主题、论点、事例和数据等做好演讲笔记，最后整理成翻阅方便的卡片，再整理出一份粗略的演讲提纲，提纲注明各段的小标题；最后，在各段小标题下面按序补充那些重要的概念、定义、数据、人名、地名和关键性词句。至此，一份演讲提纲基本完成。在整理演讲材料和编排纲目的过程中，演讲者应反复思考和熟悉的演讲内容，在演讲时仅仅将演讲提纲作为提示记忆的依据。

3. 演讲中说错话的弥补技巧

谁都会说错话、办错事，演讲中由于一时疏忽或紧张，也会出现失误。说错的话如泼出去的水，想收回是不可能的。但不理不睬，只当听众没听见也是不负责任的。最好的办法就是说错话后，立刻纠正，毫不迟疑。只需演讲者用正确的话重复一遍刚才的内容即可。如果这次错误不是原则性的，则可以置之不理，面不改色心不跳地继续讲下去。

【精彩案例 4－7】

上海东方电视台主持人袁鸣在海南主持一台戏曲晚会时，把艺术家“南新燕”说成了“南新燕女士”，当南新燕先生走上舞台时，台下一片笑声，袁鸣急中生智，说道：“哎呀，真是非常抱歉，我望文生义了。不过，您的名字实在太美了，这使我想起一首古诗，‘旧时王谢堂前燕，飞入寻常百姓家。’国粹京剧也如同堂前燕，从北方飞过琼州海峡，到海南安家落户了……”主持人发挥机智，口误一带而过，把笑声变成了掌声。

4. 演讲中吸引观众的技巧

演讲中，由于时间、环境、内容、方法等原因，演讲可能没有引起听众的兴趣，甚至会场躁动起来。特别是参加演讲比赛时，如果演讲者的演讲顺序排在后面，大部分演讲者都已讲完，时间已经很长，听众的兴趣已经下降，注意力开始分散，精神也感到疲劳，台下会出现了交头接耳、随意走动甚至退场的现象。面对这种不利情况，千万不要着急，不要有埋怨心理，也不要上台后立刻开始演讲。有经验的演讲者事先在准备演讲稿时，应准备一两个与主题、内容有关的新闻信息、幽默故事或笑话，以引起大家的注意。其他的方法也可用，比如压缩听众不感兴趣的内容，突然短暂地停讲，临时增加设问等。

【精彩案例 4-8】

1924 年，一次孙中山先生在广东大学（现中山大学）演讲，主题是“三民主义”。当时礼堂小，听众多，通风不够，空气不好，听众精神较差，对演讲极为不利。面对这种情况，孙中山先生为了调动听众的热情，改善会场气氛，巧妙地穿插了一个故事：“我小时候在香港读书，见过一个搬运工人买了一张马票，因为没有地方可藏，便藏在寸步不离的挑东西用的短竹竿里，牢记马票的号码。后来马票开奖了，中头奖的正是他，他便欣喜若狂地把竹竿抛到大海里去，他认为从今以后就不再靠这支竹竿生活了。直到问及领奖手续，知道要凭票到指定银行取款，这才想起马票放在竹竿里，便拼命跑到海边去，可是连影子也没有了……”故事讲完，会场顿时活跃了，笑声、叹息声接连不断，气氛被充分地调动了起来。孙中山先生抓住时机，话题一转：“民族主义就是这根竿子”，自然巧妙地回到演讲主题。

【精彩案例 4-9】

一位演讲者演讲的时间较晚了，天又在下着雨，有些听众坐不住了，演讲者看到有些人在看表。这时演讲者是这样处理的：“谢谢大家再留一会儿，我保证只花不到五分钟的时间。有人愿意为我计时吗？”这时台下有些人开始对表并开口笑了起来，这些迹象表明听众从心理上理解了演讲者的用意，如果再有什么不礼貌的动作，就会显得素质较差，影响到自己的形象了。接下来，演讲者顺利地开始了演讲。

5. 意外情况处理技巧

演讲过程中还会出现麦克没有声音、停电、演讲者摔跤等各种主客观造成的意外情况，这需要演讲者还要有很强的随机应变能力。

【精彩案例 4-10】

著名诗人莫非应邀到首都师范大学中文系作家班举办学术讲座。诗人讲到自己的诗作时，准备朗诵一段，但诗稿还放在一个学员的课桌上，诗人便走下讲台去拿。由于是阶梯式教室，诗人上台时，一不留神倒在第二级台阶上，学员们顿时哄堂大笑。诗人稳住身子，转向学员，指着台阶说：“你们看，上升一个台阶多么不容易，生活是这样，作诗亦如此。”这一哲理性的话语顿时赢得了热烈的掌声。诗人笑了笑，接着说，“一次不成功不要紧，再努力！”说着，做努力状走上讲台，继续他的讲座。

【精彩案例 4-11】

主持人杨澜，一次主持一场大型的晚会。一个节目过后，杨澜到台上报幕。一不小心，她被话筒线绊倒了。台下的观众立时响起一片唏嘘声，有为她担心的，也有起哄的。绊倒在地上的杨澜，从容地站起来，毫不紧张，面带微笑地对观众说：“朋友们，今晚大家真是太热情了，你们的热情，禁不住都让我倾倒了，谢谢大家。”

几句精彩的话，立刻博得了全场更加热烈的掌声，在观众的大脑中，她摔倒在地上的印象已毫无痕迹。她不仅化解了一时的尴尬，而且也给听众留下了机智幽默的印象。从此，人们对她的主持才能更加叹服了。

4.2.5　演讲礼仪

礼仪是标准化的行为规范，是有技巧的沟通方式。演讲礼仪，能够内强素质、外塑形象，最终促进演讲成功。

1. 仪表

仪表主要是指容貌和服饰，良好的仪表是社会交际的必要条件，也是演讲活动的客观需要。仪表要做到整齐、清洁、自然、利落、自信。从而使演讲者获得广大听众的敬重，增强和提高演讲效果。

1）对女士的要求

服装：要符合身份、年龄和演讲的环境。以套装为宜，黑白套装最为适宜，不宜穿戴过于奇异精细、光彩炫目的服装。

化妆：要根据年龄、季节和场合的不同而调整。以淡妆为佳，自然且不露痕迹。

头发：要整齐、利落，不可遮住脸部，不要随意散开。

袜子：以肉色为佳，不可有花纹。

鞋子：最好穿有跟的皮鞋，以黑色、白色为佳。

配件：所佩戴的小饰物不宜过多，否则会喧宾夺主。

2）对男士的要求

服装：以深蓝、深灰西装为宜，素色衬衫，领带颜色应配合西装色系。

头发：要整齐、利落，前发不附额，侧发不掩耳，后发不及领。

袜子：深色为宜，一般不要穿白袜子。

鞋子：深色皮鞋为宜，保持干净。

2. 仪态

演讲时要仪态大方，彬彬有礼，不卑不亢，不失身份。听众对演讲者傲慢的态度、轻佻的作风、随便的举止是极为反感的。

1）颔首微笑致意

演讲者由站起到走向讲坛，面对听众站立的十几秒钟里，给广大听众留下的印象非常重要。主持人介绍后，向主持人颔首微笑致意，然后稳健地走到讲坛前，自然地面对听众站好，向听众行举手礼、注目礼或微微鞠一躬，然后以亲切的目光环视听众，以示招呼，并借以镇场。

2）举止自然大方

演讲时要头部端庄，举止自然大方，仪态符合站、坐、行的礼仪。手及头部动作不要太多、太碎。走路不宜过多，不可一步三晃、扭捏作态。忌弯腰、驼背或双手撑着讲台或者插入衣兜内，这样显得松垮、懒散。

3）目光自然不做作

眼睛不能总看讲稿、照本宣科地念讲稿，要与听众保持自然的眼光交流。

【思考与训练】

请选择下列题目之一做演讲练习。

1. 青春与奉献

2. 放飞梦想，迎接挑战

4.3 演讲综合训练

研究古今中外著名演讲家的成功之路，发现那些闻名于世的杰出演讲高手并不都是天才，而是经过后天长期不懈的锻炼造就的。正如美国久负盛名的演讲家戴尔·卡耐基所说："演讲绝不是上帝给予少数人的特别的才能。"要想提高自己的演讲水平，必须做到多看、多听、多问、多写、多记、多想、多学、多练。

4.3.1 命题演讲训练

1. 训练目标

熟练运用命题演讲的构思技巧，练习指定题目演讲的能力。

2. 训练方法

① 学生自选题目，搜集材料，拟定演讲稿。

② 为演讲稿设计简洁的态势语。

③ 反复演练后进行演讲。

④ 学生点评。

3. 训练材料

从下列题目中任选一个进行命题演讲。

① 最美是家乡。

② 人生需要奋斗。

③ 中国梦，我的梦。

4.3.2 即兴演讲训练

1. 训练目标

熟练运用即兴表达的构思技巧，从容应对各种场合的即兴表达需要。

2. 训练方法

① 以小组为单位，同学之间互相命题，进行即兴演讲。

② 设计各类题目，由全班同学抽签，进行即兴演讲。

③ 事先准备好多种有象征意义的实物，在全班同学中进行观物即兴演讲。

④ 学生轮流主持，大家互相讲评。

3. 训练材料

1）即兴演讲思维训练

①“天空”的随想。

② 由“中秋节”想到的。

③ 蓝天、大海、帆船、我。

④ 电话、老师、汽车、平凡的事。

针对以上题目，列出即兴演讲提纲，①和②要求随想的层次不得少于 4 个。③和④要求迅速建立四个事物之间联系的方式和角度，即即兴演讲的中心话题。

2）具体情境下的即兴演讲训练

① 同学生日会上的祝词。

② 毕业生座谈会上的即兴演讲。

③ 新生联欢会上的即兴演讲。

④ 对当前年轻人缺少社会公德现象的看法。

⑤ 参观学校实训基地后的即兴发言。

⑥ 以“我的一次难忘的经历”为题，做即兴演讲。

⑦ 请选择中国的某个节日，设置具体听众，做一次即兴演讲。

⑧ 假如参加某位好朋友的婚礼，请为他即兴祝福。

4. 自我测试

自拟情境或参考下列情境进行测试。

①“关于学习方法交流”主题班会上的即兴发言。

② 对部分同学过分讲究吃、讲究穿、讲究享受的现象的看法。

③ 参观学校图书馆后的即兴发言。

④ 请谈谈读完这首诗后的感想。

3 岁时说“妈妈，我爱你”，
10 岁时说“妈，听你的”，
16 岁时“我妈真的很烦”，
18 岁时“想要离开这个家”，
25 岁“妈，你当时是对的”，
30 岁“我想要去我妈家”，
50 岁“我不想失去我妈”，

每个人只有一个妈妈，
请时刻不要忘记她。
生病时，妈妈说：别吓妈妈。
吃饭时，妈妈说：别管妈妈。
结婚时，妈妈说：别念妈妈。
妈妈病时，妈妈说：妈妈没事。
我有一个好妈妈，时光你别伤害她。
有一个男人，喜欢我素颜不化妆，
我瘦了他心疼，我胖了他高兴，
总是给我打电话不让我花电话费，
总是担心我缺什么而不考虑能不能放得下，
明明刚给过我钱就问我够不够花，
那是我爸，只有我爸，
他是第一个抱我的男人，
他是第一个听见我哭，看见我笑的男人，
他是一个我相信他说的承诺都会做到的男人，
他是敢和我说一直会陪我到最后的男人，
他是不管我错对美丑，都觉得我是最好、最优秀的男人。
他的名字叫作：爸爸！
如果有一天，当爸爸妈妈站也站不稳，走也走不动的时候，
请你紧紧握住他们的手，陪他们慢慢走。
就像当年他们牵着你一样，你能做到吗？
当我们喝可乐饮料的时候，请你想想爸爸喝的是什么？
当你穿着昂贵衣服的时候，请想想妈妈穿的是什么？
我们现在所拥有的，都是爸爸妈妈双手挣钱给的。
咱，老妈，是全世界最美的女人。
咱，老爸，是全世界最帅的男人。

4.3.3 态势语言演讲训练

1. 训练目标

能较娴熟、恰如其分地运用态势语言传递演讲信息。

2. 训练方法

观摩、测试、演练等。

3. 训练材料

练习一　观摩

观看优秀演讲录像，学习演讲者的态势语言。

练习二　设计下列演讲段落的态势语言，并进行模拟演讲

［**模拟演讲 4－1**］

为了我们的父亲（节选）

沈　萍

面对这样一位父亲，怜悯、同情、崇敬、热爱，万般思绪，一下子在我心头翻滚起来。特别是父亲那双欣慰、期望的眼睛，深深地印在我的心头。他为什么在历尽人间忧患之后，却感到无限地欣慰呢？在为时不多的晚年，他还热烈期待着什么呢？

……

看着满车的钢筋，看着老人弯曲的脊梁、满脸的汗水和欣慰的笑容，听着老人这亲切的嘱咐，我的眼泪一下子涌了出来。

此刻，他的孩子也许正在舒适的宿舍里午休，也许正在清爽的大学教室里读书，也许和我一样正走在林荫路上。但是，我不知道他是否想到这位在酷日下推车的父亲。年老的父亲顶着酷日推车，却让自己的子女坐在清爽的大学教室里学习，这是为什么呢？我想答案就在父亲那欣慰的笑容和期待的目光里。他的期望就是让我们接受高等教育，就是让我们用现代科学知识武装起来，走出一条与他们完全不同的崭新的生活道路。这是老一辈的希望，不也是祖国和人民的希望吗？

［**模拟演讲 4－2**］

我有一个梦想（节选）

马丁·路德·金

这是我们的愿望，我们将带着这个愿望回到南方。有了这一愿望，我们就能从绝望的群山中凿出一块希望之石；有了这一愿望，我们就能把喋喋不休的争吵灌制一曲和谐美妙的交响乐；有了这一愿望，我们就能一起工作，一起娱乐，一起斗争，一起入狱，一起捍卫自由。坚信吧，总有一天我们会自由！

练习三　演讲礼仪练习

学生自选话题，有两分钟的表达时间，老师抽学号为序，学生依次上台，其他学生观察该学生的态势语言是否恰如其分、镇静从容。

4.3.4　演讲评价训练

1. 训练目标

培养恰如其分评价演讲的能力。

2. 训练方法

该训练采取分组训练的方式，将学生分成若干小组，听一次演讲，然后分组讨论，最后每组选一名成员对演讲者的演讲内容和演讲特点、演讲态势语言等进行点评。

3. 训练材料

欣赏并评价原中央电视台主持人柴静在首都女记协“为祖国骄傲，为女性喝彩”演讲大赛中获得特等奖的演讲。

认识的人，了解的事

柴　静

十年前在从拉萨飞回北京的飞机上，我的身边坐了一个50多岁的女人，她是30年前去援藏的，这是她第一次因为治病而离开拉萨。下了飞机天下着很大的雨，我把她送到北京一个旅店里。过了一个星期我去看她，她说她的病已经确诊了，是胃癌的晚期，然后她指了一下床边的一个箱子，她说如果我回不去的话你帮我保存这个。那是她30年中，走遍西藏各地，跟各种人——官员、汉人、喇嘛、三陪女交谈的记录。她没有任何职业身份，也知道这些东西不能发表，她只是说，100年之后，如果有人看到的话，会知道今天的西藏发生了什么。这个人姓熊，拉萨一中的女教师。

5年前，我采访了一个人，这个人在火车上买了一瓶一块五毛钱的水，然后他问列车员要发票，列车员乐了，说：“我们火车上自古就没有发票。”然后这个人把铁道部告上了法庭，他说：“人们在强大的力量面前，总是选择服从，今天如果我们放弃了一块五毛钱的发票，明天我们就可能放弃我们的土地权、财产权甚至生命的安全。权利如果不是用来争取的话，权利就只是一张纸”，他后来赢了这场官司，我以为他会和铁道部结下梁子，结果有一次他上了火车之后，在火车上要了一份快餐，列车长亲自把这份饭菜端到他的面前说，你是现在要发票还是吃完之后我再给您送过来。我问他你靠什么赢得尊重，他说，我靠我为我的权利所作的斗争。这个人叫郝劲松，34岁的律师。

去年我认识一个人，我们在一起吃饭，这个60多岁的男人，说起丰台区一所民工小学被拆迁的事儿，他说所有的孩子靠在墙边上哭。说到这儿的时候他也动感情了，然后他从裤兜里面掏出来一块皱皱巴巴的蓝布手绢，擦擦眼睛。这个人 18 岁的时候当大队的出纳，后来当教授，当官员。他说他做所有这些事的目的，只是想给农民做一点事。他在我的采访中说到征地问题，他说征地给农民的不是价格，只是补偿，这个分配机制极不合理，这个问题不仅出在土地管理法，还出在 1982 年的宪法修正案。在审这期节目的时候我的领导说了一句话，说这个人说得再尖锐，我们也能播。我说为什么，他说因为他特别真诚。这个人叫陈锡文，中央财经领导办公室主任。

7 年前，我问过一个老人，我说你的一生也经历了很多的挫折，你靠什么来保持你年轻时候的情怀，他跟我讲有一年他去河北视察，没有走当地安排的路线，然后他在路边发现了一个老农民，旁边放了一副棺材，他就下车去看，那个老农民因为太穷了，没钱治病，就把自己的棺材板拿出来卖。这个老人就给了他五百块钱让他回家，他说我给你讲这个故事的目的是想告诉你，中国大地上的事情是无穷无尽的，不要在乎一城一池的得失，要执着。这个人叫温家宝，中华人民共和国总理。

一个国家是由一个个具体的人构成的，她由这些人创造，并且决定。只有一个国家拥有那些能够寻求真理的人，能够独立思考的人，能够记录真实的人，能够不计利害为这片土地付出的人，能够去捍卫宪法权利的人，能够知道世界并不完美，但仍不言乏力，不言放弃的人，只有一个国家拥有了这样的头脑和灵魂，我们才能说我们为祖国骄傲。只有一个国家能够尊重这样的头脑和灵魂，我们才能说我们有信心让明天更好。谢谢各位！

4.3.5 演讲综合训练

1. 训练方法

选定某个主题进行演讲比赛，考察学生演讲的综合能力。

2. 训练材料

1）演讲主题

青春·信念·责任。

2）活动目的

为纪念“一二·九”学生爱国运动，展示新时代大学生的青春风采，增强大学生自信心、自豪感和荣誉感，丰富校园文化生活，特举办“青春·信念·责任”主题演讲比赛。

3）活动要求

参赛选手必须思想端正，旗帜鲜明，政治立场坚定，演讲内容健康向上，并明确青年大学生的责任和义务。

4）评分标准

评价项目评价要点

演讲内容（35 分）

① 材料真实、典型、新颖，事迹感人、实例生动，反映客观事实，具有普遍意义，体

现时代精神。（10 分）

② 思想内容能紧紧围绕主题，观点正确、鲜明，见解独到，内容充实具体，生动感人。（15 分）

③ 讲稿结构严谨，构思巧妙，引人入胜。（5 分）

④ 文字简练流畅，具有较强的思想性和哲理性。（5 分）

语言表达（35 分）

① 演讲者语言规范，吐字清晰，声音洪亮圆润。（10 分）

② 演讲表达准确、流畅、自然。（10 分）

③ 语言技巧处理得当，语速恰当，语气、语调、音量、节奏符合思想感情的起伏变化，熟练表达所演讲的内容。（15 分）

形象风度（15 分）

演讲者精神饱满，能较好地运用姿态、动作、手势、表情等表达对演讲稿的理解。

综合印象（5 分）

演讲者着装朴素端庄大方，举止自然得体，有风度，富有艺术感染力。

会场效果（10 分）

演讲具有较强的感染力、吸引力和号召力，能较好地与听众感情融合在一起，营造良好的演讲效果。

第 5 章

面试口才训练

【情境导入】

大学生活就要结束了，大家都在为求职做准备。王同学争取到了一个难得的面试机会，并精心准备了自荐材料。可他还是对即将到来的面试感到恐惧，不知道面试包括哪些内容，过程是怎样的，以及面试中该如何与考官沟通。于是他走进图书馆，翻阅了大量资料，了解求职面试的过程并对自我介绍和常见问题回答等关键环节进行了重点准备。几天后，王同学自信地参加了面试，并求职成功。

"职场如战场"，这句话对于千千万万个正在谋职路上奔波的求职者来说，是深有体会的。面对日益饱和的人才市场，求职困难是无可辩驳的事实，这对于即将毕业的大学生是严峻的考验与挑战。如何在激烈的求职竞争中脱颖而出，最终获得理想的求职岗位呢？通过面试推销自己，打动考官，从而赢得就业机会是大多数求职者成功的必经之路。然而，据对 29 所高校的调查显示，68%的毕业生不懂得在面试中如何展示自己，要么唯唯诺诺，要么夸夸其谈，从而错过很多的就业机会。

5.1 面试口才基础知识

5.1.1 面试的内涵

面试，是在特定场景下，经过组织者精心设计，通过主试者与面试者面对面地观察、交谈等双向沟通方式，由表及里考察面试者的知识、经验等能力特征和个性品质的一种人事测评手段。通过面试，用人单位重点了解面试者的语言表达能力、思维能力、处世能力、仪容仪表的展示能力，以及对一些问题的看法和其他不能通过笔试反映出来的综合素质，以弥补笔试的不足，以全面、公正地考察面试者。

5.1.2 面试的种类

面试是一种比较灵活的人才测评方法，面试的方式和内容有很大的变通性。用人单位可以根据职位和应试者的特点，灵活地选用不同的方式。目前广泛使用的面试方法有以下 4 种。

1. 集体面试与单独面试

根据面试者人数，面试分为集体面试和单独面试。

1）集体面试

集体面试，即小组面试，是多名应试者同时面对考官的面试。这种方法主要用于考察应试者的人际沟通、洞察、环境把握及领导能力等。

集体面试最常用的方法是无领导小组讨论。用人单位将众多应试者划分成若干小组，每组 4 到 8 人不等，然后就某个选题进行自由讨论。考官一般坐于离面试者一定距离的地方，不参加提问或讨论，通过观察、倾听，考察面试者的综合素质，决定是否聘用。讨论题目一般取自于拟任岗位的职务需要，或是现实生活中的热点问题，具有很强的岗位特殊性、情景逼真性、任务典型性及内容可操作性。

【精彩案例 5－1】

面包与记者（世界 500 强面试题）

假设你是可口可乐公司的业务员，现在公司派你去偏远地区销毁一卡车的过期面包（不会致命，无损于身体健康）。在行进途中，刚好遇到一群饥饿的难民堵住了去路，因为他们坚信你所坐的卡车里有能吃的东西。

这时报道难民动向的记者也刚好赶到。对于难民来说，他们要解决饥饿问题；对于记者来说，他要报道事实；对于业务员来说，要销毁面包。

现在要求你既要解决难民的饥饿问题，给他们吃这些过期的面包，同时完成销毁面包的任务，又可以避免记者报道过期面包这一事实，请问你将如何处理？

说明：面包不会致命，你不能贿赂记者，不能损害公司形象。

2）单独面试

单独面试是只有一个应试者面对考官的面试。单独面试一般分为两种类型，一种是只有一位考官负责整个面试过程，这种面试方式大多用在较小的单位，在录用职位较低的人员时采用；另一种是多个考官面试一位应试者，这种形式在大中型企业的招聘面试中被广泛采用。

单独面试中，考官处于积极主动的地位，应试者一般是被动应答的状态。考官提出问题，应试者在回答问题时，展示自己的知识、能力和经验。单独面试的问题一般会深入到专业领域。

2. 非结构化面试和结构化面试

根据面试的操作方式，面试分为非结构化面试和结构化面试。

1）非结构化面试

非结构化面试，又叫随意性面试，它对与面试有关的因素不作任何限定。非结构化面试没有既定的模式、框架和程序，主考官可以“随意”向应试者提出问题，问题的内容和顺序取决于主考官的兴趣和应试者的临场表现。

非结构化面试经常采用案例分析、脑筋急转弯、情景模拟等方式。如龟兔赛跑如果兔子没有睡觉，乌龟怎么赢得比赛？请估计上海有多少加油站等。对于这些问题，主考官并不想得到“正确”的答案，而是想看看应试者是否能找到最好的解题办法，是否能创造性地思考问题，考察的是应试者的逻辑能力和创新能力。

非结构化面试类似于人们日常非正式的交谈。除非面试考官的个人素质极高，否则很难保证非结构化面试的效果。目前，非结构化的面试越来越少。

2）结构化面试

结构化面试，又称标准化面试，是指依据预先确定的程序和题目进行的过程结构严密、层次分明、评价维度确定的面试。在面试中考官根据事先拟好的谈话提纲，逐项对应试者提问。目前，我国正规的面试一般都为结构化面试，如公务员面试。

【精彩案例5－2】

公务员结构化面试纪实（节选）

你好，首先祝贺你顺利通过了笔试，欢迎参加今天的面谈。请你来，是希望通过交谈，增进对你的直接了解。我们会问你一些问题，有些和你过去的经历有关，有些要求你发表自己的见解。对我们的问题，希望你能认真和实事求是地回答，尽量反映自己的实际情况、真实想法。在后面的考核阶段，我们会核实你所谈的情况。对你所谈的个人信息，我们会为你保密。面谈的时间为30分钟左右，回答每个问题前，你可以先考虑一下，不必紧张。回答时，请注意语言要简洁明了。好，现在就让我们开始。（稍停顿一下）

第一个问题：请用3分钟左右的时间谈谈你过去的一些学习和生活的经历及你为什么要报考这个职位?

追问：这次有很多人报考了这一职位，你认为与其他人相比，你有什么优势和不足?

出题思路：背景性问题。导入正题，初步了解考生的基本情况，以便为以后的提问收集资料。考官可根据考生回答的具体情况进行追问，同时要尽可能地让考生多表现自己，考察其求职动机与拟任职位的匹配性。

评分参考标准如下。

好：表达清楚，客观地分析自己的优势和不足，求职动机与拟任职位匹配。

中：表达比较清楚，动机与拟任岗位匹配，但知识结构及经历与岗位要求有差距。

差：表达不清，动机、条件与拟任岗位不匹配。

第二个问题：假设有这样一种情况，你的工作能力绰绰有余，工作成绩也很突出，但却无法赢得领导信任，而某些工作能力不如你的同事却因能说会道，博得了领导的欢心，对此你有何想法？

出题思路：情境性问题。考察考生人际交往的意识与技巧。一般人都认为，善谈者，左右逢源，言克天下；而不善辞令者，处处被动，举步维艰。懂得如何与人交谈，是人与人之间达到默契沟通的一个重要因素，考生对此的认识与其人际交往能力有重要影响。

评分参考标准如下。

好：不否认这种情况在当今社会是存在的，工作能力强、工作成绩突出不一定（不是必然）会得到领导的赏识、同事的认同。能坦诚地剖析原因，对于人与人之间如何交往有比较客观的认识，并愿意为改变自身的弱点而做出努力。

中：心里有些消极想法，但也承认自身确实也存在一定的弱点，并愿努力改变这种局面。

差：认为自己受到了不公正的待遇，对领导和同事抱敬而远之的态度；或认为领导不具“慧眼”，自认为只要一直像老黄牛一样工作，最终会改善与领导和同事的关系。

第三个问题：在西部大开发中，有人认为最缺乏的是人才；有人认为最缺乏的是资金；有人认为最缺乏的是观念的更新。你认为在西部大开发中，最缺乏的是什么？为什么？

出题思路：智能性问题。考察综合分析能力。西部大开发过程中，人才、资金、观念都是非常重要的因素，也是比较缺乏的因素。无论考生选择何种因素，只要能结合自己或社会上的情况，自圆其说，并有说服力即可。

评分参考标准如下。

好：对于自己的选择，能结合自己或社会的实际做出论证；论点鲜明，论据充分；论证严密，考虑问题有深度，且有独到的见解，言之成理。

中：对于自己的观点，论证、说理基本可行，能自圆其说。

差：对于自己的观点，论证、说理不充分，考虑问题没有深度，泛泛而谈、言之无物。

第四个问题：假如你在毕业前一年就联系好了一个你非常想去的工作单位甲，并从知识、能力等多方面进行了充分的准备，但毕业时却由于其他原因未能如愿。在这种紧迫的情况下，你又通过艰辛的努力去联系了一个相对清贫和内心并不情愿从事的工作单位乙，并乙单位做出了郑重的承诺。就在即将签署协议之前，一年前联系的单位甲又同意接收你，假定你决定仍到单位甲工作。在这种情况下，你会怎么办?

出题思路：情境性问题。考官给考生制造突发性意外情景，考察其面对压力的应变能力。

评分参考标准如下。

好：客观，诚实，很快找出应变措施予以弥补，并采取有效办法沟通协调、取得谅解。比如：推荐与自己条件相仿的同学以弥补单位乙的损失。

中：知道承担责任，但不能很快找到解决的途径或办法不够有效。

差：不能找到补救措施或不负责任一走了之。

3. 行为面试和情境面试

根据面试内容侧重点的不同，面试分为行为面试和情境面试。

1）行为面试

行为面试是能有效排除个人的主观因素，以行为为依据、目标为导向的有效选才方法。行为面试通过对应试者行为的观察，来判断其品行、思想，准确率较一般的面试方法要高。通过行为面试，能了解到应聘者的品行是否与岗位要求吻合。宝洁、强生、雀巢的“第一轮面试”通常都采用这种方式。行为面试通常设置 2～3 个面试官，面试语言使用中文或英文或中英文夹杂。一般以自我介绍开始，然后对各项素质进行考察，通常要求用事例来证明你所具有的素质。行为面试通常考察以下 4 种能力和素质。

（1）领导能力

面试官希望求职者举例来说明自己的领导能力。如“请举例说明，你领导一个团队完成了一个项目并获得了成功。”

（2）创新能力

面试官希望了解求职者的创意意识而提出的问题。如“请举例说明，你的一个创意对于一件事情的成功起到了决定性的作用。”

（3）团队合作能力

面试官希望了解求职者的团队合作能力而提出的问题。如“请举例说明，你通过在团队中协同合作最后完成一个项目。”

（4）解决问题的能力

进入公司后的每个人都面临要解决各种各样的问题。因此，解决问题的能力是面试考察的重点。如“请举例说明，你是如何解决一个棘手问题的。”

一位应聘者在面试时，对自己的一件行为事例是这样描述的：“上次与客户签约时，我是谈判代表之一。刚开始气氛很紧张，双方都不愿意让步。但最后我们还是成功地谈了下来，对方答应了我们的大部分条件。”

这个是行为事例，但对事例叙述得很不完整，缺乏“我们做了什么获得了成功，特别是应聘者做了些什么”这部分内容。而且，事例中的部分内容也不具体，即“对方答应了大部分的条件，我方是否也有相应的让步”的描述不清晰。

作为面试者，在准备行为面试时一定要把重点放在事例上，使每个事例叙述完整。可先描述事情所处环境，再把要完成的任务摆出，之后抓住重点叙述过程，务必突出自己某些契合职位需要的特质或能力，最后交代结果，以及从中得到的体会和收获。事例一定要短小精悍，突出重点，契合实际。

2）情景面试

情景面试，又叫情景模拟面试，是通过给面试者创设一种假定的情境，考察面试者在情境中如何考虑问题、作出何种行为反应的面试。情景面试可在动态表演中展示个人的素质和职业特长，是面试形式发展的新趋势。在这种面试形式下，面试的具体方法灵活多样。面试的模拟性、逼真性强，应试者的才华能得到更充分、更全面的展现，考官能对应试者的素质作出更全面、更深入、更准确的评价。情景面试突破了常规面试考官和面试者之间一问一答的模式，引入了各种各样的情景模拟方法，如无领导小组讨论、公文处理、角色扮演、演讲、答辩、案例分析等。

【精彩案例 5－3】

某百货公司的情景面试

某百货公司要聘请一位总经理，招聘方给候选者放了一段录像：上午 9 时 30 分，一家百货商场进来一位高个小伙，他掏出 100 元买了一支 3 元钱的牙膏。上午 10 时整，又进来一位矮个小伙子买牙膏，他掏出 10 元钱递给售货员，找钱时，他却说自己付的是张百元钞，于是双方争执起来。商场总经理走来询问，小伙子提高嗓门说：“我想起来了，我的纸币上有数字 2 888。”售货员到收银柜中寻找，果真找到了这样一张百元钞。

录像结束，问题是：明知对方在欺诈，假如您是总经理，该如何应付？

这场情景面试旨在考察候选者的三层素质：洞察力，即对事件本质的把握；全局观，即对“顾客至上”理念的理解；道义感，即对社会上反诚信现象的态度。

4. 电话、电视和网络面试

根据面试媒介的不同，面试分为电话面试、电视面试和网络面试。

1）电话面试

电话面试，是招聘单位通过电话沟通的形式，初步了解求职者的能力和业绩，排除明显不符合岗位要求的人的面试方式。

2）电视面试

电视面试，是指求职者通过参加电视类面试节目，用现场自我介绍、能力展示及回答现场嘉宾提问等方式考察面试者综合素质的面试方式。应聘者参加电视求职要经过严格选拔和培训。

2010 年末，电视求职类节目高调亮相我国电视荧屏，含蓄的中国人开始走上电视找工作。电视求职节目也以其新颖的方式吸引了受众的关注，收视率节节攀升。目前，中央电视台教育频道《职来职往》、天津卫视《非你莫属》、东南卫视《步步为赢》、北方频道《超级面试》等均为电视面试类节目。

【相关链接】

大型电视求职节目——步步为赢

《步步为赢》是东南卫视 2012 年重磅出击、倾力打造的一档全新的大型职场服务类节目。全新的规则、全新的求职理念诠释人才新定义，为受众树立健康积极的求职观、引导正确的价值观，为求职者提供一个优质的发展平台，让成功的人更成功！每期 12 名一流企业 CEO 组成的最佳雇主团都将带着各自企业的高端职位来到节目现场。他们将对应聘者进行最全面、最专业的职场评判和最严格的挑选！每期 4 位真实应聘者来自全国各地，他们一般不是初出茅庐的职场新手，而是身经百战，已具有多年工作经验的职场精英。他们敢于面对挑战，勇于追求更高的自我价值的实现，渴望找到更广阔的发展平台。同时，节目中的职场观察员，也将用专业知识和第三方视角，来解析应聘者的职业能力，让他们更加了解自身的职业发展潜质。

3）网络面试

网络面试，是指用人单位与求职者利用互联网，通过视频摄像头和耳麦，使用语音、视频、文字的方式进行即时沟通交流的面试形式。

随着网络招聘竞争的日益白热化和各家人才服务网站同质化加重，视频招聘成为新时代网络招聘的新宠。当前，已有很多网站打出视频面试的亮点。如面试网招聘频道，将在线视频面试作为未来盈利的核心，并推出“个人认证+文字简历+视频面试+专业技能测试+视频录像”五位一体的招聘模式，突破了传统视频面试只适用于初试、无法直接发送 offer，只可一对一面试、无法看到细节表现等遗憾。网络面试可以检验面试者所提供的信息是否真实，以降低视频面试的“误差值”。网络面试的技巧主要有如下 3 方面。

① 如果使用麦克风和音箱，建议在使用时将麦克风和音箱的距离设置得稍微远一点，避免产生回音；不要让强光直接对着摄像头，应该采用柔和而明亮的灯光，使面试效果更好。

② 虽然网络面试是通过视频进行的，但着装仍然很重要。应试者要尽量做到着装干净整洁、朴实大方、和谐得体、符合身份，给面试官一个良好的印象。

③ 由于视频招聘更多的是通过语音聊天来展示自己，因此要特别注意谈吐。视频过程中，有可能出现没有听清内容或者视频突然中断的情况。这时，面试者要非常有礼貌地解释清楚。

5.1.3 面试的标准程序

对于面试者来说，了解面试的标准程序，有利于更好地应对面试。在此将对结构化面试的标准程序和无领导小组讨论面试的标准程序进行详细的介绍。

1. 结构化面试标准程序

1）预备阶段

① 考官对进入面试的应试者讲解本次面试的整体计划安排、注意事项、考场纪律。

② 抽签确定应试者面试顺序，并依次登记考号、姓名。

③ 面试开始，由监考人员带领应试者依次进入考场，并通知下一名应试者做准备。

2）引入阶段

① 首先由主考官宣读面试指导语，使应试者情绪稳定。

② 然后考官围绕应试者履历内容提问题，如："请用 3 分钟做一个自我介绍""在简历表中你提到喜欢看书，请介绍一本你最欣赏的书。"

3）核心阶段

由主考官或其他考官按事先的分工，依据面试题，请应试者按要求回答有关问题。核心阶段主要是从广泛的话题了解应试者的心理素质、行为特征和能力素质，话题涉及业务知识、岗位知识、社会问题等方面。问题一般为 5～7 个。应试者的面试时间通常在 30 分钟左右。

4）结束阶段

首先，主考官允许应试者问 1～2 个问题，并做解释。

其次，主考官宣布应考者退席。记分员在监督员的监督下统计面试成绩，并填入成绩汇总表。

最后，记分员、监督员、主考官依次在面试成绩汇总表上签字，面试结束。

【精彩案例 5－4】

某市公务员招考的结构化面试

面试指导语：

你好，首先祝贺你顺利通过了笔试，欢迎参加今天的面试。我们会问你一些问题，有些和你过去的经历有关，有些要求你发表自己的见解。对我们的问题，希望你能认真和实事求是地回答，尽量反映自己的实际情况、真实想法。在后面的考核阶段，我们会核实你所谈的情况。面谈的时间为 30 分钟左右，回答每个问题前，你可以先考虑一下，不必紧张。好，现在我们开始。

第一个问题：请你简单介绍一下自己的基本情况和主要经历。

第二个问题：假定你是我市人事局的办公室工作人员，由于局长准备在本市召开一次关于考试录用工作的专家研讨会，领导责成你具体负责，请你谈谈具体打算。

追问：如果在会议开始的前两天，预订的会议地点，由于有重要的外事活动而变更，你将如何保证会议的正常召开？

第三个问题：假定你是某国家机关的职工，在工作中，有位领导对你很偏爱，在出国、评优等方面给了你很多的特殊待遇，可同时也引起一些同事对你的不满并疏远你。你会怎么处理这个问题？

第四个问题：伴随着我国经济和社会的发展，对人才培养的普遍重视和对人才需求的急剧增长，出现了国内人才向外流，西部人才向东流，北部人才向南流的现象，请你谈谈对这个问题的看法。

最后一个问题：请你对自己今天的面试情况作一个评价。

很高兴你对我们的问题一一作了回答，今天我们就谈到这里，谢谢！

2. 无领导小组讨论面试标准程序

1）预备阶段

讨论前，事先分好组，一般每个讨论组 6～8 人。

2）引入阶段

① 应试者落座后，监考人员为每个应试者发空白纸若干张，供草拟讨论提纲用。

② 主考官向应试者讲解无领导小组讨论的要求，并宣读讨论题。

③ 给应试者 5～10 分钟准备时间，构思讨论发言提纲。

3）核心阶段

① 主考官宣布讨论开始，依考号顺序每人阐述观点（5 分钟），依次发言，发言结束后开始自由讨论。

② 各面试考官只观察并依据评分标准，为每位应试者打分，不参与讨论或给予任何形式的诱导。

4）结束阶段

① 无领导小组讨论一般以 40～60 分钟。主考官依据讨论情况，宣布讨论结束后，收回应试者的讨论发言提纲，同时收集各考官评分成绩单，考生退场。

② 记分员去掉一个最高分、一个最低分，得出平均分，再计算出最后得分，主考官在成绩单上签字。

【精彩案例 5-5】

某公司无领导小组讨论面试

1. 安排应试者在一个安静的房间，自行就座于圆桌会议室内。

2. 阅读讨论以下材料，做 5 分钟发言准备。

某天上午，你们坐飞机从某城到某城，在经过一个没有人烟的雪山时，因大风雪飞机失事，摔到山林中。失事后机身多处撞伤，并引发大火。飞机驾驶员及一名乘客死亡，其他 9 人则无重伤。在飞机失事之前，你曾注意到飞机的高度显示是 3 000 米左右。失事地点正好在雪山下不远，地面崎岖不平，树林茂密。乘客们穿着秋装，除每人有一件大衣外，共有 15 件物品：该地区的航空地图、大型手电筒、四条毛毯、一支手枪及十发子弹、一支雪橇、一小瓶白酒、一面化妆用小镜子、一把小刀、四副太阳镜、三盒火柴、一瓶军用水、一个急救箱、十二小包花生米、一张塑料防水布、一支大蜡烛。

3. 讨论题目：请你按照对生存的重要性，从这 15 件物品中挑选出 5 件最重要的进行排序，并说明理由。

4. 正式发言：每人按顺序先作简单的自我介绍，接着再做正式发言。

5. 自由讨论：小组成员各抒己见，自由讨论。会议组织者对小组成员的发言次数进行记录，并根据讨论评价表中的评价对各成员的关键发言进行打分评估。

6. 角色模拟，总结发言：在小组达成一个一致意见后，会议组织者要求每人对会议做 3 分钟小结，总结发言顺序与正式发言顺序相反。

7. 小组讨论会结束后，会议组织者汇总评价专家的评估分数，给各位应试者打分，并记录在案。

5.1.4 面试准备工作

“台上一分钟，台下十年功”。面试前的准备，是面试能否成功的一个基本条件。面试前的准备主要包括物质准备、心理准备、信息准备和仪表准备。

1. 面试前的物质准备

1）个人资料的准备

面试前要多准备几份能证明自己能力的推荐信、个人简历、业绩资料，以及毕业证书、学位证书、专业资格证书、获奖证书、发表的论文、著作、身份证原件和复印件等材料。

2）公文包的准备

面试时的细节最能说明一个人的真实情况。因此，面试前，应把所有资料有条不紊地放在一个公文包内，这样会给人留下做事严谨、值得信赖的良好印象。准备一本愉悦身心的书，用于考试前阅读，因为看书可以让人缓解紧张的情绪。最后，不要忘记准备笔和求职记录本，以便记录最新情况。

3）饮食的准备

面试前应准备一顿高蛋白、高碳水化合物的早餐，特别要添加蔬菜和水果，如香蕉、马铃薯等，可以使你精力充沛。但是要注意面试前的饮食卫生，不要饮用碳酸饮料和乳酸饮料，更不要喝酒。

最后，要准备好现金、车票等一切能保障按时到达面试地点所需要的物品。

2. 面试前的心理准备

面对严峻的就业形势和众多的竞争对手，要想获得面试的成功，具有充分的心理准备和良好的竞技状态是十分重要的。面试前出现紧张、焦虑、自卑等情绪，属正常现象，不必刻意消除，适度的紧张有助于考场发挥。如果感觉紧张、焦虑到难以承受了，可以采取下列调节方法让自己归于平静。

1）放松身体

放松身体，使身心相通。当身体放松时，紧张心理也能得到缓解。

2）开怀大笑

开怀大笑可令紧绷绷的躯体迅速放松，使血压、心跳趋于正常，从而放松紧张的心情。

3）散步解忧

正常步伐、摆动双臂昂首阔步，能使人心情更加愉快。

4）洗澡化忧

洗澡能增加血液循环，使人得到镇静，同时会容光焕发，更加自信。理想的水温是38～40 ℃。

5）深呼吸缓解压力

深呼吸是自我放松的最好方法，它包括简单的深呼吸、瑜伽、冥想等活动。

6）听音乐

听古典音乐、民族音乐或流行音乐，都有助于缓解紧张的情绪。

3. 面试前的信息准备

面试是一场“信息战”。面试前，一定要广泛收集各方面的信息，这往往是面试制胜的法宝。

1）收集招聘单位的信息

一个对招聘单位一无所知的求职者，面试时必然会失败。面试前尽可能了解清楚企业的背景、历史和发展战略，企业文化，企业规模，主要产品或服务项目，最近公司的主要活动等重要信息。

2）收集与考官有关的信息

所谓“知己知彼，百战不殆”。面试前尽可能了解用人单位领导的姓名、为人处世方式、兴趣、爱好，以及他们需要或喜欢录用什么类型的人员等信息。

4. 面试前的仪表准备

给人留下第一印象的最关键时间是初次见面的20秒内，而这20秒的印象，在很大程度上取决于仪表。

1）衣着得体、干净、平整

总体来说，衣着得体是最重要的。面试者要根据自己的求职定位着职业装，要将自己的风格、习惯与企业文化、企业对员工的要求结合起来。女士要穿套装，最好是套裙，颜色不要太艳丽，避免穿无袖、露背、迷你裙等装束，不要穿平底鞋或细高跟鞋。男士应穿西装、衬衣，领带颜色以深色调为好，不要有太明显的花纹。同时衣着须保持干净整洁，这是最基本的要求。

2）化妆淡雅、自然

面试前应试者最好略将面颊修饰打扮一下，让自己看上去健康、精神焕发。尤其要注意一些细节，如牙缝里有没有残留食物的残渣；肌肤稍有瑕疵者，则可打一层薄薄的粉底；头发、指甲、配件等是否干净清爽；女士最好不要涂指甲油，长发者需将头发束在脑后或高高梳起。

5. 面试注意事项

1）忌不良用语

很多求职者在日常生活中有不良语言习惯，如“口头语”等，切记不要带入面试中，以免引起考官的反感。

2）忌不良表现

① 不要迟到，要提前到达，尤其是招聘单位单独与你面试时，要提前10分钟到达。

② 不要让朋友或父母陪同前往，面试取胜的关键是自信。所以，要独自前往。

③ 不要只带一份简历。面试的人可能不止一个，要为每一位考官准备一份，才足以会表明你做事严谨、细致。

④ 面试开始时，关闭手机等一切通信设备，更不要在面试中途接打电话。

⑤ 不要有颤抖、摇晃、舔嘴唇等习惯动作，坐姿要端正，手势要大方。

⑥ 遇到熟人时，不要有过分之举，只要以点头、微笑等方式与之打个招呼即可。

3）忌不良态度

参加面试，应避免下列不良态度。

（1）目空一切、盛气凌人

有的求职者自认为各方面条件比较优越，于是在面试中态度倨傲，说话咄咄逼人。具体表现为，当面试官对自己回答的问题不够满意或进行善意引导时，常强词夺理、拼命狡辩；或总想占据面试的主动地位，经常反问面试官问题，如用人单位住房条件如何，自己将任何种职务等；在被问及原公司单位工作情况时，不能保持冷静，贬低原公司领导及工作，否定别人的成绩。面试中过分地贬低原来公司领导的工作，会让人觉得自以为是，难以管束，喜欢背后议论别人，缺乏合作精神。

（2）孤芳自赏、态度冷漠

有的求职者可能性格孤僻，对人冷淡，心事较重，并且把这种个性带进了面试考场，不能与面试官积极配合，给人留下难以和睦相处的不良印象。

【精彩案例5-6】

湖北某高校一批毕业生到外资企业去应聘，经过层层选拔，最后剩下一男一女两个人进入面试。外企老板对他们两个人同时面试，问：“假如给你一辆汽车，有练习的跑道，一个星期内你能学会驾驶汽车吗？”男生说可以；女生说不敢保证。老板又问：“在学校里，你是运动员吗？”男生说：“我是足球运动员。”女生说：“不是。”老板说：“我的厨房里有各种食材和调料，你能不能做几个拿手的中国菜，给我尝一尝？”男生说能；女生说做不好。男生凭借“是”“可以”“能”的回答被录用；女生由于缺乏自信，被淘汰。

【思考与训练】

1. 面试前应做好哪些方面的准备工作？

2. 面试过程中应注意哪些问题？

3. 请根据下面的背景材料模拟无领导小组面试。

董事长要选择一个办公室主任，请考生选出下面最合适的人选。

薛宝钗　贾母　王熙凤　林黛玉

答题要求：

（1）主考官提出问题后，每一名考生可用 2 分钟时间思考，可拟写提纲。

（2）每位考生按抽签顺序，每人限 2 分钟依次发言阐明自己的基本观点。

（3）依次发言结束后，考生之间可进行自由论辩。在论辩过程中考生可更改自己的原始观点，但对新观点必须明确说明。

（4）论辩结束后，考生将拟写的发言提纲及草稿纸交给考务人员，考生退场。

4. 根据下面应聘单位的招聘岗位进行模拟应聘。

招聘公司：内蒙古伊利实业集团股份有限公司

（1）大专及以上学历，市场营销、工商管理、国际经济与贸易等相关专业。

（2）2018 届普通全日制统招毕业生。

（3）素质能力要求：诚实，具有较强的责任心、进取心、团队合作能力、自信心、沟通能力、主动性、学习和创新能力、逻辑推理能力，良好的社会适应性、情绪稳定性。

5.2 面试口才技巧

面试过程中主要涉及自我介绍和问答两方面的口才技巧。

5.2.1 面试自我介绍技巧

自我介绍，是面试中非常关键的一步。考官借此考察面试者的语言表达、应变、心理承受、逻辑思维等能力及岗位的胜任能力。应试者既要推销自己，又要打动面试官，因此一定要好好把握。

1. 自我介绍的原则

1）实事求是，不可夸张

自我介绍要实事求是，不要言过其实，夸夸其谈；内容要与个人简历、报名材料上的有关内容相一致，不要有出入。

2）简洁明了，思路清晰

“每个人都要向孔雀学习，2 分钟让整个世界记住自己的美。”自我介绍也是一样，要像商品广告一样在最短的时间内，将自己最美好的一面恰如其分地表现出来，给对方留下深刻的印象。同时，自我介绍要逻辑严谨、思路清晰、重点突出，把最有价值的信息传达给面试官。自我介绍不要急于罗列自己的优点，因为自我介绍的目的不是要告诉考官你有多优秀，而是要告诉考官你有多适合这个工作岗位。

3）发音标准，吐字清晰

自我介绍时力求讲普通话，最好不用方言。同时，声音要沉稳、自然、洪亮，语速适中，吐字清晰。切忌以背诵、朗读的口吻介绍自己。

【相关链接】

声音面试

声音面试就是让应试者朗读、演讲或打电话，考官根据应试者声音的大小、谈话的风度气质、语言的运用能力等表现决定是否录用的一种面试形式。日本电产公司总经理永守重信认为，说话声音洪亮的人、自如表达自己思想的人、充满自信心的人，一定具有较强的工作能力。

4）态度自然，注意礼貌

自我介绍时，应落落大方，彬彬有礼。表情要尽量放松，态度要自然、友善、亲切、随和，最好能略带微笑。面试前可以面对镜子找出自己最具“亲和力”的笑容，练习用目光表达友善。

2. 自我介绍的内容

1）开场白

自我介绍，一般以礼貌的问候语作为简短的开场白。例如：“各位考官上午好（或下午好）”“各位领导好”“各位老师好”等。声音要足够洪亮，底气要足，语速自然。

2）核心介绍

（1）基本信息

主要介绍自己的个人履历和专业特长，包括姓名、年龄、籍贯、教育背景及与应聘职位密切相关的特长等个人基本信息。

【相关链接】

个性化地介绍姓名

生动、形象、个性化地介绍自己的姓名，不仅能够引起面试官的注意，而且可以使面试的氛围变得轻松。个性化地介绍姓名有多种方式，可以从名字的音、义、形或从名字的来历进行演绎。

从名字的音入手，如“我叫邵飞，谐音少非，希望生活能少一点是是非非”。

从名字的义入手，如“我叫俞非鱼。古语有言：子非鱼安知鱼之乐。父母希望我过得像鱼儿一般自在逍遥”。

从名字的形入手，如“我叫陈赟。我的父亲叫陈斌，斌的宝贝就是赟”。

从名字的来历入手，如“我叫赵丹，赵本山的赵，宋丹丹的丹。父母希望我能够像他们一样幽默地对待生活”。

（2）做过什么

做过什么，代表着经验和经历。这部分主要介绍与应聘职位密切相关的实践经历，包括校内活动经历、相关的兼职和实习经历、社会实践等。面试者要说清确切的时间、地点、担任的职务、工作内容等，这样让面试官觉得真实、可信。特别需要注意的是，经历可能很多，不可能面面俱到，那些与应聘职位无关的内容，即使再引以为傲也要忍痛舍弃。

（3）做成过什么

做成过什么，代表着应试者的能力和水平。这部分主要介绍与应聘职位所需能力相关的个人业绩，包括校内活动成果和校外实践成果。在介绍个人业绩时，需要注意以下几个方面：

① 业绩要与应聘职位需要的能力紧密相关。如果你应聘文员，就不需要介绍销售业绩；

② 介绍个人的业绩，而不是团队业绩，因为用人单位要招聘的是“个人”，而不是“团队”；

③ 业绩要有量化的数字，要有具体的证据，不要用笼统的“很好”“很多”，也不要用“大概”“约”“基本”等概数；

④ 介绍的内容，要着重介绍那些能体现个人能力的重点内容，不要说流水账；

⑤ 介绍业绩取得的具体过程，要巧妙地埋伏笔。例如，在介绍校外实践成果时，可以这样描述：“在工作中遇到了很多的问题，不过我还是成功地克服了所有问题并最终实现了业务目标。”引导面试官提问“遇到了哪些问题”，然后再进一步阐述细节内容，体现自己处理问题的能力。

（4）想做什么

想做什么，代表着应试者的职业理想。这部分应该介绍自己对应聘职位、行业的看法和理想，包括职业生涯规划、对工作的兴趣与热情、未来的工作蓝图、对行业发展趋势的看法等。介绍时，还要针对应聘职位合理编排每部分的内容顺序及详略。一般与应聘职位关系越密切的内容，介绍的次序越靠前，介绍得越详细。

自我介绍时，禁忌以下方面：主动介绍个人爱好，使用过多的“我”字眼，头重脚轻，介绍背景而不介绍自己，夸口、说谎，内容过于简单、没有内涵。

3）结束语

如果考官说：“我们十分欣赏你的能力”或“你的自我介绍很精彩”等，这意味着自我介绍的结束，应试者要站起来对考官表示感谢，以“谢谢”作为自我介绍环节的结束语。

3. 自我介绍的注意事项

① 面试之前一定要写一个自我介绍的草稿，最好面对朋友试着讲述几次，尽量令声调听来流畅自然、充满自信。

② 自我介绍要多用短句子以便于口语表述，在段与段之间可使用过渡性的句子，尽量避免颠三倒四，或同一句话反复说。

③ 避免过分使用语气词、口头语，例如，总是用“那么”“就是说”“嗯”等引起下文，不仅有碍于内容的连贯，还容易让人生厌。

④ 注意掌握时间，如果面试考官规定了时间，一定不要超时，也不能过于简短。自我介绍一般在 3 分钟左右。

⑤ 说话时，眼睛不要东张西望或四处游离，要多注视面试考官，但也不能长久注视，目不转睛。

⑥ 尽量少用手的辅助动作，保持稳重、得体的姿态是很重要的。

【精彩案例 5－7】

面试自我介绍

各位领导：

早上好！非常荣幸能参加这次面试。我来自美丽的海滨城市汕头，今年 24 岁，是大学本科应届毕业生。闽南的山水哺育我长大，我的血液里流淌着闽南人特有的活泼开朗的性格和爱拼才会赢的打拼精神。带着这种精神，在校期间我刻苦学习，不负众望，分别获得 2008—2009 年度二等奖学金，2009—2010 年度、2010—2011 年度三等奖学金，用实际努力报答父母和师长的养育之恩。除了学习之外，我还积极参加各种社会实践活动。我曾担任班级的宣传委员，组织了几次班级和学院的公益活动，如：青年志愿者助残活动，向孤儿院儿童献爱心活动等。组织这些活动及与活动中成员的相处，让我学到了很多东西，对培养自己的组织能力和人际关系的处理能力有很大的好处，为我更快地走向社会提供了良好的平台。

此外，计算机和篮球是我业余最大的爱好，我通过了计算机国家二级，除熟悉日常电脑操作和维护外，还自学了网站设计等，并自己设计了个人主页。我是班级的篮球队主力，我觉得篮球不仅可以强身健体，还可以培养一个人的团队精神。回顾自己大学三年的工作、学习、生活，感触很深，但觉得收获还是颇丰的。掌握了专业知识，培养了自己各方面的能力，这些对今后的工作都将产生重要的影响。

除此之外，我也存在一些缺点，如有时候做事情比较急于求成，在工作中实践经验不足，等等。但“金无足赤，人无完人”，每个人都不可避免地存在缺点，有缺点并不可怕，关键是如何看待自己的缺点。只有正视它的存在，通过不断地努力学习，才能改正自己的缺点。今后我将更严格要求自己，努力工作，刻苦学习，发扬优点，改正缺点，开拓前进。这次，我选择这个职位，除了专业对口以外，我觉得我也十分喜欢这个职位，相信它能让我充分实现我的社会理想和体现自身的价值。我认为我有能力也有信心做好这份工作，希望大家能够认可我，给我这个机会！以上是我最真诚的自我介绍，谢谢各位领导！

5.2.2 回答问题技巧

面试问答是面试中的重中之重，应聘者的回答将成为考官考虑是否聘用你的重要依据。因此，对于应聘者而言，学习回答问题的口才技巧至关重要。

1. 回答问题的原则

1）观点正确，要点明确

观点是回答问题的灵魂，观点的正确是问答的基础。要使自己的观点正确，就必须加强对党的路线、方针、政策及时事政治的学习。同时，回答问题前应理清要点，明确从几个方面，直截了当，重点突出地阐述。

2）辩证全面，条理清晰

很多面试题的回答要求辩证地分析问题，思想要开阔，防止片面性、简单化、绝对化。同时，面试还测试求职者的逻辑思维能力。所以在答题时，首先要注重思维的逻辑性，然后是陈述的逻辑性。逻辑性就是要求表达层次清晰，条理分明，过渡自然，前后呼应。

3）见解独特，认识深刻

考官每天要考察若干名应试者，相同的问题要问若干遍，类似的回答也要听若干遍。因此，考官难免会产生厌倦情绪。所以，只有具有独到个人见解和个人特色的回答，才会引起考官的注意。千万不要生搬硬套书上、前人既定的观点思想，没有独立思想的应聘者很容易直接出局。

4）知之为知之，不知为不知

面试遇到自己不知、不懂、不会的问题时，不应不懂装懂或回避闪烁、牵强附会，应诚恳坦率地承认自己的不足之处，这样反倒会赢得考官的信任和好感。

2. 常见面试问题回答技巧

1）动机类问题的回答技巧

（1）出题原因

这通常是面试官最先问到的问题。求职动机类问题能够考察应聘者的求职动机与拟任职位的匹配性，内容会涉及应聘者的价值取向和生活态度等多个方面，意在从求职者的回答来评估新工作是否适合。

（2）常见问法

“你为什么选择我们公司？”或“你为何想离开原工作单位，到我们公司来呢？”

（3）答题思路

建议从行业、企业和岗位三个角度来回答。求职者必须比较充分地了解这个部门、这家企业是干什么的，提供的职位应达到的工作目标是什么，这样才能有针对性地回答求职动机和志愿，即把个人的人生追求与用人单位及职务联系起来。多谈积极性的求职动机。比如“我喜欢有挑战性的工作”“可以更好地锻炼自己，实现人生进取的目标”“我本人不喜欢轻闲的工作，越是带创意的事业我越爱干”之类。少谈、不谈消极性的求职动机，比如“我来求职是因为在家里待着没意思”或“失业了，没事干，让人家瞧不起”等。

2）个人爱好、特长类问题的回答技巧

（1）出题原因

业余爱好和特长在一定程度上能反映应聘者的性格、观念、心态，这是招聘单位提问的主要原因。

（2）常见问法

“你有什么业余爱好？”或“你有什么特长吗？”

（3）答题思路

不要回答自己没有业余爱好或特长，不要说自己有哪些庸俗的、令人感觉不好的爱好和特长，也不要说自己仅限于读书、听音乐、上网等爱好，否则可能令面试官怀疑应聘者性格孤僻，最好能有一些户外的业余爱好，如爬山、游泳等。在介绍自己的特长时，要注意恰如其分，不要给对方留下浮夸、吹嘘的印象。回答的重心仍要放在应聘者对所申报的新职位有利的特点、长处上，否则考官不会感兴趣。

3）实践经验性问题的回答技巧

（1）出题原因

如果招聘单位对应届毕业生提出这个问题，说明招聘单位并不真正在乎“经验”，关键看应聘者怎样回答。

（2）常见问法

“你是应届毕业生，缺乏经验，如何能胜任这项工作？”或“请谈谈你的工作经验。”

（3）答题思路

对于这类问题的回答，要体现出应聘者的诚恳、机智、果敢。要注意关于工作经验问题是不能编造的，必须据实汇报，否则会给对方以不诚实的印象。如：“作为应届毕业生，在工作经验方面的确会有所欠缺，因此在读书期间，我一直利用各种机会在这个行业里做兼职。我也发现，实际工作远比书本知识丰富、复杂。但我有较强的责任心、适应能力和学习能力，而且比较勤奋，所以在兼职中均能圆满完成各项工作，从中获取的经验也令我受益匪浅。请贵公司放心，学校所学及兼职的工作经验使我一定能胜任这个职位。”

4）知识性问题的回答技巧

（1）出题原因

知识性问题能考察应聘者对所要从事的工作所必须具备的一般性和专业性知识的了解和掌握程度。

（2）常见问法

知识性问题包括常识性的知识和专业性的知识。常识性的知识指从事该工作的人都应具备的常识。

（3）答题思路

对于此类问题的回答并没有什么窍门，只有靠应聘者自己平时的积累和扎实的学识基础。

5）智力性问题的回答技巧

（1）出题原因

智力性问题能够考察应聘者的反应能力、逻辑分析能力、判断能力等。

（2）常见问法

一般会选择能考察应聘者综合分析能力的智力题，考察应聘者的综合分析能力。在微软的面试中，有这样一道面试题：“假如你在飞机上遇到一位高尔夫球的生产商，向你询问中国每年消耗的高尔夫球的数量，你怎样回答？”

（3）答题思路

这类问题一般不是要应聘者发表专业性的观点，也不是对观点本身正确与否做评价，而主要是看应聘者是否能言之成理。怎样回答，对于在现实生活中见都没见过高尔夫球的人来说无疑是一头雾水。对于这种不可能找到正确答案的问题，只要找到解决办法就可以了，因为面试官也不知道问题的答案。可以这样回答：“首先，统计中国高尔夫球场的数目。其次，统计平均每天有多少位客人。再次，统计每位客人平均每天消耗的高尔夫球的数量。最后，我们把三个数相乘，再乘以一年的营业天数，就可以知道中国每年消耗的高尔夫球的数量。”

6）情境性问题的回答技巧

（1）出题原因

此类试题能够考察应聘者的应变、计划、组织、协调能力和情绪稳定性等，是目前面试中广泛使用的一种提问方式。

（2）常见问法

设计一种假设性的情境，考察应聘者将会怎么做。如：“当你的客户很明显在刁难你的时候，你如何应付？”

（3）答题思路

对于此类试题，应聘者首先要理解自己的角色，把自己放到情境中去，然后提出比较全面的行为对策。如："首先要以公司的利益为重，尽可能让客户明白，公司的宗旨是全心全意地服务于客户。很多时候，我相信客户刁难也是出于对公司办事能力的一种考验，我一定会竭尽全力使客户相信公司。不过，如果客户提出一些很过分甚至违背人性的要求，我不会妥协，相信公司也一定不会让员工在外受到人格上的侮辱。"

7）压力性问题的回答技巧

（1）出题原因

这种问题通常是故意给应聘者施加一定的压力，看其在压力情境下的反应，以此考察应试者的应变能力与忍耐力。

（2）常见问法

有时考官可能提出真真假假的"题外题"。如：某电视台招聘记者小郑前去应聘。面试中，考官指出："你说你爱好写作，可是我看了你填的报考表，在'自我评价'栏中居然出现了三处语法错误，现在既没有多余的表格，也不准涂改，你怎么办？"

（3）答题思路

对于此类试题，应聘者不要简单地就题答题，要多一个心眼，要想得全面一些，不致顾此失彼，出现漏洞，授人以柄。比如对于上面提出的问题，小郑听罢吃了一惊，心想填表时自己是字斟句酌的，怎么会有三处错误呢？但时间不允许他多想，他当机立断，回答说："为了弥补失误，我可以在表后附一张更正说明，上面写上：'某某地方出现了三处语法错误，实属填表人的粗心，特此更正，并向各位致歉。'不过……"他停顿了一下说："在发出这份更正说明之前，我想知道是哪些错误，因为不能无的放矢，错误地发出一份更正说明，我不愿意再犯这种错误。"他的机智应对令考官们笑了。其实他的报考表并没有错误，这不过是考官设的一个圈套，用以考察他的自信心和反应能力。从表达角度看，他的得分主要在于后半部的补充说明。这一段内容的表达十分完满，滴水不漏，印证了他机敏全面、认真仔细、一丝不苟的品格，赢得了考官一致的好评。

8）薪酬类问题的回答技巧

（1）出题原因

薪酬问题既是一个敏感问题，也是一个实际问题。考官在初步有意向选择某位应聘者时才会提出薪酬问题。提问的目的是观察求职者对工资的态度。

（2）常见问法

"你希望挣多少钱？"或"如果你被聘用，你有哪些要求？"

（3）答题思路

对于这类问题的回答，至关紧要的是，事先要了解这份工作大约应该得到多少薪酬，这个行业的一般薪酬是多少，心里有一个"参照点"。建议求职者可以利用现在网络科技查询薪资定位的相关资料，配合个人的价值观、经验、能力等条件，设定最基本的薪资底限。建议无工作经验者应采取保守的态度，以客观资料作为最主要的考虑重点，如果说得低了，会失去一个本来可以得到较高薪酬的机会；如果说得过高，人家会认为这个人是"狮子大开口"，

“价码”太高，这哪里是来工作呢？是来挣大钱的！进而筛选掉。如果真的不知道要多少薪酬，也不能说：“您看着给就是了”，这不是要求对方给赏钱。可以技巧性地回答：“我要回去打听一下，薪酬问题好商量”，或者“我不好一下子说定，贵公司真有意聘我，我再跟各位讲”。在回答工资多少问题时，别忘了询问对方奖金是多少，有没有住房津贴、医疗保险、交通补贴、一年有多少特别假期，有没有年终分红等，这是一个人的“总收入”，有的单位工资不高但福利特别好，所以要看“整体价”。

【精彩案例 5－8】

公开选拔县外经贸委副主任面试

主考官：欢迎你来参加今天的外经贸委副主任的竞聘。请你用 2～3 分钟时间介绍一下自己的工作经历和到任后的打算。

考生 A：我叫×××，今年 30 岁，毕业于哈尔滨工业大学，1994 年分配到环保部门工作，1996 年调到工业局，任办公室主任，负责文秘工作至今。我之所以参加竞聘，就是为了更好地发挥自己的作用。特别是我国加入世贸组织以后，许多问题都面临着挑战，我喜欢在挑战中展现自己的能力。对今后的打算我还没考虑成熟，在此就不谈了。

考生 B：我叫×××，1985 年师范学校毕业，1990 年调到县外经贸委。对于任职后如何搞好经贸委的工作，我的设想是：① 加大招资引力，采用多种手段，拓宽招资领域；② 开发新型产业，增加贸易项目；③ 抓农副产品的出口，并要和县里的“鲜菜园”工程结合起来；④ 为了早见成效，要加强对各种制度的具体落实，做到责任到人。这是我的初步设想，谢谢。

考生 C：我叫×××，36 岁，哈尔滨师范大学本科毕业，正在读在职研究生，现任乡党委副书记。师大毕业后分配到乡中学教语文，当过 5 年班主任，所带班多次被评为先进班集体，能很好地完成教学任务，并在报刊上发表文章十多篇。1997 年调到县委办公室工作，任科长，这期间我主要抓了以下几项工作。第一，切实做好科学技术的推广工作，做好这项工作的主要措施是：一领导带头抓，二上下一齐抓，三下乡亲自抓。第二，抓好典型，以典型引路。第三，创造良好环境，比如，作为副职跟上靠下，尽职而不越位，摆正关系。

（评析：考生 A 对第一问“工作简历”回答得较好，简洁明确。第二问的回答却“脱离了轨道”，对所问的“今后打算”以“没考虑成熟”为由避而不答，却谈了他竞聘的动机，给人以所答非所问之嫌。考生 B 的回答，对“经历”谈得过于“简”了，但对今后的打算谈得很“内行”，简练清晰，没有废话，内容具体，联系实际。最后以一句“这是我的初步设想，谢谢”作结，显得谦虚、礼貌。考生 C 的回答条理还算清楚，但他忘记了时间的限制，主次不分，详略不当，眉毛胡子一把抓。）

主考官：请问，假如你是外经贸委副主任，你喜欢什么样的下属？

考生A：我喜欢有一定业务能力、能独当一面的下属。

考生B：我喜欢的下属，一是要有较高的思想素质，不贪不占，作风正派，不搞邪的歪的；二是要有较高的业务素质，既能在权力范围内搞好本职工作，又能在关键时候做出正确决定，既有改革创新精神又不莽撞行事；三是要坚持原则，敢于对不良现象进行批评，甚至对上级的错误决定提出不同意见。因为这样的下属才能使自己少犯错误，才能使工作有新的进展。

考生C：我喜欢对工作有责任心的、能力强的、爱岗敬业的下属。当然，为人要实在，要和上级步调一致，不能越权，对事情不经请示不能擅自做主。当然也不是越听话越好。要基本指哪儿打哪儿。这样的下属让人放心。

（评析：对上面问题的回答，考生B回答得较好，全面具体，有理有据，而且思维敏捷，条理分明。最可喜的是有自己的独特见解。相比之下，考生A的回答只强调了业务能力，显得较片面单一、看法一般化；考生C的回答除了思想跟不上形势外，逻辑性也较差，先是强调“与上级一致”，“不能越权”，“不能擅自做主”，而后又说“不是越听话越好”，显得前后矛盾。而且两次用“当然”进行“转折”显得思维混乱。）

主考官：假如你有一位下属，很有能力，但有一些小毛病，你将如何处理，用什么办法帮他改正？

考生A：对于下属的一些小毛病，比如工作马虎的问题，我认为可通过谈心解决。（主考官：还有别的补充吗？考生A：没有了。）

考生B：我认为，对很有能力又有些小毛病的下属，要用爱护的态度去帮助他改正毛病。其方法是动之以情，晓之以理。比如，上班经常迟到，我先要调查清楚他迟到的原因，如果是家庭有实际困难，我就设法从解决他的困难入手，用真情感动他；如果是其他原因，就找他谈话指出迟到对工作的影响，并教给他避免迟到的方法，给他改正的机会，然后及时肯定他的进步。

考生C：首先您得承认，人无完人，（主考官：是的，我承认。）因此对于下属的一些小毛病，我们应该学会宽容。当然，对小毛病要具体情况具体分析，有些小毛病看起来小，但也能造成大祸害。您说他有什么毛病吧？（主考官：我是在问你，让你去分析设想。）那好，比如工作不勤快，我就先谈心，后警告，再不改就扣奖金、开除。

（评析：考生A的回答很干脆，但解决问题的方法没有展开谈，给人感觉有骨无肉。考生C回答得虽然较辩证，但有三处处理欠妥：一是开头的话与提问无大关系；二是让自己回答的内容不该反过来问主考官；三是没听清问题，问的是如何使下属改正小毛病，而不是“开除”了事。比较起来，还是考生B回答得较有条理，有血有肉，“爱护的态度”“动之以情，晓之以理的方法”和对一个例证的分析解决，都显示了思维的严谨和较强的逻辑性。）

主考官：目前内地商标已进入被境外抢注的高峰期，驰名商标、知名商标和原产地保护产品名称是境外抢注的热门。例如：“大宝”在美国、中国香港等地被抢注；“红星”二锅头在欧盟、英国等地被抢注，“英雄”在日本被抢注，“安踏”“雕牌”“小护士”等品牌在中国香港被抢注等，请分析一下这是由什么原因造成的。

考生A：之所以出现这种情况，主要由市场竞争引起的，要竞争就要抢注别人有名的商标。

考生B：让他人抢注了商标，我认为主要是对自己的商标权的保护意识不够，让别人钻了空子。商标是无形资产，它的使用权是有期限的，到时你不及时注册，别人就要抢注。因此，必须提高对知识产权的保护意识。

考生C：抢注商标属盗窃行为，是违法的，对此现象应坚决打击严肃处理。我们可以告到法院，用法律追究这事。自己的东西不能让别人抢了去。

（评析：考生A和考生C的回答都很简练，但最大的问题是回答错误。考生A回答的第一句还沾点边，而第二句“要竞争就要抢注别人有名的商标”的话则明显错误。考生C的回答问题更大，因他不懂法律，也不知道商标权，因而闹出了笑话。考生B的回答正确，他先指出了商标被抢注的原因是对商标权“保护意识不够”造成的。接着又进一步谈了对商标保护的看法，分析正确，认识深刻。）

5.2.3 回答问题的注意事项

1. 管住耳朵

倾听是问答的基础，面试中应试者应耐心、专心、细心地听清考官谈话内容的要点，主题的变化，语音、语气、语调、节奏变化等各种信息，准确进行分析，然后进行回答。倾听时身体要前倾，并用点头或摇头等肢体语言表达应聘者对考官所考内容的理解程度。

2. 捂住嘴巴

考官问完问题后，应试者可以考虑5～10秒钟后再作回答。若是应聘者在回答这些问题时根本不用思考，且倒背如流，面试官的第一感觉可能是事先经过了精心准备，继而会对应聘者所说内容的真实程度打个问号。在回答时，要注意语速不可太快，太快容易导致思维与表达脱节。同时，问答过程中尽量不要抢话，更不要打断对方的讲话。如果确实需要插话，应先征得对方的同意，用商量的语气问一下：“请等一下，让我问一句。”或“我能提一个问题吗？”

3. 控制肢体

面试考官试图通过应聘者对一些问题的回答，观察应聘者在压力下的反应，所以应避免消极的身体语言，如：经常摸嘴，回答问题前假声咳嗽、咬嘴唇、笑容僵硬、抖动腿脚、交叉胳膊等。

4. 稳住情绪

面对考官提出的意想不到的或刁钻的问题，一定要稳定情绪，沉着理智，千万不能乱了方寸。

技巧是锦上添花的，包装的作用也是有限的，实力才是真正的竞争力。磨炼实力是面试取胜的根本。

【思考与训练】

1. 结合具体的例子，说明自我介绍的主要内容。

2. 面试中用人单位会问哪几类问题？

3. 请根据给出的招聘要求进行 1 分钟的自我介绍。

招聘公司：北京九阳实业公司

招聘岗位：驻东北区销售业务主管

招聘条件：大专以上学历，市场营销等相关专业毕业（有资源、经验丰富的不限制学历）。3 年以上销售工作经验，有光热行业、光电行业、暖通、电力、建材等销售经验或大客户销售经验者优先考虑。能吃苦耐劳，积极乐观向上，具有团队协作精神。语言表达流畅，沟通能力强，具有一定的管理能力。适应能力强，能常驻东北地区。

4. 在班级中分成若干小组，每一个小组中选出几名学生组成一家公司招聘的主考官、考官、经理等职务，其他学生作为应聘者来公司应聘。每个小组轮流上台试演，全班讨论确定最佳表现小组，老师进行总结归纳。

5.3 面试口才综合训练

5.3.1 面试自我介绍训练

1. 训练目标

强化自我介绍的表述能力。

2. 训练方法

以面试自我介绍为话题，由学生轮流进行，限时 3 分钟，然后由学生和教师点评。

3. 训练材料

请根据以下材料，结合自身情况，以应聘者身份设计一段自我介绍。

绿达源（北京）生产资料有限公司招聘农化专家

招聘公司简介：成立于 2007 年，拥有绿达源、天地成徽、海中大、保丰等大品牌农资产品的独家销售权，技术力量雄厚。企业经营的产品在山东、山西、河北等一些地方示范应用后，取得了巨大的效益。为了回报用户的厚爱与信任，2012 年开始，企业准备开展以下创新性项目。企业利用自身强大的专家队伍，开发出一种新型产品：氨基酸+黄腐酸+PGPR 生物菌剂+微量元素等多元的微生物肥料母液，并为客户提供品牌和生产加工合作。使得没有生物技术背景的肥料厂家也具有自己可以控制市场的生物肥料产品。本产品大大降低了高档生物叶面肥的生产成本，在未来的生物肥料领域将起到强大的推动作用。本产品的客户定位为全国范围的肥料厂家、大型灌溉基地。并将在国内某些城市推出为期一年的免费赠送活动，对于赠送的产品，公司只收取少量的物流费用和包装费用，不收产品的费用，当地用户，可根据公司的用户认定原则，在当地赠送点领取。

招聘岗位：农化专家。

招聘岗位职责：

负责公司产品的售后服务，对公司产品进行田间试验、示范、现场技术指导工作；

对常见农作物的各类病症，能根据各地提供作物种植期中出现的病症，及时给予解决方案；

对客户进行产品技术指导、技术咨询、技术培训；

按时完成公司领导交办的其他任务。

招聘条件：

具有良好讲解、沟通、协调能力和语言表达能力，具备独立处理和分析问题的能力；

农学、农业技术、农林牧渔等相关专业；

有较强的执行力，做事有计划性和条理性，能够高质量地完成上级交付的任务。

4. 训练说明

可利用视听器材，如录音机或录像机等，将学生自我介绍的情形录制后重播，找出缺点，然后改进。

5. 自我测试

修改下面自我介绍中的不当之处。

① 本人在校期间，勤奋学习，积极参加学校各项活动，以使自己得到全面发展。自入学以来，就担任多个学生会干部，取得了一定的成绩，具备了一定的工作经验，并在班上的两次评优过程中，均被评为优秀团员。

② 本人写作能力很强，有一定的文字功底，在×××人民广播电台实习过，写了许多新闻报道和通讯，相信自己能胜任文秘和宣传工作。

5.3.2　面试回答问题训练

1. 训练目标

训练学生的反应能力，强化学生在面试中回答问题的技巧。

2. 训练方法

采用模拟问答的形式，由教师提问，学生根据自己的情况作答。

3. 训练材料

1）了解基本情况的问题

① 请问您现在是在职还是已经离职了？

② 您上家公司的规模大概多大？是做什么产品的？业内地位如何？是厂家还是代理商？

③ 您过去岗位的主要职责是什么？

④ 你们公司或者办事处销售人员的平均年业绩是多少？您自己的业绩是多少？

2）了解岗位适配度的问题

① 您现在换工作是想找一份什么样的工作？

② 能说一下您对我们这个岗位的理解吗？或者说你们现在的工作模式是什么？

③ 您对要选择的公司有什么标准吗？

④ 请问您为什么要离开上一家公司？

⑤ 您未来 3～5 年的职业规划是什么？

3）了解薪酬要求的问题

① 您现在的薪酬大概是多少的？薪酬结构是什么？底薪多少？提成如何？年薪大概多少？

② 您希望我们公司给您的薪酬是多少？

4. 训练说明

① 模拟训练招聘方，问题可以根据学生所学专业进行适当调整。

② 模拟双方的立场不得发生转变。

5.3.3 无领导小组讨论训练

1. 训练目标

掌握无领导小组讨论面试的基本过程，提高无领导小组讨论面试的口才技巧。

2. 训练方法

该训练采用模拟训练的方式，将学生分成若干小组。

3. 训练材料

1）找出影响利润的原因（世界 500 强面试题）

被调到某旅游饭店当总经理，上任后发现，去年第四季度没有完成上级下达的利润指标，其原因是，该饭店存在许多影响利润指标完成的问题，具体如下：

① 食堂伙食差、职工意见大，餐饮部饮食缺乏特色，服务又不好，对外宾缺乏吸引力，造成外宾到其他饭店就餐；

② 分管组织人事工作的党委副书记调离一月余，人事安排无专人负责，不能调动职工积极性；

③ 客房、餐厅服务人员不懂外语，接待国外旅游者靠翻译；

④ 服务效率低，客房挂出“尽快打扫”门牌后，不能及时把房间整理干净，旅游外宾意见很大，纷纷投宿其他饭店；

⑤ 商品进货不当，造成有的商品脱销，有的商品积压；

⑥ 总服务台不能把市场信息、客房销售信息、财务收支信息、客人需求和意见等及时地传给总经理及客房部等有关部门；

⑦ 旅游旺季不敢超额订房，生怕发生纠纷而影响饭店声誉；

⑧ 饭店对上级的报告中有弄虚作假、夸大成绩、掩盖缺点的现象，而实际上确定的利润指标根本不符合本饭店实际情况；

⑨ 仓库管理混乱，吃大锅饭，物资堆放不规则，失窃严重；

⑩ 任人唯亲，有些局、公司干部的无能子女被安排到重要的工作岗位上。

请问：上述 10 个问题中，哪三个是造成去年第四季度利润指标不能完成的主要原因（只准列举三个）？请陈述你的理由。

2）海上救援（世界 500 强面试题）

假如发生海难，游艇上有 8 名游客等待救援，但是现在直升机每次只能够救一个人。游艇已坏，不停漏水。寒冷的冬天，刺骨的海水。游客情况：

① 将军，男，69 岁，身经百战；

② 外科医生，女，41 岁，医术高明，医德高尚；

③ 大学生，男，19 岁，家境贫寒，参加国际奥数获奖；

④ 大学教授，50 岁，正主持一个科学领域的项目研究；

⑤ 运动员，女，23 岁，奥运金牌获得者；

⑥ 经理人，35 岁，擅长管理，曾将一大型企业扭亏为盈；

⑦ 小学校长，53 岁，男，劳动模范，五一劳动奖章获得者；

⑧ 中学教师，女，47 岁，桃李满天下，教学经验丰富。

请将这 8 名游客按照营救的先后排序。

4. 训练说明

① 学生接到“讨论题”后，用 5 分钟时间拟写讨论提纲。

② 按学号顺序每人限 3 分钟阐述自己的基本观点。

③ 依次发言结束后，用 30 分钟时间进行自由论辩。

④ 评分要素及权重。

沟通能力（20%）：语言表达准确简洁、流畅清楚，能很好表达地自己的意思，善于运用语音、语调、目光和手势。

分析能力（30%）：分析问题全面透彻、观点清晰、角度新颖，概括总结不同意见的能力强。

人际合作能力（15%）：能够尊重别人，善于倾听他人的意见，善于把众人的意见引向一致。

计划能力（15%）：解决问题的思路清晰周密，逻辑性和时间观念强，能准确把握解决问题的要点。

组织协调能力（15%）：善于消除紧张气氛并创造一个大家都想发言的气氛，能有效说服别人，善于调解争议问题。

自信心（5%）：能够积极发言，敢于发表不同意见，善于提出新的见解和方案，在强调自己的观点时有说服力。

5.3.4 结构化面试训练

1. 训练目标

掌握结构化面试的基本过程及口才技巧。

2. 训练方法

安排模拟面试，邀请有经验的主试者组成面试团，给学生提供实际的面试机会，并于事后评论其表现，使其有所改进。

3. 训练材料

你好，首先祝贺你顺利通过了笔试，欢迎参加今天的面试。请你来，是希望通过交谈，增进对你的直接了解。我们会问你一些问题，有些和你过去的经历有关，有些要求你发表自己的见解。对我们的问题，希望你能认真和实事求是地回答，尽量反映自己的实际情况、真实想法。在后面的考核阶段，我们会核实你所谈的情况。对你所谈的个人信息，我们会为你保密。面谈的时间为 30 分钟左右，回答每个问题前，你可以先考虑一下，不必紧张。回答时，请注意语言要简洁明了。好，现在我们开始。

① 从学校跨入社会，是人生的一次重要选择，你在选择生活，生活也在选择你。请你简单介绍一下自己的基本情况和主要经历。

追问：每个人的性格特点中都有优势和不足，你觉得自己性格特点中的优势和不足对应聘本岗位会有什么影响？为什么？

② 假如你是公司的一名工作人员，某领导要求你来负责此事，那么你将如何组织实施？

③ 从心理学的角度来分析，为了给考官留下好印象，应考者都会竭力表现自己的长处，掩饰自己的不足，你现在是否也有这种心态？

④ 假如你有一个非常好的工作设想，经过实际调查，你认为这个想法既科学、又可行，但你的领导和同事们很固执，你采取什么办法说服他们与你合作？

⑤ 请你对自己今天的面试情况作一个评价。

很高兴你对我们的问题一一作了回答，今天我们就谈到这里，谢谢！

5.3.5 情景面试训练

1. 训练目标

掌握情景面试的基本过程及技巧。

2. 训练方法

设置一定的模拟情况，要求被测试者扮演某一角色并进入角色情景中，去处理各种事务及各种问题和矛盾。

3. 训练材料

1）演讲类

【情境】由于对市场把握不准，公司今年的销售业绩并不理想，公司出现了前所未有的亏损局面。假设是公司的总经理，在年终总结大会上，请进行 3 分钟以内的鼓舞士气的演讲。

2）书面表达类

【情境一】

假设你是公司销售部经理，本月的销售工作进行得并不理想，根据分析，主要是销售人员的专业技术知识较差所造成的。上级要求写一份本月销售工作的总结报告，同时公司销售部经理也希望利用这个机会向上级表明你自己的分析和处理的意见。请在 2 小时内完成。

【情境二】

假设你是公司的公共关系经理，公司需要制作一块用在经贸洽谈会上的展板。展板中的字数不能超过 100 个，请在 30 分钟之内完成有关公司介绍的文字稿。

3）会议主持类

【情境一】

假设你是公司总经理，由于各部门对公司明年经营计划反映不一，需要召开部门经理层会议进行统一协调。请主持该会议，并形成决策。

【情境二】

假设你是人力资源部经理，出于制定公司人员岗位职责的需要，聘请了几位专家进行讨论，但几位专家的意见很难统一。请主持该会议，并形成决策。

4. 训练说明

模拟测试的题目，也可以根据学生的专业能力及具体工作岗位的需要进行调整。

5.3.6 行为面试训练

1. 训练目标

掌握行为面试的基本过程及技巧。

2. 训练材料

某外企行为面试题

① 描述一下你在大学期间所完成的你认为最好的一次团队合作的经历，为什么你觉得这次经历是最好的？

② 请告诉我一件你最近在工作中与其他人共同合作解决问题的事件。

③ 请举例说明你如何同时处理多个问题。

④ 请告诉我你在一次重要目标争取中失败的情况。

宝洁公司行为面试题

① 描述你是如何使他人主动接受你布置的任务，并使其按你的构想达到目标的。

② 描述你是如何运用现有的事实维护了与他人达成的协议的。

③ 举例说明你是如何与他人合作并高效率地完成一项任务的。

④ 描述你提出的某个创意是如何为某个活动的成功举办做出巨大贡献的。

3. 训练说明

① 一定要选取一个亲身经历过的、能反映问题的真实例子。杜撰一个生硬的场景是冒险的、不可取的。

② 应对行为面试的最好的方法就是事先做好准备。最佳的准备方法就是不断地对所处的情况进行分析。从每一次的失误中吸取经验教训。这样，行为面试就会在不知不觉中变得很自然，同时也能够更好地展示自己。

5.3.7 电话面试训练

1. 训练目标

掌握电话面试的基本过程及技巧。

2. 训练材料

您好，请问是××先生（或小姐）吗？

您好，我是××有限公司人力资源部，我姓王，您之前投过我们营销代表职位的简历，想花几分钟时间和您做一个简短的沟通，您看您现在方便吗？

能说一下您对我们这个岗位的理解吗？

您对要选择的公司有什么标准吗？

期望的薪资？

您能接受长期外派吗？

如果邀请您来面试，什么时间比较方便？

您有什么问题想要咨询我的吗？

3. 训练说明

① 训练时尽可能用电话的方式，使训练更有真实感。

② 交谈中语速要适中，吐字发音要清晰。

5.3.8　面试技巧测试

1. 训练目标

通过面试技巧的测试，考查学生对面试技巧的掌握及运用程度，并找出存在的不足，及时补充必要的知识。

2. 训练材料

下面是一些面试中经常出现的问题，请根据自己的看法在两个答案中选择一个回答。

① 面试时，你会选择（　　）服饰。

A. 朴素典雅　　B. 自己喜欢的

② 面试时，你会（　　）处理自己的发型。

A. 略加修饰保持整齐　　B. 精心修饰和梳理

③ 面试时，你会（　　）。

A. 随时带着公文包　　B. 尽量少带东西

④ 如果有机会的话，你会不会向面试人询问面试时间的长短？（　　）。

A. 不会　　B. 会

⑤ 考官讲话的时候，你会（　　）。

A. 自己思考　　B. 认真倾听

⑥ 考官面前，你坐在椅子上的姿势是（　　）。

A. 稍微前倾　　B. 挺直

⑦ 面试中，你讲话的语调是（　　）。

A. 柔和简洁　　B. 大声响亮

⑧ 面试的时候，你的脸上（　　）。

A. 一丝不苟　　B. 微微地笑

⑨ 考官讲话的时候，你的目光是（　　）。

A. 游移不定　　B. 集中注意

⑩ 回答考官的问题时，是否需要加上礼貌性的词语，如“我认为”（　　）。

A. 不需要　　B. 需要

⑪ 回答问题后，是否需要再加上一句“您认为呢”（　　）。

A. 需要　　B. 不需要

⑫ 如果考官心不在焉，你会（　　）。

A. 请他另外安排一次会面　　B. 询问他是否有什么事情

⑬ 如果考官不提你的工作条件和兴趣时，你会（　　）。

A. 以后找机会再谈　　B. 主动提起这些话题

⑭ 如果你对考官的话语不是很理解，这时你（　　）。

A. 含糊过去，免得节外生枝　　B. 问到明白为止

⑮ 在你和考官握手时，会（　　）。
A. 坚定有力地握手　　B. 微握一下
⑯ 考官一边讲话一边看着你，你会（　　）。
A. 点头示意　　B. 看着他的目光
⑰ 在谈话中，如果使用手势，你认为（　　）才是合适的。
A. 用力而持久　　B. 简单而有力度
⑱ 考官讲话时，你已经猜到他下面要说什么，这时你（　　）。
A. 插入自己的话　　B. 听他把话讲完
⑲ 如果考官错误地理解了你的话，你将（　　）。
A. 再解释一下　　B. 表示我不是那个意思
⑳ 在面试的时候你迟到了，你应（　　）。
A. 说出自己的原因　　B. 主动向考官表示歉意并且请他原谅
㉑ 如果考官迟到了，而且只能和你谈几分钟，你该（　　）。
A. 视情况决定是否请求另外一次面试
B. 维护自己的权益并且表示不满
㉒ 当原定的考官不能前来，由其他人代替，你会（　　）。
A. 不参加面试，等待原来的主试　　B. 照样面谈
㉓ 考官向你谈起你的个人隐私的时候，你将（　　）。
A. 把谈话转入正轨　　B. 当善解人意的听众
㉔ 在谈话时，考官向你表达他对你的赞美，你会（　　）。
A. 说声“谢谢”　　B. 向他展示自己的能力高强
㉕ 如果考官在谈话时滔滔不绝，不容你插话，你会（　　）。
A. 插入自己有关的问题和信息　　B. 礼貌地告诉他愿意谈谈自己的看法
㉖ 你觉得考官并不明白工作的要求，也不能正确评价你的水平时，你（　　）。
A. 要求其他人来进行面试　　B. 说一些他能理解的东西，以便留下好印象
㉗ 当参加使用录像的面试时，你应当穿（　　）。
A. 干净朴素的衣服　　B. 深色西服或衬衣
㉘ 面试中，当考官问你最大的优点是什么时，你会怎样回答？（　　）。
A. 融入团队　　B. 勤奋工作
㉙ 面试中，当考官问你最大的缺点是什么时，你会怎样回答？（　　）。
A. 过于追求完美　　B. 沟通能力差
㉚ 当要求你做自我介绍时，你会先（　　）。
A. 谈谈你对该行业的看法　　B. 简要陈述经历
㉛ 面试中，当考官问你希望得到多少薪金时，你会（　　）。
A. 根据自己对该职位的了解估计出薪金

B. 询问该公司为此职位设定的薪金范围

㉜ 你认为用人单位更看重简历中的（　　）。

A. 社会实践　　　　　　　　　　B. 学习成绩

㉝ 面试中，当考官问你，如果成为一个管理者，你的管理风格是集权型还是放权型时，你会根据（　　）作答。

A. 自己的管理风格　　　　　　　B. 公司眼下的任务

㉞ 面试中，当考官问你为什么选择现在的专业时，你会如何反应？（　　）。

A. 坦诚地承认这个专业现在很热门

B. 因为这个专业能为我今后的职业发展奠定基础

㉟ 当问及你应聘的工作岗位主要职责是什么时，你会（　　）。

A. 表示尽忠职守履行通常的职责任务，对不同单位个别的要求予以了解并表示应承

B. 过于具体地描述工作职责

㊱ 问及你在此类工作岗位上有何种经历时，你会如何回答？（　　）。

A. 回答时尽量涉及此类工作岗位可能的全部项目，不知道时要询问清楚

B. 知道多少就答多少，不知道时无须问及

㊲ 面试中，当考官问及在你的工作中你认为最重要的是什么，你会怎样回答？（　　）。

A. 尽到自己的本分

B. 个人表现和整体利益相吻合，提高工作效率

㊳ 当问到你曾经从事过的与专业最不相关的工作是什么时，你将如何反应？（　　）。

A. 只要职业生涯中从事过的都答上并且谈其收益之处，不论工作多么卑微

B. 只谈听起来体面的

㊴ 面试中，考官说：向我谈谈你自己，你如何反应？（　　）。

A. 话题尽可能与职业努力方向有一定的相关性，描述自己的一些行为特征

B. 尽量谈一些无关紧要的问题

㊵ 考官问及你在工作中将如何展示自己的主动性，你将如何作答？（　　）。

A. 时刻注意自己的绩效，不时给雇主惊喜，使同事容易开展工作

B. 表现出强烈的工作热情，不必在意单位政策和规章制度的限制

㊶ 面试中，考官问你如果下属的工作令你无法接受时，你将如何对付他们，你的回答是（　　）。

A. 始终通过友好的方式与下属沟通并促使其改进

B. 在必要时采取强硬的行动，如解雇

㊷ 面试中，考官问在你决定接受聘用时以下两个因素起着重要作用的是（　　）。

A. 公司　　　　　　　　　　　　B. 应聘这个职位

㊸ 面试中，考官问你在业余时间通常喜欢做什么，你会（　　）。

A. 简单谈谈自己在各方面的广泛爱好

B. 详细谈自己的一两个爱好

㊹ 面试人为了调节气氛，给你讲了一个笑话，你觉得是否应该附和着也讲一个笑话？(　　)。

A. 应该　　B. 不应该

㊺ 当问道：你如果被录用，用请你从 1～10 级选择自己的兴奋程度时，你的回答是(　　)。

A. 10 级　　B. 10 级以下

训练材料计分如表 5－1 所示。

表 5－1　训练材料评分结果

题号	1	2	3	4	5	6	7	8	9	10	11	12	13	14	15
A	1	1	0	0	0	1	1	0	0	1	0	1	0	0	1
B	0	0	1	1	1	0	0	1	1	0	1	0	1	1	0
题号	16	17	18	19	20	21	22	23	24	25	26	27	28	29	30
A	1	0	0	1	0	1	0	1	1	1	0	0	1	1	1
B	0	1	1	0	1	0	1	0	0	0	1	1	0	0	0
题号	31	32	33	34	35	36	37	38	39	40	41	42	43	44	45
A	0	1	0	0	1	1	0	1	1	1	0	1	0	0	1
B	1	0	1	1	0	0	1	0	0	0	1	0	1	1	0

3. 训练说明

41 分以上：

面试技巧很纯熟，也许应聘者参加过多次面试，积累了很多的经验。在此基础上，可以进一步挖掘自己的潜力，以表明自己是一个实干家。一位为了增加销售额节省时间或节省经费寻找各种途径的人，属于不时给雇主一个惊喜的人，一位使同事的工作更易开展的人。为了达到自己的目标，请多找一些自身优势，以此作为面试时的砝码。相信一般的面试都应该难不倒你。

20～40 分：

面试技巧一般，如果面试不是太严格的话，应聘者是可以应付的。但是大多数公司都有正规的面试方法。应聘者必须懂得每一位员工都必须具备更强的效益意识，应该熟知个人的职责如何与整个公司的利益相吻合。同时有必要向主试人提供信息，即应聘者给自己在加盟单位如何定位，以及为适合这个岗位还必须做哪些努力。为了增加录用的概率，建议应聘者多参考职业指导丛书，提高自己的面试技能，打有准备之仗。

19 分以下：

面试技巧有待提高，也许应聘者是刚刚毕业的大学生，或者很少参加面试，所以面试经验不足。在面试中，必须绝对清楚对于考官来说什么是最重要的，必要时可以对有关工作要求提出询问，应聘者思考和分析能力将得到尊重，得到的信息将自然使应聘者更能贴切地回答问题。另外，有些问题旨在试探应聘者的时间分配能力、分析能力以及是否有逃避工作任务的倾向。假如，应聘者对所聘岗位工作缺乏全面的了解，随时都可能被清理出场。应聘者应该多向别人请教，多看一些职业指导方面的图书，提高自己的面试水平。

第 6 章

社交口才训练

【情境导入】

中国开国总理周恩来是一位英俊潇洒、才华横溢又善于言辞的外交家。在当时风云变幻的国际政治舞台上，周恩来凭借卓越的口才和外交智慧，不仅长了中国人民的志气，也大大提高了新中国的国际地位与声望。在中美准备建交之际，美国前国务卿基辛格曾对周恩来总理说："我发现你们中国人走路都喜欢弓着背，而我们美国人走路大都是挺着胸！这是为什么？"周总理回答道："这个好理解，我们中国人走上坡路，当然是弓着背的；你们美国人走下坡路，当然是挺着胸的。"说完，哈哈大笑。

总理的这个回答，既有反唇相讥的意味，又带着半开玩笑的情趣；既不影响谈话的友好气氛，又符合当时说话的场景和说话者的身份，周总理卓越的口才和外交智慧由此可见一斑。

6.1 社交口才基础知识

语言的文明，不仅是社会文明程度的重要标志，也是个人文化素养的集中表现。随着社会竞争的日趋激烈，人与人之间良好的沟通和交往日显重要，社交口才越来越被视为现代成功人士不可缺少的才能之一。

6.1.1 社交口才的内涵及作用

社交口才是指人与人之间在社交活动中所表现的语言艺术或才能，即善于用准确、贴切、生动的语言表达自己的思想、意愿的一种能力。

现实生活中，人们依赖社交口才维系亲情、建立友情、追求爱情，生活因此变得精彩，人生也更加乐趣无穷。事业上，人们运用社交口才强化和维护各种关系，以扩大工作领域、提升工作能力和办事效率，使工作变得轻松愉快，使事业发展有更广阔的空间。

6.1.2 社交口才运用的原则

社交口才基本原则主要表现在适时、适量、适度 3 个方面。

1. 适时

说在该说时，止在该止处，就叫“适时”。有的人在社交场上，见面不及时问候，分手不及时告别，失礼不及时道歉；或者在喜庆热闹的气氛中诉说自己的不幸，在悲伤严肃的场合谈笑风生，在别人心绪不宁时滔滔不绝地发表议论，这些都是令人反感的举止，是社交中的大忌。

【精彩案例 6-1】

一对新人在酒店举行婚礼，这时，外面忽然下起了大雨，新人和客人们觉得很懊丧，婚礼气氛有点不愉快。这时餐厅经理来到新人和诸位客人面前，微笑着高声说“各位来宾：老天爷作美，赶来凑热闹，这是入春以来的第一场好雨。好雨兆丰年，象征着这对新人的未来是十分幸福的。雨过天晴是艳阳天，说明今天在座的所有客人都将迎来更加灿烂的明天。我提议，为了迎接雨过天晴的明天，大家干杯!”话音一落，来宾齐声应和，整个餐厅的气氛再一次活跃起来。

2. 适量

适量既指说话的多少要适当，也包括说话的音量要适宜。适量并不是少说为佳，适量与否应以是否达到了说话目的为衡量标准。大庭广众之中，说话音量宜大一点；私人拜访交谈音量宜适中；如果是密友、情人间交谈，小声则可以表现亲密无间的特殊关系，给人一种亲切感。

3. 适度

适度，是指根据不同对象把握言谈的深浅度，根据不同场合把握言谈的得体度，根据自己的身份把握言谈的分寸度。

6.1.3 社交口才禁忌

在长期的社会交往活动中，人们逐渐形成了一些约定俗成的社交惯例。社交中，必须明确各种禁区，才能做到“随心所欲不逾矩”。

1. 不问年龄

女性的年龄是保密的，她们希望自己永远年轻，特别是外国女性，24 岁以后就不愿再如实告诉别人自己的年龄。

2. 不问婚否

婚姻状况属个人隐私，由于各种原因，很多人不愿与众人分享。因此，社交中突然地问对方这个问题是不礼貌的。

3. 不问经历

中国人之间交往，很多人以询问经历来寻找共同的话题。但是在社交场合这是不礼貌的话题，因为“经历”问题既是对方的“老底”，也聚集着许多悲欢离合，一般应避免谈论。

4. 不问收入

收入是一个极为敏感的话题，不到很相熟的程度，最好免谈。对能够反映出个人收入状况的化妆品和服饰的价格、汽车的型号、住宅的大小等问题，也不宜谈及。

5. 不问健康状况

个人的健康状况，也属于隐私范围。因此在与人最初的交往中，最好别打听对方的健康状况。更不要因对方脸色不好而惊讶地说：“你是不是得了什么病？”

6. 不过分开玩笑

朋友之间相处，开玩笑是经常发生的事。但开玩笑要适度，不能违背礼仪。过度的玩笑常常适得其反，引起不良的后果。

7. 不乱起绰号

绰号即外号，它是根据别人的特点而人为产生的。有的绰号，如称中国女排名将郎平为“铁榔头”，称英国前首相撒切尔夫人为“铁娘子”等，是一种褒义的美称，是包括本人在内都乐于接受的。而有些揭短的绰号一定要忌起。

8. 不随便发怒

在社交场合中随便发怒，首先对发怒的对象不友好，会伤了和气和感情，失去朋友、同事之间的友谊与信任。其次，对发怒者不利，一方面对本人的健康产生不良的影响；另一方面对发怒者的形象有不良的影响，给人留下缺乏修养、不宜深交的印象。社会交往中遇事要冷静思考，要多为对方着想，站在对方的角度考虑问题，要善于查找自己的缺点、修正自己的看法。此外，对人要平和礼貌。每个人都有自己独立的人格和独特的个性，都有各自的生活习性和兴趣爱好，都有不受他人干涉的生活领域。尊重他人，事实上也是在尊重自己。

【精彩案例 6-2】

一天，风与太阳在争论谁比较有力量。风说：“当然是我，你看下面那个穿着外套的老人，我打赌，我可以比你更快地叫他脱下外套。”

说着，风便用力对着老人吹，希望把老人的外套吹下来，但是它愈吹，老人把外套裹得愈紧；后来，大风吹累了，太阳便从后面走出来，暖洋洋地照在老人身上，没多久，老人便开始擦汗，并且把外套脱下。太阳于是对风说道：“温和、友善永远强过激烈与狂暴。”

9. 不当众纠错

“不当众纠错”，就是对他人的举止行为，不要轻易当众评论。社会交往中，虽讲究待人以诚，但却不宜当面纠错。指责他人不仅有损他人的自尊，也使自己成了不受欢迎的人。

10. 不言而无信

言而无信的人在社交场合中绝不会有自己真正的朋友。朋友要以诚相待，坦率真诚地与人交往，在关键时刻要帮助朋友排忧解难，才能与朋友建立真正的友谊。平时在社会交往过程中，一般不要许诺过多，一旦许诺，便要记住，并日后兑现。平时说话一定要恪守信用，要有责任感，不食言。

11. 不恶语伤人

恶语是指肮脏、污秽、奚落、挖苦、刻薄、侮辱的语言。这些语言和现代文明极不相称，必须予以杜绝。

12. 不妨碍他人

在公共场合，每个有教养的人都应当有意识地约束自己的行为，尽量不因为自己的行为举止妨碍、打扰他人。在车站、机场、商店等公共场所，说话的声音要小到不妨碍他人为宜，手势也不宜过多。

【思考与训练】

1. 社交口才的基本原则是什么？
2. 社交口才应注意哪些问题？

6.2　社交口才技巧

社交口才是现代人必备的重要能力之一。只有熟练掌握社交口才技巧，才能在社会交往中赢得尊重、打开局面。

6.2.1　打招呼的技巧

打招呼也称问候。见面打招呼、问好是人们在交往中借助交谈互表友好和认定的一种方式。打招呼是人们见面时最简便、最直接的礼节，主要适用于在公共场所相见。

1. 打招呼的基本要求

1）得体

和别人打交道，总是以称谓开头。称谓得体，可使对方感到亲切，交往便有了基础。称谓要根据对方的年龄、身份、职业等具体情况和交往的场合，以及双方的关系决定。比如，和你的兄弟姐妹、同窗好友、同一车间班组的伙伴见面时，直呼其名更显得亲密无间、欢快自然、无拘无束。一般来说，打招呼以先长后幼、先上后下、先女后男、先疏后亲为序比较得体。

【精彩案例 6－3】

有位年轻人骑马赶路，忽见一位老汉从旁边路过，他便在马上高声喊道：“喂！老头儿，离客店还有多远？”老汉回答：“五里！”年轻人策马飞奔，急忙赶路去了。结果一气跑了十多里，仍不见人烟。他暗想，这老头儿真可恶，说谎骗人，非得回去教训他一下不可。他一边想着，一边自言自语道："五里，五里，什么五里!"猛然，他醒悟过来了，这"五里"，不是"无礼"的谐音吗？于是拨转马头往回赶。追上了那位老人，急忙翻身下马，亲热地叫声"老大爷"，话没说完，老人便说："客店已走过去了，如不嫌弃，可到我家一住。"

这则流传很广的故事说明了一个朴素的道理：见了陌生的长者，一定呼尊称，如"老爷爷""老奶奶""大叔""大娘""老先生""老师傅""您老"等，不能随便喊"喂""嗨""骑车的""放牛的""干活的"等，否则，会使人讨厌，甚至发生不愉快的口角。另外，还需注意，看年龄称呼人，要力求准确，否则会闹笑话。

2）适度

选择打招呼的方式及语言要考虑环境、场合因素。生活场合中，关系密切的人之间可以运用轻松、随意的招呼方式和语言，而在工作、社交中，就应该选用较正式的招呼方式和语言。在日常交往中，对领导、对上级最好不称官衔，以"老张""老李"相称，使人感到平等、亲切，明智的领导会喜欢这样称呼。但是，如果在正式场合，如开会、与外单位洽谈工作时，称领导为"王经理""张厂长""赵校长""孙局长"等是必要的，因为这能体现工作的严肃性、领导的权威性和法人资格，是顺利开展工作所必需的。

1972 年，周恩来总理在欢迎美国总统尼克松的招待会上这样开场称呼："总统先生，尼克松夫人，女士们，先生们，同志们，朋友们！"这种客气、周到而又出言有序的外交家的风度，给人们留下了深刻的印象，是我们学习的典范。

3）兼顾众人

如果打招呼的对象不止一个人，就要做到面面俱到。如果来者是两位长辈可说："两位伯伯好！"表现谦恭有礼。同辈则可随便些，如"二位有何贵干？"遇到 3 人以上的，并且他们正自顾玩笑，你可"视而不见"，免得一打招呼冲了对方兴致，但事后碰到要说明。如果对方中仅有个别人熟悉，虽然只能与熟人打招呼，但目光也应顾及其余人，以表示对其余陌生人的尊重，也是对熟人的尊重。

2. 打招呼的礼仪

① 男性先向女性致意，年轻的不管男女均应首先向年长者致意，下级应向上级致意。两对夫妇见面，女性先互相致意，然后男性分别向对方的妻子致意，最后男性互相致意。

② 在大街上打招呼，三四步远是最好的距离，男子可欠身或点头，如果戴着帽子须摘去。与人打招呼时，忌叼着烟卷或把手插在衣袋里。

③ 女性在各种生活场景中，均应主动微笑点头致意，以示亲和。

④ 对熟人不打招呼或不应答，对打招呼的人来说，都是失礼的行为。

⑤ 与西方人打招呼时，应使用西方人的习惯，避免中式用语"你上哪儿去""你干什么去"等。在西方人看来，有涉及隐私之嫌，是失礼的语言；更不应说"吃饭了吗"，否则被误认为你想邀请他一起吃饭。

⑥ 与少数民族及信奉宗教的人打招呼，应根据当地的宗教信仰及招呼习惯。比如与信奉伊斯兰教的人打招呼，应用“真主保佑”以示祝福。

3. 常见打招呼用语

① 最广泛、最简洁明了，任何时候都可以用的招呼语是“您好”，这既是一个问候语，同时又有对他人祝福的含义。

② 根据碰面的时间，互相道一声“早晨好”“下午好”“晚上好”，也是一种比较简单、实用、明了的招呼用语。

③ 适用于第一次见面：“很高兴见到你。”

④ 适用于曾经见过，但不太熟的人：“很高兴再次见到您。”

⑤ 适用于有一阵子没见面的朋友：“你最近怎么样？”

⑥ 适用于很久没见的朋友：“好久不见，很想念你。”

另外，诸如“近来如何”“别来无恙”等也是较常见的招呼语。

6.2.2 介绍的技巧

介绍是社交活动的开始。在社交中，介绍是最基本、最重要的内容之一。介绍是人与人之间相互沟通的出发点，也是人们获取信息的重要途径。掌握恰当的介绍技巧，能创造礼貌、和谐的气氛，有助于达到交际的目的。一般来说，人与人之间的介绍活动可以分为“自我介绍”和“居间介绍”。

1. 自我介绍

自我介绍就是在一定的社交场合，由自己担任介绍人，把自己介绍给他人的语言行为。自我介绍也是在众人面前推销自己的良好时机。因此，要谨慎使用介绍用语，争取给人一个最佳的“第一印象”。

1）自我介绍的原则

（1）实事求是

进行自我介绍要实事求是，不要言过其实，夸夸其谈。介绍时，最好每一句话都有信息点，都有事实，介绍者应该少发议论，少作评价，要“用事实说话”。特别要注意如果对方已经对你的情况有所了解，那么自我介绍要与个人简历、报名材料上的有关内容相一致，不要有出入，更不要有意夸大或捏造事实上并不存在的优点。

（2）简洁明了

每个人都要向孔雀学习，2 分钟让整个世界记住你的美。自我介绍要像商品广告，在最短的时间内将自己最美好的一面，毫无保留地表现出来，给对方留下深刻的印象。通常以 1 分钟左右为最佳自我介绍的时长，如无特殊情况最好不要长于 3 分钟。

（3）思路清晰

自我介绍要符合逻辑、思路清晰。介绍时应层次分明、重点突出，把最有价值的信息传达给对方，使自己的优势很自然地逐步显露。不要急于罗列自己的优点、掩饰自己的缺点。

（4）富有个性

自我介绍的对象有时是一群人。这种情况下，自我介绍不但要注意大家期望了解的程度，也要尽可能使自我介绍成为展示自己个性的机会。因此，介绍用语要富有个性色彩，突出自己的特点，不讲泛泛而谈的空话。介绍时，最好每一句话都有个人的特色，都应该只属于自己而不属于别人。

【精彩案例 6-4】

大家好，我叫×××。1980 年中国制造，长 178 cm，净重 66 kg。采用人工智能，各部分零件齐全，运转稳定，经二十多年的运行，属质量信得过产品。该“产品”手续齐全，无限期包退包换。

大家好，本人朦胧记得那是 1987 年的第一场雪，比 1986 年来的稍微晚了一些，随着雪片的下落，我也随之来到了这个世间。我偎依在母亲的胸前，静静地看着窗外的雪，突然，我笑了。于是坐在床边的爸爸来了灵感，给我取了个名字，叫顾雪笑。母亲看着襁褓中的我直摇头，说应把“笑”改成“欣”，于是一个崭新的顾雪欣在北风的呼啸声中诞生了！

2）自我介绍的形式

自我介绍可以根据交际的目的、场合、时限和对方需求的不同采用不同的形式。

（1）应酬式

适用于某些公共场合和一般性的社交场合，这种自我介绍最为简洁，往往只包括姓名一项即可。如“你好，我叫××。”“你好，我是××。”

（2）公务式

适用于工作场合，自我介绍包括本人姓名、供职单位及其部门、职务或从事的具体工作等。如“你好，我叫××，是××公司的销售经理。”“我叫××，在××学校读书。”

（3）交流式

适用于社交活动中，希望与交往对象进一步交流与沟通。自我介绍大体应包括介绍者的姓名、工作、籍贯、学历、兴趣及与交往对象的某些熟人的关系。如“你好，我叫××，在××工作。我是××的同学，都是东北人。”

（4）礼仪式

适用于讲座、报告、演出、庆典、仪式等一些正规而隆重的场合。自我介绍包括姓名、单位、职务等，同时还应加入一些适当的谦辞、敬辞。如“各位来宾，大家好！我叫××，是××学校的学生。我代表学校全体学生欢迎大家光临我校，希望大家……”

（5）面试式

适用于应聘、应试等场合。自我介绍的内容，通常包括本人姓名、年龄、籍贯、学历、简历、特长、兴趣等。

【精彩案例 6－5】

大一新生自我介绍

大家好！为了让大家更加了解我，下面，我对自己进行简单的介绍。我叫刘畅。幼年时曾作过许多色彩斑斓的梦，当播音员或者当一名电视节目主持人是我最大的梦想。于是，我利用一切机会学播音、练演讲、说相声、打快板、表演舞蹈、主持节目。我参加爸爸所在部队的春节文艺晚会，我表演的快板书、绕口令受到战士们的热烈欢迎。我深深地知道，做一名合格的播音员或者电视节目主持人是一件非常不容易的事情。成长的道路上会有成功的喜悦，但更多的是失败和沮丧；会有收获的幸福，但更多的是耕耘的艰辛。但我有勇气、有决心去面对这一切。于是，今天，我站在了同学们中间。我和在座的同学们一样，渴望展翅高飞，渴望将来有更大的发展空间，有施展才华的更广阔的天地。我想，有耕耘就会有收获。未来的四年里，有各位老师的倾情传授，我们一定会有一个无限美好的未来。

3）自我介绍的注意事项

自我介绍想要恰到好处、不失分寸，就必须高度重视以下 4 个方面的问题。

① 注意时机，自我介绍应在适当的时间进行。自我介绍最好选择在对方有兴趣、有空闲、情绪好、干扰少、有要求之时。

② 语气自然，语速正常，语音清晰。生硬冷漠的语气、过快过慢的语速，或者含糊不清的语音，都会严重影响自我介绍的效果。

③ 端正态度。态度要保持自然、友善、亲切、随和，整体上要落落大方、笑容可掬、充满信心和勇气，要敢于正视对方的双眼，显得胸有成竹，从容不迫。

④ 讲究方法。进行自我介绍，应先向对方点头致意，递送名片，得到回应后再向对方介绍自己。如果有介绍人在场，自我介绍则被视为不礼貌的。应善于用眼神表达自己的友善，表达关心及沟通的渴望。

2. 居间介绍

居间介绍，又称第三者介绍，是介绍者站在第三者的立场，使被介绍双方相互认识并建立关系的一种交际活动。一方面，被介绍双方以介绍者为中介，开始交往；另一方面，介绍者以介绍为手段，同时与双方交际。因此，介绍者既要做好“媒人”，促成双方关系的建立，又要兼顾自己同双方关系的发展，这就是介绍者选择自己的介绍用语和介绍方式的双重出发点。

1）居间介绍的场合

在社交场合中遇到下述情况，通常有必要进行居间介绍：

① 在家中，接待彼此不相识的客人；

② 在办公地点，接待彼此不相识的来访者；

③ 与家人外出，路遇与家人不相识的同事或朋友；

④ 陪同亲友前去拜会亲友不相识者；

⑤ 本人的接待对象遇见了其不相识的人士，而对方又跟他们打了招呼；

⑥ 陪同上司、长者、来宾时，遇见了其不相识者，而对方又跟他们打了招呼；

⑦ 打算推介某人加入某一交际圈；

⑧ 受到为他人作介绍的邀请。

2）居间介绍的顺序

居间介绍时，要注意介绍顺序的问题。为他人作介绍时，记住一个原则“尊者居后”，要坚持受到特别尊重的一方有了解对方的优先权，即把身份、地位较低的一方介绍给身份、地位较高的一方，以表示对尊者的敬重之意。在口头表达上应先称呼受到尊敬的一方，再将被介绍者介绍出来。在国际礼仪中，介绍顺序原则上是这样的：

① 先把男子介绍给女子；

② 先把职位低的人介绍给职位高的人；

③ 先把晚辈介绍给长辈；

④ 先把未婚者介绍给已婚者；

⑤ 先把年轻人介绍给年长者；

⑥ 先把客人介绍给主人。

这几个原则，实际上交际中常会因遇到交叉两难的情况而需灵活掌握。当被介绍人是同性别或年龄相仿或一时难以辨别其身份、地位时，可以先把与自己关系较熟的一方介绍给自己较为生疏的一方。例如，“陈强，这是我的同学方刚。”然后说：“方刚，这位是陈强。”

3）居间介绍的形式

① 标准式介绍，适用于正式公关场合，内容以双方的姓名、单位、职务等为主。

② 简介式介绍，适用于一般的社交场合，内容只有双方姓名这一项，有时甚至只提到双方姓氏为止。

③ 强调式介绍，适用于各种公关交际场合，其内容除被介绍者的姓名外，往往还可以强调一下其中一位被介绍者与介绍者之间的特殊关系，以便引起另一位被介绍者的重视。

④ 引见式介绍，适用于普通的公关场合，介绍者所要做的，就是将被介绍者双方引到一起即可。

⑤ 推荐式介绍，适用于比较正规的场合，介绍者是经过精心准备而来的，目的是将某人举荐给某人，介绍时，通常会对前者的优点加以重点介绍。

⑥ 礼仪式介绍，是一种最为正规的介绍。与标准式略同，只是语气、称呼上都更为礼貌、谦恭。

4）居间介绍的注意事项

（1）清楚明确

作为双方中介的介绍人，介绍时说话必须清楚明确，不要含糊其辞，拖泥带水。如向人介绍“胡先生”时，最好补上一句“古月胡”；介绍“吴先生”时，紧跟着补上一句“口天吴”。这样就会使人听来更明确，避免产生误会。介绍人在介绍时，如果知道被介绍者及对方朋友有一定职位时，最好连同单位、职位一起简单介绍，如“××公司黄经理”或“××单位陈先生”之类，这样，可使对方加深印象，易于记忆，又使别人知道被介绍者的身份，这是双方都欢迎的。如果有一些人不喜欢别人知道他的工作和职位，而事先又已经关照，那就要尊重他的想法了。

（2）避免过分颂扬

一般来说，比较谦虚的人，在熟悉的朋友面前不喜欢自夸，更何况在新朋友面前。如果不问情况，替他人大肆吹嘘，会使他不好意思。同时介绍者也会使他人产生替人“吹牛拍马”的感觉，容易引起别人反感，在介绍异性朋友时，尤其值得注意。

（3）注意居间介绍的礼仪

作介绍时，介绍人应起立，行至被介绍人之间。在介绍一方时，应微笑着将另一方的注意力吸引过来。手的正确姿势应为手指并拢，掌心向上，胳膊略向外伸，指向被介绍者。作为介绍人，在为他人作介绍时，一定要认认真真，不要敷衍了事或油腔滑调，也不要用手指对被介绍人指指点点。

为他人作介绍时，态度要热情友好，不要厚此薄彼。不可以详细介绍一方，粗略介绍另一方。介绍前，应先向双方打招呼，使其有思想准备。介绍时，语言应清晰、准确。作为被介绍者，在被介绍给他人时，一般都应面向对方，并做出礼貌反应。例如，可以说“幸会”“久仰大名”“认识您非常高兴”等。向尊长介绍他人时，目光注视他人，微笑着说：“××校长，请允许我向您介绍，这位是……”，或“尊敬的××先生，我非常荣幸地向您介绍，这位就是……”，然后，转对另一方，同样含笑地说“××校长”，或“这位便是您一直希望见到的××先生”。向同龄人介绍他人最好能从热情的招呼开始。“请让我向你介绍一下，这位是×××，××中学×年级学生”，再转对另一方说：“这位是××中学×年级的×××，也是文艺爱好者。”

6.2.3 拜访技巧

拜访是日常工作、生活中的一项活动，是为了礼仪或某种特定目的而进行的拜访会晤。由于拜访的内容、目的、背景、对象具有复杂性，需要拜访者灵活运用拜访技巧，才能使拜访取得更好的成效。

1. 拜访的类型

拜访按照性质可分为公务拜访和私人拜访。

1）公务拜访

高层次的公务拜访与国家政治、经济、文化等密切联系。低层次的公务拜访关系到一个部门、一个单位、一个公司的工作与发展，是一种严肃的正式的交际活动。一般要事先安排、精心组织。

2）私人拜访

私人拜访是指走亲访友等形式的人际交往活动。借助这种交际活动，可以达到互相了解、沟通信息、加深感情、增进友谊的目的。私人拜访不但是必要的，也是有益的。本节主要介绍的是私人拜访。

2. 拜访语言技巧

不同形式、不同特点的拜访，会话语言千变万化。然而，它们在结构上也存在共性，大体上包括“进门语”“寒暄语”“辞别语”3 个部分。

1）进门语

到了受访者家门口，要先轻轻地敲门，或者短促地按一下门铃。即使门开着，也应很有礼貌地问一声：“××在家吗？”或者“房间里有人吗？”不要贸然闯入，以免主人措手不及。

同受访者见面后，要先打招呼。打招呼有如下 6 种情形。

（1）初访

一般可以用这样的话打招呼：“啊！一直想来拜访，今天如愿以偿了！”“初次登门，劳您久等了，真不好意思！”关系比较密切的，可以随便一点说：“哦，原来你就住在这儿！”或者“难得上门，叫你久等了吧？”

（2）重访

因为关系比较亲密，打招呼就不必多礼，一般只需简单地说一句“好久没来看你了！”即可，或者说：“我们又见面了，我上次来，是一个月以前吧？”关系密切的，开个玩笑，也不乏幽默感“我又来了，不讨厌吧！”

（3）回访

回访大多出于礼仪或答谢，进门打招呼时要有致谢的口气。通常可以这样说：“上次劳您跑了一趟，我今天登门拜谢来了。”“您上次刚走，我就想，无论如何要到府上再谢谢您！”

（4）礼仪性拜访

大多与唁慰、祝贺、酬谢等有关，进门语要同有关的唁慰、祝贺、酬谢的内容联系起来，比如初访时，说：“一直没有机会登门，今天给您拜年来啦”“好久不见，借你走马上任的东风，给老朋友贺喜了”回访时可以说：“上次家父过世，劳您大老远地赶来，叫我一直于心不安。”

（5）事务性拜访

进门语要从本次拜访的目的上考虑。如“××无事不登三宝殿，求您帮忙来了！”或者“小王，你要我办的事，有眉目了。”但初访一般不宜如此“开门见山”，进门语应多注重礼节，自己求别人时话语不必过于谦恭，别人求自己的时候，说话亦不可傲慢无礼。

（6）随意性拜访

一般无拘无束，双方关系又比较密切，所以进门语可有可无，想说什么就说什么。需要考虑的一点是，要讲的话在门外说好，还是进屋说好。“有朋自远方来，不亦乐乎？”作为主人，对拜访者的进门语，一定要热情，或表示慰问、感谢。譬如，“我也一直想在家里同您聊聊，快请进！”“我也懒，好久没上你那儿去。”“哎呀，上次已经打扰了，还让您再跑一趟，叫我怎么感谢您。”

2）寒暄语

寒暄，现代汉语词典解释为：见面时谈天气冷暖之类的应酬话。寒暄就是问寒问暖。寒暄是双向的感情交流，其基本功能是联络感情。寒暄是人际交往中双方见面时叙谈家常的应酬语言，是交谈的“导语”，具有抛砖引玉的作用，是人际交往中不可缺少的重要一环。

在拜访中，双方坐定以后的寒暄语，应注意以下3个方面。

（1）自然引出话题

话题应由双方都熟悉或有兴趣的事物自然引出。寒暄的内容常常是天气冷暖、工作忙闲、学习好坏、身体情况、近期活动等。但是，寒暄时具体谈什么，要有所选择。访晤双方都要善于从贴近处挑选双方均有兴趣或均有鲜明感受的话题。譬如，天气特别冷，你可从注意身体谈起；对方近日获奖，你可从工作、学习谈起；身体有病，则从强身保健谈起。总之，话题必须出于自然。

寒暄语一定要突出选择性，若对方对这一话题不感兴趣，就要马上考虑换个话题。

（2）建立认同心理

所谓“建立认同心理”，就是双方要多寻找共同语言，以求得心理上的接近趋同。这样，谈话才能自然而然地深入下去。

【精彩案例6-6】

甲：这幅画是您自己画的？画得真不错！

乙：您过奖了，我不过在业余艺校学了几天。

甲：您也进过业余艺校？

乙：怎么？听口气，您也不是外行。

甲：我在鲁迅业余艺校跟×××老师学过画。

乙：真的？太好了，我们都是×××老师的学生！

这一段寒暄语，话不多，一下子使双方缩短了心理差距，在感情上靠拢了，从而为双方进一步晤谈建立了良好的基础。

（3）创造和谐气氛

寒暄的目的，就是创造和谐气氛。如果缺乏和谐的气氛，就不是一次成功的访晤。所以，寒暄时，双方的语言要诚恳，而不可虚情假意；要坦率，而不可吞吞吐吐；要自然，而不可卖弄做作。特别是要由衷地关注对方的苦乐，急人所急，爱人所爱，并以相应的语言表达自己的真实情感。

3）辞别语

辞别语同进门语相照应，向主人表示感谢，请主人“留步”，如有可能则要邀请对方来自己家里做客。譬如，可以说：“今天初次拜访，十分感谢您为我花了这么多时间！”“送客千里，终有一别，还是请回吧！”“老同学，我走了，你什么时候到我家坐坐！”需要注意的是，邀请对方应适可而止，不可勉强，不可含有责怪对方不来拜访自己的意思，像“我总是到你这儿来，你什么时候来我家”这类话，非知己不可说，免得给人留下“来得冤枉，不该来”的印象。

假如是事务性访晤，辞别时，你不妨再有意点一下：“这件事就拜托你了，非常感谢！”礼仪性访问，则不要忘记再次表示喧慰、祝贺或谢忱。至于主人，也要感谢来客的访晤，诚恳邀请客人下次再来，也可以预约回访时间。

3. 拜访的注意事项

① 如果作了不速之客，要向主人致以歉意，一见面就要说：“真抱歉，没打招呼就跑来了。”

② 拜访时交谈的用语和口气，要顾及对方的辈分、地位等，要看互相的关系，不可生搬硬套，不合时宜。

③ 初次拜访见面时，需要自我介绍。

④ 拜访者不要忽略同主人的亲属适当交谈。

⑤ 如果是集体访晤，不要一个人抢着说话，要让大家都有开口的机会。

⑥ 对受访者敬烟不要忘记表示感谢，如果自己要抽烟，就说：“对不起，我可以抽烟吗？”如果是交情不错的朋友，也不必太拘礼。

⑦ 遇到另有来客，应“前客让后客”，说：“你们谈吧，我先走一步了。”

6.2.4 赞美技巧

社会交往中人人都需要赞美，赞美之于人心，如阳光之于万物，它会使人明白自身的价值，增强自信心。但赞美他人需要一定的原则和技巧，“出口乱赞”其结果只会适得其反。

1. 赞美的原则

赞美要坚持一定的原则，不要随时随地胡乱赞美，需要把握以下 5 点原则。

1）赞美要态度真诚

每个人都珍视真心诚意，它是人际交往中最重要的尺度。缺乏真情实感，公式化的寒暄客套是不会打动人心的。赞美应该是以客观事实为基础的、发自内心的肯定和赏识。如对一位熟悉的美貌女士，可以说：“你真美。”但如果对一位其貌不扬的女士说这句话，则可能会引起她的反感。

真诚的赞美，应该具有以下特点：

① 语气热情生动，不要像背书稿一样；

② 语言要简单、流畅，要用通俗的语言；

③ 内容要有创意，赞美别人不曾赞美的地方。

【精彩案例6－7】

一位普通的下属住院了，领导亲自去探望，并说了一句心里话："平时你在的时候，没感觉你做了多少贡献，而今你病了，就感觉工作无头绪，手忙脚乱的，你赶快把病养好了，否则我这个头儿不好当啊！"这样的赞美是肺腑之言，不会给人虚假和牵强的感觉，对方也能够感受到真诚的关怀。

2）赞美要区分对象

赞美应看对象。俗话说："到什么山上唱什么歌，看什么人说什么话。"赞美要找准对方的兴奋点，根据对方的文化修养、脾气秉性、心理特性、所处背景、角色关系、语言习惯乃至职业特点、性别年龄、个人经历等不同来赞美。如对知识分子，他们看重的是业务能力、学术成果；对企业家，他们自诩的是自己的创业史与企业的经济效益；对家庭主妇，她们引以为荣的则往往是治家有方，或孩子听话、有成就；对于商人，称赞他脑子灵活、手段高明，懂得生意经，他可能会高兴；对年轻人，称赞他一表人才，并举出几点证明他将来定会大有作为，他会引你为知己；对老年人，夸他的子孙出类拔萃，他的身体很硬朗、精神焕发，他也一定非常喜欢。

【精彩案例6－8】

布鲁斯·福布斯是个很有魅力的领导人。在圣诞节发奖金时，他会走到每个人的桌子前，连邮递室的员工也不漏掉，然后握住他们的手，真诚地说："如果没有你的话，杂志就不可能办下去。"这样的话让听者感到心中温暖如春，感到自己的工作很重要，一种敬业感和责任感油然而生。

3）赞美要措辞准确

在赞扬别人时，不要使用模棱两可的表述，而要语言准确。含糊的赞扬往往比侮辱性的言辞还要糟糕。如使用"嗯，有点意思""挺好""没那么糟"等赞美对方，会令人反感。

4）赞美要抓住时机

注意观察对方的状态是很重要的一个过程，如果对方恰逢情绪特别低落，或者有其他不顺心的事情，过分的赞美往往让对方觉得不真实，所以一定要注重对方的感受。

5）赞美要把握分寸

赞美要注意分寸，不可过分。古人说的好，过犹不及。恰如其分、点到为止的赞美才是真正的赞美。使用过多的华丽辞藻，过度的恭维、空洞的吹捧，只会使对方感到不舒服，不自在，甚至难受、肉麻、厌恶，其结果是适得其反。假如一位同学歌唱得不错，就对他说：

“歌唱得真是全世界最动听的。”这样赞美的结果只能使双方都难堪，但若换个说法：“歌唱得真不错，挺有韵味的。”该同学一定很高兴，说不定会情不自禁一展歌喉，再唱上一曲呢！

2. 赞美的语言技巧

把赞美之词说得恰到好处，才是最高明的说话技巧。擅长赞美的人，一般都有察言观色的本事。

1）直言夸奖法

在社交活动中，恰如其分地直接赞美对方，能够创造一种热情友好的气氛，能使彼此的心情更加愉悦舒畅。如“早就听说你们单位今年来了一位非常美丽的女孩，原来就是你呀！比想象的更漂亮。”“真是隔行如隔山啊，从您身上我确实学到了不少东西。”“你今天的方案写的速度真快。”“你处理员工投诉的态度非常得当。”“啊，真是气派，大公司就是不一样！”“屋子收拾得这么漂亮！夫人一定很能干。”“您是我最佩服的人。”此类的直白赞美，会让人精神愉悦、信心倍增。

【精彩案例 6-9】

赞美造就的成功人士

戴尔·卡耐基被誉为美国现代成人教育之父，20世纪最伟大的心灵导师，美国著名的人际关系学大师，西方现代人际关系教育的奠基人。卡耐基小时候是一个公认的坏男孩。他9岁的时候，父亲把继母娶进家门。父亲一边向继母介绍卡耐基，一边说：“亲爱的，希望你注意这个全郡最坏的男孩，他已经让我无可奈何。说不定明天早晨以前，他就会拿石头扔向你，或者做出你完全想不到的坏事。”出乎卡耐基意料之外的是，继母微笑着走到他面前，托起他的头认真地看着他。接着她对丈夫说：“你错了，他不是全郡最坏的男孩，而是全郡最聪明、最有创造力的男孩。只不过，他还没有找到发泄热情的地方。”继母的话说得卡耐基心里热乎乎的，眼泪几乎滚落下来。就是凭着这一句直白的赞美，他和继母开始建立友谊。也就是这一句直白的赞美，成为激励他一生的动力。

2）间接赞美法

通过第三者来赞美某人或某事的形式，称为“间接赞美”。使用这种形式，是借用对方传达自己赞美他人的话语。社交中经常听到“某某很佩服你”“某某称赞你”等，就属于这种情况。有时，赞美由自己说出来，不免有恭维和奉承之嫌。如果换个方法，借用第三者的口吻进行赞美，对方多半会认为不是在奉承他。例如，“王经理，我听张总说，跟您做生意最痛快不过了。他夸赞您是一位热心爽快的人。”“恭喜您啊，张总，我刚在报纸上看到您的消息，祝贺您当选十大杰出企业家。”

还可以通过赞美与一个人有密切联系的人、事或物，来折射对这个人的赞美之意。如，为了赞美一个女性，可以赞扬她的孩子漂亮、聪明、有出息，或者赞扬她的丈夫能干、会办事，这样也可以很好地达到间接赞美她的目的。又如，到别人家里，与其乱捧场，不如赞美房子布置得别出心裁，或欣赏墙壁上的一张好画，或惊叹一个盆栽的精巧。主人爱狗，应该赞美他养的狗毛发多么有光泽；主人养了许多金鱼，你应该欣赏那些鱼的美丽。

3）类比赞美法

这是一种用自己熟悉的事物去类比自己外行的事物来赞美别人的方法。例如，一位农妇，她虽然对绘画一点不懂，但她却很会夸奖别人的画。一次，她见到一位画家画的一幅“小鸡啄食”的画，不由惊叹道：“哎哟！瞧这些画出来的鸡，比俺家养的那些鸡还调皮！”一句话把画家给逗得哈哈大笑，高兴之余，还把这幅作品赠给了农妇以作留念。

4）反语赞美法

用反语来赞美某人或某事的形式。这种形式在特定的环境和背景下使用，幽默含蓄，别致风趣，比一般的赞美有更好的表达效果。例如某药厂厂长，赞美一位药剂师大胆实验、大公无私的献身精神，说：“为了减少药物的副作用，在正式投产前，你长期泡在实验室里，对新药不择手段，抢吃抢喝，多吃多占，在自己身上反复试验，我这个厂长真是拿你没办法。”这种用反语赞美的形式，令人感到新奇巧妙，别有情趣。

6.2.5 拒绝技巧

拒绝，就是不接受。从语言方面讲，拒绝既有可能是不接受他人的建议、意见或批评，也可能是不接受他人的恩惠或赠予的礼品。从本质上讲，拒绝是对他人意愿或行为的间接性否定。在社会交往中，有时尽管拒绝他人会使双方一时有些尴尬难堪，但“长痛不如短痛”“当断不断，自受其乱”，需要拒绝时，就应将此意以适当的形式表达出来。

1. 拒绝的基本原则

拒绝是一门学问，应该在拒绝中体现出个人品德和修养。一般情况下，拒绝应该遵循以下3个原则。

1）态度坚决明确

拒绝应当机立断，及早作出。拒绝别人时不要含含糊糊，模棱两可，态度暧昧，犹豫不决。别人求助于自己，而这个忙不能帮时，应该当场明说，如实向对方表明态度，好让对方有所准备。

2）语言简洁明了

拒绝别人，要尽量使用短语，不要说废话、绕圈子，如：“感谢你看得起我，但现在不方便”或“对不起，我不能帮忙”。

3）不要伤害对方

拒绝他人的时候，务必遵循的原则是要顾及对方的自尊心。因为人是情感动物，时常有一种充满偏见的维护自尊心的行为。比如一位女友想和一位男士约会。她在电话里问男士：“今天晚上8点钟去跳舞，好吗？”男士可以回答：“改天好吧，方便的时候我给你去电话。”

又如同事相约星期天去钓鱼，自己不想去，可以这样回答："其实我也是个钓鱼迷，可自从成了家，星期天就脱不开身了。"

2. 拒绝的语言技巧

拒绝，从语言技巧上说，有直接拒绝、婉言拒绝、沉默拒绝、敷衍拒绝、幽默拒绝 5 种方法。

1）直接拒绝

就是把拒绝的意思当场明讲。采取此法时，注意避免态度生硬，说话难听。一般情况下，直接拒绝别人，需要把拒绝的原因讲明白。可能的话，还可以向对方表达自己的谢意，表示自己对其好意心领神会，借以表明自己通情达理。有时，还可向对方致歉。

【精彩案例 6－10】

一天，小芳的好友小张打电话来求助："小芳，有个事儿要拜托你。""什么事啊？""唉，我男朋友要给日本客户做批东西，但说明书是日文，正巧你是学日语的，帮我看看呀。"小芳很清楚，专业说明书的翻译不是个轻松的活儿，更何况这阵子手头工作又多，于是考虑了一会儿，非常客气地说："并不是我不愿意帮忙，你知道的，产品说明书这种东西很专业，我学的也不是专业翻译，这些年又没接触过，那点儿知识早还给老师了，凭现在这水平恐难胜任啊。""别谦虚，你在大学时可是班里最优秀的，我对你很有信心。""可我对自己没信心啊，要是搁平时还好点儿，这段时间公司经常加班，急着赶一个策划书，我可是奋战了三天三夜啦，忙得一塌糊涂，现在一看文件就头疼。我想你男朋友的文件一定很重要吧，为了不耽搁事儿，建议还是找翻译公司做比较合适。"小芳想了想说："恩，专业翻译确实是件棘手的事，那就让他交给翻译公司做好了。"

面对小张的请求，小芳分三步进行巧妙推脱：先是坦言相告"产品说明书很专业，而自己非专业出身"，再是摆出客观理由"公司经常加班，赶策划书"，然后设身处地提出建议"找翻译公司"，说得非常真诚，收到了良好的拒绝效果。

2）婉言拒绝

用温和曲折的语言表达拒绝，希望对方知难而退。与直接拒绝相比，它更容易被接受。因为它顾全了被拒绝者的尊严。

典型方法是攻心法。了解对方的特性和目的，试探对方的心理，然后发动心理攻势，让对方高兴，或反激对方自负等方法，使对方自我否定，放弃不合理的请求。如有人想让庄子去做官，庄子并未直接拒绝，而是打了一个比方说："你看到太庙里被当做供品的牛马吗？当它尚未被宰杀时，披着华丽的布料，吃着最好的饲料，的确风光，但一到了太庙，被宰杀成为牺牲品，再想自由自在地生活着，可能吗？"庄子虽没有正面回答，但用一个很贴切的比喻表明，让他去做官是不可能的，这种方法就是委婉的拒绝法。又如一位先生送内衣给一位关系一般的女孩。如果这位女孩直言："我俩关系一般，你送我内衣不合适吧？"这样的拒绝会让对方很尴尬。不如婉言相拒："它很漂亮。只不过这种式样的，我男朋友给我买过好几件了，留着送你女朋友吧。"这么说，既暗示了自己已经"名花有主"，又提醒对方注意分寸。

3）沉默拒绝

当对方说话不够礼貌，甚至具有挑衅、侮辱的意味时，不妨以静制动，一言不发，静观其变。这种不说"不"字的拒绝，所表达出的无可奉告之意，常常会产生极强的心理上的威慑力。沉默拒绝法虽然效果明显，但如果运用不当，难免会伤人。

4）敷衍拒绝

敷衍拒绝是最常用的一种拒绝方法，敷衍是在不便明言回绝的情况下，含糊回避，委婉拒绝。就是避实就虚，对对方不说"是"，也不说"否"，只是搁置下来，转而议论其他事情。"环顾左右而言他"的方法，就是敷衍拒绝法。

敷衍拒绝的典型方法是移花接木法，对方提出甲事情，我则换用乙事情去应付，从而巧妙地拒绝对方。美国华盛顿一位著名的推销商，曾挨家挨户推销闹钟，他叩开了一位主人家的门，说："先生，您应该有个闹钟，每天早晨好叫你起床。"主人回答说："我看不要买闹钟，有我妻子在身边就足够了，你大概不知道，她能到时就'闹'。"这位主人的拒绝，既幽默风趣，又非常委婉，令推销商再也不忍心开口。

【精彩案例6-11】

一对青年男女在一起工作，男方对女方产生了爱慕之情，男方急于要表白心愿，女方虽心领神会，但是却不愿将友情向爱情方面发展，认为还是继续保持纯真的朋友情谊为好。于是，出现了下面的断答。

男青年：我想问问你，你是不是喜欢……

女青年：我喜欢你给我借的那本公关书，我都看了两遍了。

男青年：你看不出来我喜欢……

女青年：我知道你也喜欢公共关系学，以后咱们一起交换学习心得吧。

男青年：你有没有……

女青年：有哇！互相切磋，向你学习，我早就有这个想法。

男青年：……

这位女青年3次断答，使得男青年明白了她的想法，于是，不再问了。这比让他直率问出来，女青年当面予以拒绝，效果自然要好得多。

5）幽默拒绝

有时面对他人的邀约或请求，直接拒绝有些不近人情，婉言拒绝又达不到拒绝的效果，这时可用幽默的语言自我调侃，在调侃中陈述理由，以达到拒绝的目的。

【精彩案例 6－12】

某洗发水公司的产品，在抽检中被发现有分量不足的产品，买方趁机以此为筹码，不依不饶地讨价还价，这时公司代表微笑着说："美国一专门为空降部队伞兵生产降落伞的军工厂，产品不合格率为万分之一，也就意味着一万名士兵将有一个在降落伞质量缺陷上牺牲，这是军方所不能接受和容忍的，他们在抽检产品时，让军工厂主要负责人亲自跳伞。据说从那以后，合格率为百分百。如果你们提货后能将那瓶分量不足的洗发水赠送给我，我将与公司负责人一同分享，这可是我公司成立 8 年以来首次碰到使用免费洗发水的好机会哟。"这样拒绝不仅转移了对方的视线，还阐述了拒绝否定的理由。

【思考与训练】

1. 如何赞美一个成功的企业家？
2. 结合自己的切身实际，说明拒绝别人的方法。

6.3　社交口才综合训练

6.3.1　打招呼训练

1. 训练目标

训练打招呼的语言技巧。

2. 训练方法

模拟相关情境，由学生轮流进行训练，然后由学生和教师点评。

3. 训练材料

根据下面给出的情景，模拟打招呼的语言和神态。

【情境一】

星级酒店，大堂副经理任何时候都要向所有的客人和员工打招呼，无论是在客房、走廊、大堂或其他地方，请模拟大堂副经理向客人微笑并打招呼。

【情境二】

素不相识的几个大学生在火车站等车，火车晚点一个多小时。为了排遣无聊，他们聊了起来。请模拟他们打招呼、自我介绍、聊天的情景。

6.3.2　介绍训练

1. 训练目标

强化介绍的表述能力。

2. 训练方法

模拟相关情境，由学生轮流进行表演。

3. 训练材料

根据下面给出的情景，设计自我介绍并为他人介绍。

【情境一】

地点：机场出口

场景假设：甲和乙是海尔公司安排接待四达公司王总的人员，甲是新成员，乙是老职员，同时乙还和王总关系较好。

演习：如果你是乙，你会怎么将甲介绍给王总？

【情境二】

地点：房地产公司红酒会

场景：方红是房地产公司公关部人员，酒会邀请了许多公司，其中方红丈夫作为所在公司的代表也被邀请来了。

演习：如果你是方红，你怎样把自己的丈夫介绍给上司或者朋友？

4. 训练说明

训练可利用视听器材，如录像机等，将学生介绍时的情形录制后重播，找出缺点，然后设法改进。

6.3.3 拜访训练

1. 训练目标

强化拜访的语言技巧。

2. 训练方法

模拟相关情境，由学生轮流进行表演。

3. 训练材料

根据下面给出的情景，设计拜访语言。

【情境一】

舍友王刚的朋友到寝室来找王刚，但王刚当时恰好不在宿舍。请模拟这一拜访和接待的情景。

【情境二】

你是某公司的业务员，通过预约，今天去拜访大客户张经理。请你模拟进入张经理办公室进行拜访时的言谈举止。

【情境三】

王岩在某公司市场部工作，她准备去拜访顺达公司的市场部经理李军先生。王岩预约的时间是本周三下午三点。王岩事先准备好了有关的资料、名片，并对顺达公司及李军先生进行了初步的了解。拜访前王岩对自己的仪容、仪表进行了精心、得体的修饰。到了周三，王岩提前五分钟到达顺达公司。在与李军先生的交谈过程中，王岩简明扼要地表达了拜访的来意，交谈中始终紧扣主题，给李军先生留下了很好的印象，最终促成了合作。

讨论：请问王岩在拜访顺达公司李军经理时，在哪些方面做得比较成功，从而最终促成与顺达公司的合作？

4. 训练说明

先请几位同学进行模拟表演，然后展开讨论，看看哪一种做法更好，说出理由。

6.3.4 赞美训练

1. 训练目标

艺术性地使用赞美语言。

2. 训练方法

模拟相关情境，对不同对象进行赞美。

3. 训练材料

根据下面给出的情景，根据不同的对象，设计赞美语言。

【情境一】

全体同学排成两纵列，一对一相对而坐，其中一个做赞美者，一个做倾听者。宣布一分钟赞美开始。赞美者要找出倾听者的三个赞美点，要不停地赞美；倾听者一言不发，热诚倾听。

【情境二】

两位三年未见面的同学在大街上邂逅。请演练见面情景，需要包含相互的赞美。

【情境三】

假如大学毕业后，你进入了一家专业对口的公司工作。元旦到了，第一次和女主管聚会吃饭，你应该如何对她进行赞美？

6.3.5 拒绝训练

1. 训练目标

熟练使用不同的方式拒绝对方。

2. 训练方法

模拟相关情境，对不同对象的要求进行拒绝。

3. 训练材料

根据下面的不同情景，设计合理的拒绝语言。

【情境一】

罗斯福任海军要职的时候，一名记者问他关于加勒比海小岛上建立潜艇基地计划的问题。罗斯福本可以正面拒绝，因为这是军事秘密，然而正面拒绝就会使交际过程呆板而无趣。

假如你是罗斯福，你将怎么回答记者？

【情境二】

李经理与张经理是大学同学，有着十几年的友情，关系非常亲密，经常在一起吃饭聊天，生意上也有合作。一天，李经理来到张经理办公室，兴致勃勃地说要好好聊聊，但正赶上张经理已约定要陪同台湾客户去参观，这使张经理很为难。

请演示张经理拒绝李经理的情景。

下　篇

应用文写作技能训练

随着社会经济的发展和信息时代的到来，作为信息载体的应用文，也越来越受到人们的重视。由于丰富多彩的社会交往、复杂精细的社会分工和日新月异的技术进步，要求人们掌握与之相适应的多种应用文体的写作能力，因此应用文体的使用频率越来越高。可以说，人类社会的任何领域都离不开收集信息、加工信息、传递信息的工作，而完成这项工作的工具，就是应用文写作。因此，对于当代综合实用型人才的高职院校的大学生来说，应用文写作能力是一项重要的基本技能，必须认真地学习、熟练地掌握。

这里将向大家介绍应用文基础理论概述、党政机关公文写作、日常应用文写作、事务应用文写作、经济应用文写作、宣传应用文写作和科技应用文写作理论7项内容，通过理论讲解和写作训练，帮助大家掌握、提高常用应用文写作技能。

第 7 章

应用文概述

【情境导入】

赵斌是某职业院校品学兼优的大学生，学院学生会副主席，很有工作能力，专业课成绩也十分优秀，但对应用文写作能力的培养不太重视。他认为网上什么样的文章都有，用的时候摘抄一个就行了。毕业前夕，有企业来招聘，要求应聘者必须写一份个人的求职愿望和对未来人生思考的文章。于是，他在网上搜索了一份求职信，稍加改动，换上自己的姓名就交了上去。结果他落选了，而一些综合素质并不比他强的学生却被公司聘用了。后来得知，他的求职信因为写得没有特色而在初选中即被淘汰了。

微软公司（中国）人力资源部经理说过："那些个性突出的求职信总是能引起我特别的关注。"在人山人海的求职场上，拥有独具特色、个性鲜明的求职信的求职者更容易脱颖而出，从而打开求职成功的大门。事实证明，许多大学生正是凭着一份好的求职材料赢得了面试的机会，最终求职成功的。

7.1　应用文的概念、种类和作用

7.1.1　应用文的含义

应用文也称实用文，是国家机关、企事业单位、社会团体和人民群众在处理事务、传递信息、沟通关系时使用的具有一定格式的文章的总称。它是为解决实际问题、处理具体事务而写的，其使用范围十分广泛。

7.1.2　应用文的种类

为了正确识别各种应用文的异同，了解和掌握它们的格式、结构布局、语言风格诸方面的特点和规律，使应用文写作更加规范化、科学化，以充分发挥其社会效用，需要对应用文加以分类。应用文的使用范围很广，种类很多，而且在不断地发展，因此，应用文范围的界定和分类，目前众说纷纭，尚难统一。根据不同的分类标准，有若干不同的分类方法。这里仅就应用文的内容、功用和使用范围，做以下分类。

1. 通用类应用文

1）党政机关公文类应用文

按《党政机关公文处理工作条例》的规定，公文共有15种：决议、决定、命令（令）、公报、公告、通告、意见、通知、通报、报告、请示、批复、议案、函和纪要。

2）日常事务类应用文

包括通用公务事务类，如计划、总结、规章制度、简报、调查报告、述职报告等；个人事务类，如一般书信、条据、启事、求职信等；礼仪类，如请柬、祝词、欢迎词等。

2. 专用类应用文

1）经济类应用文

主要包括意向书、协议书、经济合同、市场调查报告、市场预测报告、经济活动分析报告、市场决策方案、招标书、投标书、产品说明书等。

2）法律类应用文

主要包括公安机关使用的文书，如控告检举书、立案报告、案件侦查终结报告、通缉令等；人民检察院使用的文书，如起诉书、抗诉书、起诉（免予起诉）决定等；人民法院使用的文书，如判决书、裁定书、调解书等；当事人或法定代理人使用的文书，如起诉状、上诉状、申诉状、答辩状等。

3）科技类应用文

主要包括科学技术专著、自然科学论文、毕业论文、科技实验报告、科学研究报告、科技文摘、专利申请书、毕业设计任务说明书、科技成果鉴定书、科普作品等。

4）宣传类应用文

常用的宣传应用文主要有消息、通讯、演讲稿、解说词等。

7.1.3 应用文的作用

在现代社会里，人们活动的范围更加广泛，信息的交流和事务的处理更加频繁，应用文越来越显示出它的重要作用。具体来说，其作用主要表现在以下几个方面。

1. 指导通报作用

凡经国家最高权力机关或最高行政机关颁发的法规文件，均具有严肃性和法制约束力，不发则已，既发必行。尤其是应用文中的公文，它具有记录与传达机关意图、强制遵循的作用。国家的某项政策、方针，可用文件的形式传达至全国或有关机关。一些法规性、指导性强的公文，如命令、决定等，全党全国上下或有关部门，都必须严格遵循、执行。

2. 宣传教育作用

应用文无论是对上还是对下，就广义而言，都是在做宣传，它可以促进领导早下决心，动员群众正确执行政策、决定。一些高级机关的文件，如“决定”“意见”等，其内容一般都包括指导思想、理论与实践依据、方针政策及实施方案等，制定并传达贯彻这些文件就是为了统一思想，提高认识，推动工作。某些公开发表的应用文，如消息、通讯等，其教育宣传的范围更广，影响就更大了。下级机关向上级机关报送的文件，如报告、简报等也有向上级做宣传的作用。

3. 交流信息作用

下级机关的要求、工作情况、各种动态，特别是新情况、新问题、新经验等需要及时向上级反映；上级机关制定的方针政策和指示意见等要尽快向下级传达；同级部门或不同部门之间商洽工作、交流情况、联络感情、协作共事，都离不开应用文；部门内部各业务环节也需要应用文来沟通联系、加强协作。

4. 总结经验作用

社会在由封闭型向开放型转变的过程中，人们逐渐开始重视调查研究、总结经验、掌握信息。而调查报告、经验总结、综合反映、典型材料、规章制度等应用文，对交流经验、加强管理、提高工作效率起到积极的作用。

5. 凭证依据作用

合同、协议、公约、调解书及司法文书中各种笔录、证明信等，都可以起凭证和依据作用。除以上所举几类十分明显外，应用文的绝大部分文种，在贯彻政策、指导工作、联系公务的同时，也都具有凭证和依据的作用。同时，各种文件阅读办理完毕之后，将有保存价值的文书立卷归档保存起来，转化为档案，以备查考。

6. 资料积累作用

应用文有储存信息的作用。它反映单位和个人的种种活动，记载着各个历史时期的政治、经济、科研等方面的情况，可以为人们积累和提供历史资料，为有关部门研究问题提供参考。

7.2　应用文的特点与写作要求

7.2.1　应用文的特点

应用文作为一种独立的文章样式，虽然与其他的文体有许多共同之处，但它还有自己的显著特点。

1. 实用性

应用文具有明显的实用价值，因为它的写作目的在于实用。任何一篇应用文的内容都是“以实告人”，旨在务实，解决具体实际问题。例如，条据、合同是双方约定的凭证；书信、广告用来传递信息；规章制度用以规范人们的行为，维护正常秩序；调查报告、总结既反映情况，又交流经验；公文则是传达政策法令、处理公务的依据。由此可见，有无实用价值是应用文区别于其他文体的明显特征。

2. 真实性

具有真实广泛的内容，是应用文的生命。应用文品种繁多，在社会生活的各个环节上，起着联结和沟通的作用。它不像文学作品那样可以进行艺术虚构和使用夸张。应用文所反映的人和事，都是真实的，如工作中的成绩与不足、经验与教训、正确与错误，都要实事求是、一分为二，既不能歪曲事实，文过饰非，也不能任意夸大或缩小。一份起诉书，如果材料虚假，就成为诬告；向上级请示、报告，若材料虚假，就是欺骗上级领导；一篇市场预测报告，如果材料不真实，它的结论肯定是不正确的。因此，内容的真实性是应用文的显著特点。

3. 明确性

明确性是指应用文有明确的作者和读者。例如，公文中的请示，作者必须是某一单位的具体负责人，而读者必须是上级主管部门的具体负责人；与请示相应的批复，其作者和读者则反之。再如，任何一种书信也都有确定的作者和读者。由于应用文中的每一个文种都有一定的使用范围，所以对于确定的作者和读者来说是非写不可、非读不可的，否则将贻误工作。

4. 程式性

各类应用文一般都有惯用的格式。这种比较固定的格式，有的是约定俗成的，即人们在长期的实际使用中形成的，如信封的写法就有惯用的格式；有的应用文格式，则是有关部门为了实际需要而统一规定的，如公文的格式就是由党和国家行政机关统一制定的。应用文之所以有这样的特点，其目的是清晰醒目，便于使用，便于及时处理，充分发挥应用文的社会功能。为此，人们在书写应用文时必须严格遵守其惯用格式，不能随意变更。

5. 时效性

时效性是应用文又一个显著的特点。它包括两方面的含义，一是内容的时效性。有些应用文，如诉状、合同、制度和公文，一般都要标明生效或执行的具体时间；有的应用文虽不一定标明具体时间，但同样也有很强的时效性，过期则无效或作用不大，如工作计划、总结等。二是办文的时效性。应用文是针对实际工作中的具体事务而写作的，如对某些重大事情作出的决策，对亟待解决处理的问题作出的决定，急需上传下达的文件，以及疏通渠道、交流信息的往来函件等，这些都要求在时间上给予保证，快写、快办、快发，不允许任意拖延，以免造成严重后果。

6. 简明性

应用文的写作目的是解决实际问题，因此，它在语言风格上不同于其他文体。应用文的语言要求简洁朴实、明快自然、通晓易懂，用词要准确，表达要明确，不能模棱两可、含糊其辞。如果用语不当或词不达意，就容易产生歧义，引起误解。尤其是下指示、订合同等，必须字斟句酌，连标点符号也要准确无误。所以，应用文具有朴素平实的语言风格，不宜铺垫烘托、形容修饰或委婉含蓄。

7.2.2　应用文的写作要求

应用文写作的原理与一般文章是基本相同的，但也有它的特殊性。应用文是用以处理实务的，在长期的使用中，形成了明确、简要和有一定程式性的特征。要想写好应用文，除应掌握应用文的特征外，还必须做到以下几点。

1. 掌握方针政策，提高理论水平

应用文写作的政策性很强。一定时期的应用文，反映了党和国家在这一时期的方针政策。只有充分掌握党和国家的方针、政策，深刻领会中央有关精神，明确方向，才能写出好的应用文。同时，还必须认真学习马克思列宁主义、毛泽东思想、邓小平理论、“三个代表”重要思想、科学发展观和习近平新时代中国特色社会主义思想，努力学习前人应用写作的经验，切实掌握各类应用文写作的理论知识，用理论指导应用文写作的实践。这是从事应用文写作的基本修养。

2. 深入社会调查，注意收集资料

有价值的应用文总是调查研究的产物。注重深入社会实际，进行调查研究，才能获得大量的第一手资料。只有对真实的材料进行正确的分析、处理，才能撰写出能够反映事实真相、解决实际问题的应用文。所以，不管是用“活材料”还是用“死材料”，都不用那种道听途说的间接转引的东西，撰稿者应力争亲自参加调查，避免坐在办公室里凭臆想杜撰出华而不实的应用文。

3. 掌握文种格式，熟悉写作要求

这是应用文写作课程学习的重点。应用文与其他文体的本质区别，在于它有比较固定的惯用格式，从事应用文写作的人不能随心所欲地更改或违背应用文的格式。否则，就不容易被理解和接受，甚至会延误工作。因此，要想写出规范的应用文，必须认真区别和准确把握各种应用文的格式，熟悉它们的写作要求。例如，有些应用文在语言表达的要求上差别不大，但在格式上有所区别；而有些应用文在格式上大体相同，但在语言表达、感情色彩上有所不同。所有这些，都要在理解内容的基础上熟悉它、掌握它，避免生搬硬套或张冠李戴。

4. 增强专业知识，理论联系实际

应用文写作不能空谈理论，需理论联系实际，否则不能解决实际问题。因此，应用文写作与专业知识之间有密切的关系。例如，写法律应用文，应具有一定的法律知识；写经济应用文，应懂得相应的经济知识。所以，要写好应用文，必须不断增加相应的专业知识，熟悉本行业和本部门的工作规律。尤其法律类、经济类等应用文都与国计民生相关联，如果不精通专业知识，稍有疏忽就会造成难以估量的损失。

5. 严谨写作态度，反复修改练习

由于应用文具有宣传、贯彻执行党和国家的方针政策、书面指导及凭证与依据等作用，所以，写作应用文要具有高度的负责精神和严谨的写作态度。写作前，要了解情况，明确目的要求；写作中，要字斟句酌；写作后，要反复修改。避免因一字之差，而谬以千里。因此，在应用文写作中，无论是格式、证据，还是内容、落款，都应一丝不苟，严肃认真地对待。提高应用文写作能力的唯一诀窍，就是反复认真地阅读范文、练习写作、订正修改。只要坚持不懈地努力，必能不断提高应用文写作的水平，成为名副其实的“笔杆子”。

【知识拓展】

应用文写作与文学写作的区别

应用文写作是以促进社会信息交流为目的的写作实践活动，具有实用性、规范性和简明性的特点。文学作品是以塑造文学形象为目的的写作实践活动，具有形象性、审美性和创造性的特点。二者具体的区别主要表现在以下几个方面。

（1）写作目的不同

应用文以办理具体事务、解决工作中的实际问题为目的；文学作品以塑造艺术形象、反映社会生活为目的。

（2）材料真实性不同

应用文取材于现实，要求真实、准确，不能有半点虚假；文学作品的材料追求“源于生活又高于生活”的艺术真实，允许在生活真实的基础上进行一定的艺术虚构。

（3）结构形式不同

应用文写作的程式化特点比较明显，一般都有惯用的格式，写作形式比较单一枯燥；文学写作鼓励创造性，追求个性张扬，形式灵活，写法多样，鼓励写作者展示艺术想象，突破束缚，创造崭新的艺术境界。

（4）语言表达不同

应用文强调主旨明确、单一，主张一文一事，表达方式多采用叙述、说明和议论，较少使用抒情和描写，语言讲究准确、平实、简明；文学作品追求主题的含蓄性、多义性，表达方式多用叙述、描写和抒情，议论和说明的使用次之，语言讲究生动形象，具有感染力。

【能力训练】

1. 指出并修改下文结构和语言表达上存在的问题

××女士：

最近的一段时间里，我们公司的工作人员一直在招聘有关人员，看到你的来信，我们很高兴，你能够勇于推荐自己，并且对我们公司表示很高的信任，在此，我们深深地表示真诚的感谢。也请你在收到我们的信以后，可不可以请你在这个月的25日下午（星期五）3点整，准时到我们公司的人事处来，见见面，详细谈谈你的情况。来的时候，最好带上你的身份证和学历、经历的证件给我们参考，你看好吗？再一次对你的应聘，表示感谢。祝你取得成功，成为我们公司一员。

此致

敬礼

九月三日

××公司人事处

2. 请向老师写一份请假条

假如你是××学院××专业××班学生，突然因家里有事（或本人得病），需要请假 3 天，请向你的班主任老师写一份请假条。要求：能用最少的字数在最短的时间内将请假的理由写充分、请假的内容写清楚、请假条的格式写正确。

第 8 章

党政机关公文写作

党政机关公文，是党政机关实施领导、履行职能、处理公务的具有特定效力和规范体式的文书，是传达贯彻党和国家方针政策，公布法规和规章，指导、布置和商洽工作，请示和答复问题，报告、通报和交流情况等的重要工具。依照《党政机关公文处理工作条例》（中办发〔2012〕14 号）的规定，党政机关公文共有 15 种：决议、决定、命令（令）、公报、公告、通告、意见、通知、通报、报告、请示、批复、议案、函和纪要。其中，请示与报告，是上行文；函，是平行文；其他是下行文。本章主要介绍通知、通报、请示和函 4 种常用党政机关公文的写作知识，重点掌握这些文种的含义、特点、种类、格式及写作要求。

8.1 通　　知

【情境导入】

“北国风光，千里冰封，万里雪飘”，又是一年飘雪季，黑龙江再次呈现出了银妆素裹的胜景。为贯彻落实习近平总书记深入推进东北振兴座谈会重要讲话和考察黑龙江后的重要指示精神，展现和丰富龙江冰雪文化特色，强化高校创新人才培养，营造市民游客“赏冰乐雪”的欢乐氛围，黑龙江省教育厅决定于 2018 年 12 月 30 日—2019 年 1 月 2 日在哈尔滨市中央大街举办“2018 年黑龙江省高校冰灯冰雕艺术创新设计大赛”。为鼓励各高校参赛、激发参赛者创作热情，大赛决定不收取任何费用，不限制高校参赛队伍名额。参赛者通过网络报名和提交冰雕创意设计稿，经大赛组委会对申报设计稿择优遴选（初评）后，即可获取参赛资格。要求参赛作品必须原创，如发现抄袭现象，将取消参赛及获奖资格。

如果请你根据以上内容，以黑龙江省教育厅办公室的名义，向省属各高校拟写并下发一份大赛通知，你知道怎么写吗？

8.1.1 通知的含义

通知是发布、传达要求下级机关执行和有关单位周知或者执行的事项，批转、转发公文时使用的一种公文。

8.1.2　通知的特点

通知作为公文的一种，具有以下特点。

1. 广泛性

首先，作者广泛，不受发文机关性质、级别的限制，各级、各类社会组织均可使用；其次，内容广泛，无论是安排重大工作，还是知照细小事项，均可使用。通知是公文中使用频率最高、应用范围最广的一种文种。

2. 告知性

通知的主要功能在于将有关事项的具体内容、要求与措施或重要精神进行告知，从而达到使相关机构与人员周知了解、及时办理或认真传达落实通知精神的目的。

3. 时效性

通知的事项一般都有一定的时间限制，不容拖延。有的只在一段时间内有效，如会议通知。

8.1.3　通知的种类

根据内容和性质的不同，通知可分为以下 6 类。

1. 发布性通知

主要用于向下级机关单位发布行政法规、制度、办法、措施等文件，而不宜用“命令”行文时使用。

2. 批示性通知

用于批转下级机关单位的文件和转发上级机关单位或不相隶属机关单位发来的公文，包括批转性通知和转发性通知两类。

3. 指示性通知

用于就某项工作对下级机关有所指示和安排，或要求下级机关办理或周知有关事宜，具有强制性、指挥性和决策性。

4. 知照性通知

用于告知有关事项，一般没有贯彻落实的要求。例如，告知一般性工作信息，机构的成立、调整或撤销，启用或废止公章，变更组织或刊物名称，更改电话号码，更正公文差错信息等。

5. 会议通知

用于告诉有关机关或个人出席会议。

6. 任免通知

用于宣布有关人员的职务任免情况。

8.1.4 通知的结构与写法

通知一般由标题、主送机关、正文、发文机关署名和成文日期组成。

1. 标题

1）发布性通知

标题一般由发文机关、“关于发布（颁发、印发）”“规章制度名称”和文种组成。发布法规、制度、办法的，用“颁发”“发布”做谓语；印发一般材料的，用“印发”做谓语。例如，“中共中央办公厅　国务院办公厅关于印发《党政机关公文处理工作条例》的通知”“关于印发《××管理细则》的通知”。

2）批示性通知

（1）一般结构

批示性通知的一般结构为：发文机关+批转+下级机关（或转发+上级或不相隶属机关）+原公文标题+通知，如果被批转、转发、发布的公文属于法规性文件，则可使用“《》”将该标题括起，否则，直接写出原公文标题。例如，“国务院批转交通部关于×××意见的通知”“教育部转发文化部关于《××××管理办法》的通知”。红头文件常省略发文机关，如“转发建设部关于加强城市总体规划工作意见的通知”。

（2）省略被批转公文的制发机关名称

例如，“国务院批转《编辑干部业务职称暂行规定》的通知”。

（3）转发一次以上的通知

转发一次以上的通知标题中常会出现“通知的通知的通知”句式，可将多层次后面的“通知”及“转发”字样前的“关于”略去，只留下转发文件中与“关于”相关联的“通知”。例如，原题为“××局关于转发××市人民政府关于转发××省人民政府关于转发××部关于公开选拔××××的通知的通知”应改为“××局转发××部关于公开选拔××××的通知”。

（4）多层次转发的通知

此类通知省略中间的转发环节，直接转发最高领导机关原文标题，而在通知正文中说明转发情况。例如，“关于批转市经委关于转发省经委关于转发国家经委办公厅《关于批转〈经济日报〉发行工作座谈会纪要的通知》的通知”，应简写为“关于转发国家经委办公厅批转《经济日报》发行工作座谈会纪要的通知”。

（5）转发几个机关的联合行文

此类通知可标明一个主要机关，其他的用“等部门”表示。例如，国家教委、建设部、国家计委、财政部、国土资源部及全国教育工会联合行文《关于加快解决教职工住房问题的意见》，在转发时写为“国务院办公厅关于转发国家教委等部门关于加快解决教职工住房问题意见的通知”。

3）指示性通知

指示性通知的标题一般由发文机关、事由和文种组成，发文机关有时可省略。例如，“国务院办公厅关于加强普通高等学校毕业生就业工作的通知”“关于深化改革严格土地管理的通知”。某些特殊情况，如时间紧迫或联名行文时，文种前可加“紧急”“联合”“补充”字样。例如，“国务院办公厅关于确保居民生活用电和正常发用电秩序的紧急通知”。

4）知照性通知

知照性通知的标题由发文机关、事由和文种组成，有时省略发文机关，一些张贴式的通知可直接用文种“通知”作为标题。例如，“国务院办公厅关于中国国际减灾委员会更名为国家减灾委员会及调整有关组成人员的通知”“关于××杂志更名的通知”。

5）会议通知

会议通知的标题由发文机关、“关于召开”“会议名称”和文种组成，发文机关有时可省略。例如，“××省电业管理局关于召开全省电业管理工作会议的通知”“关于召开房屋公积金研讨会的通知”。

6）任免通知

任免通知的标题由发文机关、“被任免人姓名”和文种组成，发文机关有时可省略。同时任免多人职务时，标题中写具有代表性的一个人的姓名，后加“等同志”概括。例如，“中共××市××局委员会关于×××等同志职务任免的通知”“关于×××同志的免职通知”。应注意在标题中准确使用“任免”“任命”“任职”“免职”等词语，标题与正文内容必须一致，不得出现标题为“任免通知”，而正文中却没有免职内容的文不对题现象。

2. 主送机关

主送机关即公文主要送达的机关单位，书写时要求必须使用主送机关全称，或规范化的简称或统称。

3. 正文

通知的类型不同，在写作上也各有差异。

1）发布性通知

一般要写明发布文件的由来和文件名称、发布的作用和意义、提出希望和要求几部分。内容简单的可用篇段合一结构，形式上往往是一两句话或一段话。结尾惯用语常用“请认真贯彻执行”“望贯彻执行”“请遵照执行”“参照执行”等。

2）批示性通知

一般应写明被批转、转发公文的发文机关、文件名称或发文字号；然后对文件作出简要评价，说明批转或转发的缘由和目的；最后提出希望和要求。有的在提出希望和要求时，还要结合本地区、本部门的实际情况提出具体的指示性意见或提出执行的具体办法。

对被批转或转发文件的评语有“同意”“原则同意”“很好”“很重要”等；对下级提出希望和要求的用语有“参考”“参照执行”“研究执行”“遵照办理”“认真贯彻执行”等；应根据每一个文件的具体情况，恰当使用。

3）指示性通知

一般包括缘由、事项、希望与要求3部分内容，有的则省略希望与要求。

（1）缘由

常常简要分析形势与背景，肯定工作中的成绩，指出存在的问题，点明发布通知或布置某项工作的目的、依据、意义等。缘由部分的最后是承上启下的惯用语，如“现将有关事项通知如下”“现做如下通知”“特通知如下”等，引出通知“事项”部分。

（2）事项

交代指示的具体意见。一般根据内容分门别类，采用分条列项的方法，具体地提要求、说明如何办理、达到什么样的目的等。如果内容简单专一，则可篇段合一。

（3）希望与要求

指对如何执行本通知提出的希望和要求，常见的结尾惯用语有“以上通知，望认真贯彻执行”等。这部分要求文字简短，有针对性、号召力和约束力，常常单独成段。如在事项部分已将内容表达清楚了，也可省略结尾。

4）知照性通知

正文由3部分组成：一是通知缘由，通常使用“为了”“根据”“依照”等引出下文；二是通知的具体内容，如机构的成立或撤销通知，需要说明机构的名称、性质、任务构成、办事机构或人员、办事方式等；印章的启用或废止通知，需要说明印章的名称、规格式样、启用或废止的时间等；三是结尾，常用“特此通知”结束全文。

5）会议通知

一般由前言和主体两部分组成，前言可以省略。前言交代召开会议的缘由（依据）、目的、主办单位和会议名称等。常用“现将有关事项通知如下”引出主体部分。主体部分分条列项地写明会期与报到时间、会议地点、与会人员的范围和人数、日程安排、食宿安排与费用、交通安排、与会要求、会议筹办者及联系方式、注意事项等。

6）任免通知

正文由两部分组成：一是说明任免的根据和决定的程序，如“经××会议研究决定”“根据××文件精神”“经××同意”等；二是说明任免决定的内容，即交代清楚任免人员姓名、职务、任职起止时间等。如任免人员在两个以上，则应分段排列。行文时要注意，任免决定包括任职、免职和既免又任3种情况。如属既免去原职务，又任命新职务的，务必交代清楚免去了什么职务，又任命了什么新职务。至于任免的原因一般不需要展开说明或发表议论，以体现通知的权威性。

4. 发文机关署名和成文日期

1）发文机关署名

发文机关俗称下款、落款、署名，要使用全称或规范化简称。

2）成文日期

成文时间用阿拉伯数字书写，如：2018 年 6 月 5 日。作为公文的通知，应加盖公章。

8.1.5　通知的写作要求

1. 依法行文

要根据本机关的行政职权，使用指示性通知和批示性通知，要掌握好不同类型通知的行文规范。

2. 内容具体

指示性通知下达的指示或要求办理的事项，应具体可行；批示性通知的批语，文字要精练、准确、深刻，对全局工作有普遍的指导意义。

3. 重点突出

抓住要点，按照主次，把通知事项交代清楚，突出不同类型通知的特点和作用。

【经典案例 8－1】

关于进一步引导和规范境外投资方向指导意见的通知

国办发〔2017〕74 号

各省、自治区、直辖市人民政府，国务院各部委、各直属机构：

国家发展改革委、商务部、人民银行、外交部《关于进一步引导和规范境外投资方向的指导意见》已经国务院同意，现转发给你们，请认真贯彻执行。

附件：关于进一步引导和规范境外投资方向的指导意见

国务院办公厅

2017 年 8 月 4 日

【经典案例 8-2】

关于召开地方水利稽查工作座谈会的通知

各省、自治区、直辖市水利（水务）厅（局）、深圳市水务局、新疆生产建设兵团水利局：

为全面贯彻落实 2014 年度水利稽查工作动员会会议精神，总结 2013 年水利稽查工作，研究部署 2014 年水利稽查工作，经研究定于 2014 年 3 月上旬在北京召开地方水利稽查工作座谈会。现将有关事项通知如下。

一、会议时间

2014 年 3 月 6 日，会期 1 天，3 月 5 日报到。

二、会议地点

北京佑安大酒店（北京市西城区广安门南街 70 号，电话：010－83550055，具体位置见附件 2）。

三、会议内容

1. 传达 2014 年度水利稽查工作动员会会议精神；

2. 总结 2013 年水利稽查工作，研究部署 2014 年水利稽查工作；

3. 交流 2013 年地方水利稽查工作开展情况和 2014 年工作打算。

四、参会人员

各省（自治区、直辖市）水利（水务）厅（局）、深圳市水务局、新疆生产建设兵团水利局稽查部门主要负责同志 1 人。

五、有关要求

（一）请各单位结合会议内容，认真准备会议交流材料，主要包括以下内容：

1. 2013 年水利稽查工作开展情况；

2. 水利稽查工作的主要做法、经验及存在问题；

3. 2014 年稽查工作安排和具体措施；

4. 对进一步做好水利稽查工作的意见和建议。

（二）请各单位于 2014 年 3 月 3 日前将参会人员回执表（见附件 1）报部安全监督司。

联系人：王荣鲁

联系电话：010－63205269，传真：010－63205227

电子邮箱：jicha@mwr.gov.cn

附件：1.地方水利稽查工作座谈会人员回执表

2. 北京佑安大酒店位置图

水利部

2014 年 2 月 28 日

【经典案例 8－3】

××市××区人大常委会关于崔××等同志职务任免的通知

××发〔2018〕10 号

2018 年 4 月 10 日××市××区第×届人大常委会第××次会议决定：

任命崔××为××市××区人民法院民事审判第三庭庭长，免去其××市××区人民法院民事审判第三庭副庭长职务；

任命张××为××市××区人民法院执行第二庭庭长，免去其××市××区人民法院执行第二庭副庭长职务；

任命张××为××市××区人民法院立案庭庭长，免去其××市××区人民法院立案庭副庭长职务。

××市××区人大常委会

2018 年 4 月 10 日

【知识拓展】

拟写党政机关公文的注意事项

党政机关公文的拟写不同于一般的应用文，它有一套严格、规范的要求，具体注意事项如下。

① 公文纸张及排版要求：采用国际标准 A4 型用纸（210 mm×297 mm）。排版时，版心 156 mm×225 mm，上白边（天头）37 mm（37 mm±1 mm），下白边 35 mm，左白边 28 mm（28 mm±1 mm），右白边 26 mm。

② 公文字号：正文用 3 号仿宋体，标题用 2 号小标宋，文中如有小标题可用 3 号小标宋体字或黑体字，从左至右横写横排，一般每面排 22 行，每行排 28 个字。

③ 发文字号简称文号，由“发文机关代字、年份、发文序号”加“号”组成。年份用阿拉伯数字写全，并加六角括号，如国发〔2014〕1 号。

④ 公文标题中除法规、规章名称加书名号外，一般不用标点符号。

⑤ 人名、地名、数字、引文准确，引用公文应当先引标题，后引发文字号，发文字号在文件的标题后用圆括号注明。如“《××市国家税务局关于 2014 年××××工作开展情况的通报》（×市国税办〔2014〕44 号）”。

⑥ 结构层次序数：第一层为“一、”，第二层为“（一）”，第三层为“1.”，第四层为“（1）”。公文中的数字，除部分结构层次序数和词、词组、惯用语、缩略语、具有修辞色彩语句中作

为词素的数字必须使用汉字外，应当使用阿拉伯数字。

⑦ 公文如有附件，应写在正文下面空一行、左空两格、在成文时间之前注明“附件”，后加全角冒号、附件序号和名称。序号使用阿拉伯数码，附件名称后不加标点符号。如“附件：1.××××××”。

⑧ 成文时间：署会议通过或者发文机关负责人签发的日期。联合行文时，署最后签发机关负责人签发的日期。成文日期编排在正文之下，空二行右空四字，用阿拉伯数字标全。电报则以发出的日期为准。

【能力训练】

1. 给下面通知的标题加上事由

国务院办公厅关于（　　　）的通知

国办发〔2017〕66号

国务院各部委、各直属机构：

《中央预算单位2018—2019年政府集中采购目录及标准》已经国务院同意，现印发给你们，请遵照执行。

国务院办公厅

2017年12月5日

2. 指出文中的不当之处，改正后拟写成规范公文

××市人民政府任免通知

××字〔2018〕4号

任命许新为××市人民政府办公室主任；

任命梁正为××市人民政府办公室副主任；

任命赵耀为××市房产管理局局长；

任命李臣为××市房产管理局调研员；

任命余涛为××市司法局副局长。

2018.10.15

3. 根据下面内容写通知

以共青团××市委的名义拟写一份活动通知，以公文形式下发。要求：任务布置明确具体，内容周全细致，可操作性强，格式规范。

为纪念“一二·九”青年学生爱国运动，弘扬爱国主义精神，全面深化素质教育，增强学生的责任感、使命感，共青团××市委决定组织开展系列主题纪念活动。活动以“成长与责任”为主题，根据素质教育要求和青少年成长特点，分别组织“科技、环保、感恩、健康、责任”的5个专题活动，主要包括绘画比赛、DV短剧大赛、短文创作大赛、摄影比赛、演讲大赛。活动时间：11月15日—12月25日。将评出优秀组织奖和个人奖项若干。要求各共青团组织积极动员学生参与，并结合活动主题，开展丰富多彩的教育活动。

8.2 通　　报

【情境导入】

××月××日19时25分，××县××镇××村农民李××因为肚子疼，被送到××镇卫生院看病。当晚的值班医生张××开出了“腹痛待诊”的处理方法，为病人开了阿托品、安定等解痛镇静药，肌肉注射杜冷丁10毫克。第二天17时后，李××因肚子疼痛难以忍受，再次来到镇卫生院，医生刘××诊断为“急性阑尾炎，并且已经穿孔，伴有腹膜炎”，急忙转院到市第二人民医院治疗，当晚19时进行了阑尾切除手术。手术过程中，发现阑尾已穿孔糜烂，腹腔脓液弥漫，情况十分危急。经过医生们的积极治疗，病人才脱离危险，但身心受到了严重的损害。

急性阑尾炎是一种常见病，诊断并不困难。××镇卫生院张××工作马虎，处理草率，在没有明确诊断以前，就滥用麻醉剂杜冷丁，掩盖了临床症状，延误了病人的治疗时间，造成了比较严重的医疗事故，而且使病人的身心受到了严重的损害。为了批评张××的严重失职行为，警示全市医疗卫生单位的领导和职工从中汲取教训，增强责任感，以防此类事故的再次发生，市卫生局研究决定，给予张××行政记过处分，扣发全年奖金，在全市范围内进行通报批评，让大家都能引以为戒。

请根据上述材料拟定一份格式规范、有教育意义的通报。

8.2.1 通报的含义

通报适用于表彰先进、批评错误、传达重要精神或情况，是党政机关、社会团体、企事业单位都可以使用的一种通用公文。

8.2.2 通报的特点

1. 典型性

通报的对象都具备一定的典型性，能够反映、揭示事物的本质规律，具有广泛的代表性和鲜明的个性，能使人从中受到启迪，得到教育。

2. 指导性

通报的目的在于通过典型的人和事指引人们辨别是非，总结经验，吸取教训。

3. 客观性

通报的内容是真实、准确无误的，对事件的原因、影响、经验教训的揭示是客观、科学的，具有较强的客观性。

4. 时效性

通报是针对当前工作中存在的具体情况和问题而发的，通报越及时，对工作的指导作用就越大。

8.2.3 通报的种类

1. 表扬性通报

该通报是表彰先进单位和个人，介绍先进经验或事迹，树立典型，号召大家学习的通报。

2. 批评性通报

该通报是用于批评、处分错误，引以为戒，要求被通报者和大家吸取教训的通报。

3. 情况通报

该通报是以指导工作为目的，在一定范围内传达重要情况和动向的通报。

8.2.4 通报的结构与写法

通报一般由标题、主送机关、正文、发文机关署名和成文日期组成。

1. 标题

① 一般由“发文机关”“事由”“文种”组成，如《××省××厅关于××油库漏油事故的通报》。

② 由“事由”加“文种”组成，如《关于表彰第八批基本普及九年义务教育和基本扫除青壮年文盲单位的通报》。

③ 少数通报为保密而省略事由，如《中共××市纪律检查委员会通报》。

④ 只用“通报”命题。

2. 主送机关

除普发性的或在本单位内部公开张贴的通报外，其他通报应标明主送机关。

3. 正文

通报类型不同，正文写作的方法也不相同。

1）表扬性通报

一般包括3部分内容：介绍被表扬单位或个人的主要事迹；再通过分析评论，指出事件的意义，并写明给予的相应表彰办法；最后提出希望和要求，号召大家学习。

2）批评性通报

一般包括 3 部分内容：介绍受批评单位或个人的主要错误事实，交代清楚事实发生的时间、地点、造成的后果；分析评论，指出错误的实质、危害和原因，并写明批评的目的及给予的处理意见；提出应吸取的教训和要求，防止类似情况的发生。

3）情况通报

一般包括 3 部分内容：基本情况介绍，交代所通报事情的概况；然后介绍做法或经验，并进行分析、评论；最后提出希望和要求，表明通报的目的。

4. 发文机关署名和成文日期

注明发文机关名称及成文日期。

8.2.5　通报的写作要求

① 通报的内容要真实可靠，有代表性，对事件要认真地调查研究，客观、准确地进行分析、评论。

② 通报的决定要恰如其分，态度鲜明，分析中肯，用语把握分寸。

③ 通报的语言要简洁、庄重。

【经典案例 8－4】

国家安全监管总局关于表彰
山东淄博矿业集团救护大队、山西焦煤汾西矿业集团
救护大队和相关指战员的通报

安监总应急〔20××〕××号

各省、自治区、直辖市及新疆生产建设兵团安全生产监督管理局，各产煤省、自治区、直辖市煤炭行业管理部门，各省级煤矿安全监察机构，有关中央企业：

第七届国际矿山救援技术竞赛于 20××年 11 月 9 日至 12 日在澳大利亚乌诺纳市举行，来自中国、美国、俄罗斯、乌克兰、波兰、印度、哈萨克斯坦、英国、越南和东道主澳大利亚等 10 个国家的 16 支矿山救援队伍参加了竞赛。山东淄博矿业集团救护大队和山西焦煤汾西矿业集团救护大队代表我国参赛。经过 4 天的激烈角逐，山东淄博矿业集团救护大队获得国际队伍团体总分第一名，山西焦煤汾西矿业集团救护大队获得竞赛理论考试团体第一名。这次竞赛活动充分展示了我国矿山救援队伍不畏艰险、奋勇争先、来之能战、战之能胜的优良作风和严肃认真、精益求精的敬业精神，为我国矿山救援队伍争得了荣誉。国家安全生产监督管理总局决定对在竞赛中取得优异成绩的山东淄博矿业集团救护大队、山西焦煤汾西矿

业集团救护大队和相关指战员（名单附后）给予通报表彰。

希望受表彰的救护队和个人，珍惜荣誉，谦虚谨慎，戒骄戒躁，再接再厉，为我国矿山应急救援工作作出新贡献。同时，建议参赛队伍上级主管单位和部门，对获得表彰的救护大队和个人给予奖励。希望各有关单位以受表彰的救护队和个人为榜样，进一步加强矿山应急救援队伍建设，全面提升矿山救援队伍的整体素质和战斗力，为全国矿山安全生产状况的持续稳定好转作出新的更大的贡献。

附件：受表彰的指战员名单

国家安全生产监督管理总局
20××年 12 月 10 日

【经典案例 8－5】

江苏××家具有限公司
关于质量事故处罚的通报

公司各部：

公司生产部在 2017 年 5 月生产过程中，由于工作粗心大意，对生产图纸把关不严，将客户订单中床的尺寸 2 200×2 000 加工为 2 000×2 000，导致交货延期，给公司信誉造成不良影响，同时造成公司材料的巨大浪费。此次事件的主要责任人×××已离开公司。另外，样品组主管××、生产主管×××也负有不可推卸的责任，主要问题是对工作监管不力，致使此次事故的发生。

对此，经公司总经办研究决定，给予样品组主管××600 元人民币处罚，生产主管×××1 000 元人民币处罚。

通过此次事件，希望各岗位人员能吸取教训，引以为戒，在今后的工作中避免此类事件的再次发生。

特此通报。

行政人事部
2017 年 6 月 15 日

【知识拓展】

决定和通报的区别

决定是“适用于对重要事项作出决策和部署”的公文。根据其适用范围，可分为奖惩性决定、法规性决定、指挥性决定、知照性决定和变更性决定。决定和通报都有批评和表彰的功能，在实际运用中因为材料相似或相同非常容易混淆，那么应该如何正确选择文种呢？决定和通报的区别主要体现在以下3个方面。

（1）出发点与侧重点不同

决定重在处置，它代表了领导层的权威意志，以奖功罚过为主要目的，教育或警示他人是次要目的；通报则重在教育或警示，以号召学习或批评教育为主要目的。

（2）正文的结构不同

根据文种侧重点的不同来安排材料的结构。决定一般先概述先进事迹或错误事实，然后写明组织的处理决定；通报是在概述先进事迹或错误事实的基础上，分析事件意义或产生的原因和危害，总结经验和教训，并提出希望和要求。

（3）标题写法不同

决定的标题中常常用“授予”“处理”“给予”等处置性动词，如《国务院关于授予赵春娥、罗健夫、蒋筑英全国劳动模范称号的决定》《关于对“六·二八”重大责任者××的处理决定》；通报的标题一般不使用处置性动词，如《广西壮族自治区人民政府关于柳州市壶东大桥特大交通事故的通报》。

【能力训练】

1. 根据以下内容拟定通报标题

××大学杨××同学在商场勇斗窃贼，帮助被抢失主夺回钱包，并和群众一起将窃贼送交公安机关，××大学决定对其进行表彰。

2. 根据所给材料拟写一份批评性通报

要求：格式规范，内容充实，用语简洁，把握分寸。

××大学国际贸易专业2013级学生王××在期末的国际贸易实务考试中用纸条作弊，监考教师发现后进行了劝阻，该同学不但不听且对老师出言不逊，表现十分恶劣，学校给予该生记过处分。

8.3　请　　示

【情境导入】

2018年10月，中共中央办公厅、国务院办公厅印发了《组建国家综合性消防救援队伍框架方案》（以下简称《框架方案》）。方案提出“消防救援人员继续享受国家和社会给予的各项优待，以政治上的特殊关怀激励广大消防救援人员许党报国，献身使命”的要求，即消防救援人员继续享受与现役军人同等优待政策。石狮市消防大队为认真贯彻落实《框架方案》的要求，继续做好消防人员的优惠待遇，向市政府提交了《关于落实消防救援人员优待政策的请示》，请求相关政府部门在消防机构改革期间，消防救援人员的家属在随调和落户、子女入学、交通出行、看病就医、旅游景点购票等方面能继续享受与现役军人同等优待政策，待消防机构改革完成，出台相关政策后，再按照相关政策执行。石狮市政府对以上请示给予批复，同意消防大队的请示，并要求社工部、人社局、教育局、公安局、交建局、卫计局、文体局、金融局按照相关政策落实相关优待，进一步激发消防救援人员投身消防事业的热情，增强其责任感、使命感和荣誉感。

请示是写给上级领导审批的，请示的事项能不能得到批准是两可的事。请示必须严格依照写作要求事前行文，才能科学规范地解决问题。请示还有哪些写作要求呢？

8.3.1 请示的含义

请示是向上级机关请求指示和批准时使用的上行公文。

8.3.2 请示的特点

1. 针对性

只有本机关无权决定或无力解决而又必须解决的事项，才可以用“请示”行文。请求上级机关给予指示、决断或答复、批准，因而请示有很强的针对性。

2. 超前性

请示必须在办理事项之前行文。

3. 单一性

请示要一事一请示，且主送机关只能有一个。

4. 呈批性

请示的目的是针对某一事项取得上级的指示或批准，上级机关对呈报的请求事项无论是否同意，都必须给予明确的“批复”，属于双向行文。

5. 隶属性

发文单位只能按照隶属关系向直接的主管机关发文请示。

8.3.3 请示的种类

1. 请求指示性请示

该请示是用于上级主管部门明确规定必须请示批准才能处理的事宜，有关方针、政策的界限难以界定的问题，遇到的新情况和难以解决的问题，把握不准或无章可循的事项，情况特殊、有意见分歧，无法办理，需请示上级机关指示意见时所写的请示。

2. 请求批准性请示

该请示是用于本单位职权范围内不能解决的问题，或要做某项工作需要或缺少一定的财力、物力、人力，需要上级予以帮助时所写的请示。

8.3.4 请示的结构与写法

请示一般由标题、主送机关、正文、发文机关署名和成文日期组成。

1. 标题

① 由发文机关、事由和文种（请示）组成，如“××省高级人民法院关于交通肇事是否给予被害人家属抚恤问题的请示”。需注意的是，事由部分不能使用“请求”“申请”词语，避免语义重复；文种凡是写成“请示报告”“申请”“请求”等都是错误的。

② 由事由和文种构成，如“关于在沈阳桃仙国际机场正式开展口岸签证业务的请示”。

2. 主送机关

只能有一个，写上级主管的全称或规范化的简称。

3. 正文

请示的正文一般由请示缘由、请示事项和结语 3 部分组成。

1）请示缘由

主要交代请示的原因、问题的由来和根据，说明问题提出的必要性，要写得简洁、充分。

2）请示事项

要写清请求上级给予批准或指示的具体事项，明确请示的是什么问题、要批准什么事项、要解决什么样的困难，即要提出具体的意见、建议和要求。在请示中应交代清楚上级机关作批复时需要了解的相关信息，以便于给上级的批复提供充分的参考依据。如有文字、图表或解决方案等相对独立的材料，可以附件形式出现，以使请示的行文更加简洁。在批复时应注意所请示的事项要适当，应是上级机关权限范围之内可以办到或可能办到的。

3）结语

常用的惯用语有“以上请示，如无不妥，请批准”“以上意见当否，请指示”“以上意见，请予审批”“特此报请核批”“以上事项，恳请尽快批复为盼”等。

4. 发文机关署名和成文日期

写明发文单位的名称及成文日期。如是联合行文的，主要单位写在前面，然后写明所有请示单位。

8.3.5 请示的写作要求

① 要一事一请示。

② 请示只能有一个主送机关，不要多头请示。若非上级领导人授权交办的事项，不得以机关的名义主送给领导人个人。

③ 不可越级请示。

④ 要事前请示。

⑤ 撰写请示时，可提出两个或多个解决问题的议案，并指明倾向性意见。

⑥ 请示的语气要谦和，不能用决定的口吻，表述时，应写“拟”怎么办，不能写“决定”怎么办。

【经典案例 8-6】

关于暂缓调高旅游专项基金在交通建设附加费中分配比例的请示

北京市人民政府：

今年4月7日，北京市委、市政府《关于加快发展旅游业的决定》（北政字〔20××〕8号），同意建立旅游专项基金，其部分资金来源于交通建设附加费的分配，并将此分配比例从原来的5%调高到10%。对此，我委认为该措施无疑有利于筹集资金，促进旅游业发展。但当初决定征收交通建设附加费的目的，主要是筹集地铁资金，现要提高旅游专项基金在交通建设附加费中的分配比例，必然减少地铁资金的来源。地铁工程建设年度投资高达30亿元，筹资任务十分艰巨，而今年地铁资金缺口更大，需开拓更多的资金来源。因此，任何减少筹集地铁资金的做法都会导致工期拖长和投资增大，不利于工程建设。

鉴此，我委建议在地铁建设期内，暂缓调高旅游专项基金在交通建设附加费中的分配比例，仍执行旅游专项基金在交通建设附加费中占5%的分配比例不变。

专此请示，请批复。

北京市计委

20××年××月××日

【经典案例 8-7】

××区××中学关于增拨教学设备款的请示

××区教委：

为贯彻党和国家全面推进素质教育的精神，落实“学习计算机，要从娃娃抓起”的指示，改变学校计算机设备严重不足且落后的现状。我校拟于今年下半年新建微机室一个，core i5配备计算机60台，加上服务器、空调及其他网络设备，预计约需资金40万元。为此，特恳请上级给我校增拨30万元教学设备专用费，资金不足部分由我校自筹解决。

妥否，请批复。

××区××中学（公章）
20××年××月××日

【知识拓展】

批复的写法

批复与请示是相互对应、配合使用的一组公文。批复是上级机关用来答复下级机关的请示所使用的公文。请示的主送机关是批复的发文机关，批复的主送机关是请示的发文机关。批复具有被动性、针对性和权威性的特点。批复由标题、主送机关、正文、发文机关署名和成文日期4部分组成，这里重点介绍一下批复标题和正文的写法。

1. 标题

① 由发文机关、事由和文种组成，事由部分一般是对下级请示中的事项和问题的概括，如《国务院关于抢修塔尔寺古建筑群的批复》。

② 由事由和文种组成，如《关于江苏省撤销南通县设立通州市的批复》。

2. 正文

一般包括批复引语、批复意见和结语3部分。

① 批复引语，交代批复的原因，开头引述请示的标题、发文字号，常用写法为“你处（或其他）×字〔××××〕号《关于××的请示》收悉（悉）。经研究，现批复如下”。

② 批复意见，是批复的核心内容，要针对请示中所提的要求和问题，作出恰当、明确的答复。如果同意，要先表明“同意”的态度，然后再作指示；如不同意，则先说明否定的原因和理由，再表明“否定”的态度。

③ 结语，一般用“特此批复”“此复”“特此函复”做结语，也可以不用结语。

在写批复时要注意：内容要单一、集中，一文一事；慎重，及时答复；态度明确，行文简约；语气委婉，礼貌平和。

【经典案例8-8】

国务院关于同意设立“中国品牌日”的批复

国函〔2017〕51号

国家发展改革委：

你委《关于设立“中国品牌日”的请示》(发改产业〔2016〕2484号)收悉。同意自2017年起，将每年5月10日设立为“中国品牌日”。具体工作由你委商有关部门组织实施。

国务院

2017年4月24日

【能力训练】

1. 根据所给材料拟写一份请示（二选一）

① ××研究所筹建生物工程实验室，但资金尚缺100万元，拟向××省科技厅请示拨款。

② 因洪水泛滥，××县第一中学的图书馆4万多册图书被淹，旧学生宿舍楼和旧教学楼各倒塌一栋。在抢险过程中，无人员伤亡，计算机房、多媒体室等重要设施未受到损失。洪水过后，县第一中学请求××县教委拨款80万元，重建教学楼和宿舍楼，以确保下学期教学工作尽快恢复正常。

2. 以所在高校的名义向省教育厅写一份请示

要求：内容不限，格式规范，语气谦和有礼。

8.4 函

【情境导入】

大学生就业是国家高度关注的问题，也是各大高校十分重视的工作。某大学为进一步加强学校与用人单位的深度合作，共同做好毕业生就业和用人单位招聘工作，想要利用假期开展“大学生就业实习计划”活动。一方面，可以加强学生对专业、岗位、企业文化的了解，提高和完善学生的实践技能，尽早熟悉社会，融入企业；另一方面，可以降低企业正式招聘的风险和经济成本，及早发现并培养所需人才，同时还可通过建立“人才培训基地”宣传企业形象。针对此事，大学生就业指导中心让新来的××拟一份与各用人单位沟通、商洽的书面材料，请各企业给予积极的支持和配合，提供实习机会。第二天，××上交了一份题为《关于大学生就业实习计划的请示》，理由是学校有求于各企业帮忙解决学生的实习问题。

她所用的文种是否恰当？为什么？应该用什么文种？

8.4.1　函的含义

函是不相隶属机关之间商洽工作、询问和答复问题、请求批准和答复审批事项时使用的公文，属于平行文。

8.4.2　函的特点

1. 使用范围的广泛性

函没有对发文机关使用权限的限制，上至国务院，下至基层组织、企事业单位、社会团体都可以使用函进行行文，而且函涉及的内容比较广泛。

2. 写作的灵活简便性

函的写法灵活简便，制作程序、手续一般也较为简易。

3. 短小精悍

函的篇幅短小，是公文中最轻型的一个文种。

8.4.3　函的种类

1. 按格式分类

按照格式，函可为公函和便函两种。

① 公函用于内容较重要的公务，属于正式公文，格式完整，也可使用信函式特定格式印发。

② 便函多用于一般性事务，不属于正式公文，也不需要完整的公文格式，写法可与普通书信相同。

2. 按内容分类

按照内容，函可分为以下 4 种。

1）商洽函

该函是用于不相隶属的机关之间商量和接洽工作的往来函件，内容包括请求协助办理某事、向对方提出有关事项的处理意见、提出携同办理某事的要求等，如参观、访问、学习、交流、人员商调等。

2）询答函

该函是用于不相隶属的机关之间询问和答复相关具体问题的往来函件，内容多涉及部门自身无权处理的工作问题或难把握的问题及各种法规、政策等问题。

3）请批函

该函是用于不相隶属机关之间就主管业务范围内的事项请求批准和答复审批事项的往

来函件。请批的内容多为依法向有关业务主管部门报批或由其审批的事项。

4）告知函

告知函也称通报函，是不相隶属的机关之间告知有关事项的函，如召开交流会议、请对方知晓（信息）、邀请参加某项活动或请对方选购、订购（商品、产品）等。收文机关不一定对告知函进行回复。

3. 按行文方向分类

按照行文方向，可分为发函（来函）、复函（回函）2 种。

8.4.4 函的结构与写法

函一般由标题、主送机关、正文、发文机关署名和成文日期组成。

1. 标题

1）由发文机关、事由和文种组成

应注意在函的标题中无论是发函还是复函的文种都是“函”，为了便于从标题上明了函件的行文方向，可以在复函标题的文种前加上“复”字。如“中国科学院××研究所关于建立全面协作关系的函”(发函)、“××关于同意天津市开展排放权交易综合试点的函”(复函)、“国家林业局关于在责任山、自留山上毁林种植甘蔗行为定性问题的复函”。

2）由事由和文种组成

如“关于支票挂失止付的函”“关于合作建立××大学外语学院的复函”。需注意的是，不能只用文种“函”作标题。

2. 主送机关

主送机关使用全称或规范化的简称。复函的主送机关就是来函单位。

3. 正文

函的正文一般由开头、主体和结语组成。

1）开头

说明行文的原因、目的、依据，文字简洁，理由充分。发函常用“现将有关事项（问题）告知（说明）如下”等引出下文。复函一般先引述来函标题及来函文号，加上“收悉（收到、知道）”，有的复函还简述来函的主题，以说明复函的缘由；接着用“经研究，函复如下”或“现将有关问题函复如下”引出下文。如“你局《关于××的函》（×字〔20××〕××号）收悉，经研究函复如下”。

2）主体

写明商洽、询问、答复、请批和告知的具体事项。根据函的内容和类型的不同，写作的侧重点也有所不同，要求一事一函，语言简明扼要。内容简单的可用篇段合一结构，内容较多的可采用分条列项的写法。复函应针对来函提出的问题给予明确的答复，如对方的要求不能满足的，应进行解释和说明原因，以取得对方的理解。

3）结语

根据函的不同类型，写法也有区别。商洽函常用“恳请大力协助”“不知贵方意见如何，请函告”“望协助办理，盼复”等；询问函常用“请予函复”“盼复”“请函告”等；答复函常用“专此函告”“特此函告”等；请批函常用“请审核批准”“请予审批”“当否，请审批”“望能同意”等；告知函常用“特此告知”“特此函告”“专此函达”或“竭诚欢迎您届时光临”等结束全文。结语也可以省略不写。

4. 发文机关署名和成文日期

写明发函机关名称和成文日期，并加盖公章。

8.4.5 函的写作要求

① 内容要单一、集中，一事一函。

② 行文要简洁，开门见山，直陈其事。发函的事项要具体明确；复函行文的针对性要强。

③ 措辞要得体、恳切，要有礼貌，掌握分寸。

【经典案例 8－9】

国家中医药管理局政策法规与监督司监督处
关于商请关闭虚假中医医疗机构网站的函

国中医药政函〔20××〕2 号

信息产业部电信管理局：

当前，互联网上未经审批擅自以“中国”“中华”“国家”及军队等名义建立的涉及中医药的虚假中医医疗机构网站，肆意发布虚假违法中医医疗广告，欺骗群众，严重伤害广大群众切身利益，破坏社会和谐稳定，严重损害中医药良好声誉。为此，经我司监测并认真核查，现提供第一批 158 家虚假中医医疗机构网站名单，商请你局根据有关法规规定予以关闭。

感谢你局对中医药事业的大力支持！

联 系 人：国家中医药管理局政策法规与监督司监督处　林超岱　张峘宇

联系电话：010－6593077365063322－6802

传　　真：010－65930669

附件：第一批虚假中医医疗机构网站名单

国家中医药管理局政策法规与监督司监督处

20××年××月××日

【经典案例 8－10】

卫生部办公厅关于粉条生产加工中不能使用明矾的复函

卫办监督函〔20××〕185 号

质检总局办公厅：

你局《关于请予明确粉条生产加工中能否使用明矾的函》（质检办食监函〔20××〕689 号）收悉。经研究，现函复如下。

我国《食品添加剂使用卫生标准》（GB 2760）规定了食品添加剂品种、使用范围和使用量，食品添加剂的使用应按照《食品添加剂使用卫生标准》执行。硫酸铝钾（钾明矾）或硫酸铝铵（铵明矾）的使用范围不包括粉条，因此不能用于粉条生产加工。

专此函复。

卫生部办公厅

20××年×月×日

【经典案例 8－11】

第××届全国信息保密学术会议邀请函

第××届全国信息保密学术会议（IS20××）定于 20××年 9 月 14 日至 18 日在××省××市召开。此次学术年会由国家保密科学技术研究所主办，××省国家保密局、××软件股份有限公司、××科技有限公司承办。特邀请您参加，欢迎届时光临。

请将会议回执于 9 月 5 日前传真或寄回，以便安排食宿。参加会议的代表请持会议通知（原件）报到（未接到会议通知者恕不接待）。

有关注意事项如下。

1. 会议时间：20××年 9 月 15 日至 9 月 17 日全天，9 月 18 日会议代表返程。

2. 报到地点：××市××山庄（××市××路）

电话：××××××××

接站：9 月 14 日全天××火车站　飞机场

3. 会议收费：每位代表交会议费 1 000 元，CCF 会员 800 元，食宿自理。

4. 学术交流：本次会议的各会议室均备有数字投影仪、计算机等设备供学术交流。请论文作者准备好 PPT 发言稿。

5. 注意：由于 9 月进出××市的人较多，很难保证能顺利买到近两日内机票和火车票，强烈建议参会代表提前 10 天预订往返机票和火车票。会务组将竭诚为代表提供票务服务，需要会务组购买返程机票的代表务必将身份证号码写入回执。

6. 联系方式：

联系人：××

地址：××市××区××路××号

电话：×××－×××××××××手机：138××××7737

传真：×××－×××××××××

附件：第××届全国信息保密学术会议（IS20××）回执

国家保密科学技术研究所

20××年×月×日

【知识拓展】

请柬和邀请函的关系

请柬和邀请函都属于发出邀请的专用函件。请柬又称为请帖、柬帖，是为了邀请参加某项活动而发出的礼仪性书信。凡召开各种会议，举行各种典礼、仪式和活动，均可以使用请柬。使用请柬，既可以表示对被邀者的尊重，又可以表示邀请者的郑重态度。邀请函属于告知函的一种，常常在国际交往和日常公务活动中使用。相比之下，请柬更加随意化、人性化一些，可以签署单位主要领导的名字；邀请函则更正式，需要加盖公章。两者的区别主要有以下 3 点。

① 篇幅长短不同。请柬篇幅较短；邀请函篇幅较长。

② 功能色彩不同。请柬具有邀请和礼仪色彩，具有随意性；邀请函则更具庄重、严肃性。

③ 制发者不同。请柬的制发者既可以是机关、团体、单位，也可以是个人；邀请函的制发者一般是机关、团体和单位。

【能力训练】

1. 找出并修改下面公文中的不妥之处

函

××省人民政府：

据悉，贵省汽油、柴油富足，我省目前汽油、柴油奇缺，已严重影响我省工农业生产。为此，特去此函，请贵省支持我省汽油××吨，柴油××吨，望能照此办理，并请及时复函。

××省人民政府办公厅

20××年8月12日

2. 请将下面文字按函的格式誊清，并加上标点符号

××省建设部关于建设单位为拆迁户建房问题的复函建总综〔20××〕××号××省建设厅建字〔20××〕××号函收到关于为拆迁户建房问题答复如下一建设单位因新建工程拆迁场地房屋后需要为拆迁户新建房屋时其投资和建筑面积必须按照设计文件规定的指标纳入基本建设计划二用建设单位支付的迁移补偿费重建房屋时应否按原规定再编制基建计划可由省计委根据具体情况决定特此函复××省建设部20××年××月××日。

3. 根据所给材料拟写一份函

大学生××大赛将于上海××职业技术学院举行，××学院有1名带队老师（女）和3名同学（2女1男）参加，学院想请该院帮助解决4人为期3天的住宿问题。

第 9 章

日常应用文写作

日常应用文是人们在实际的生活、学习、工作中经常使用的表达礼节、交流思想和处理事务的文书。日常应用文的种类繁多，实用性强，使用频率高，写法比较灵活多样，格式简单易于掌握。它与人们的联系非常紧密，常见的有条据、各类启事、入党入团申请书、求职信和个人简历等。本章只介绍启事、申请书、求职信和个人简历 4 种常见日常应用文的写作知识，要求大家能够掌握各个文种的文体特点、写作格式和写作要求，规范、自如地写作日常应用文。

9.1 启　　事

【情境导入】

1922 年，萧楚女应邀担任《新报》主笔，几乎每天都以“楚女”之名发表文章。由于他文笔俊逸，逻辑性强，很快名声大振。有的青年猜他一定是位“楚楚动人的女子”，于是一封封求爱信雪片般飞到编辑部。为此，萧楚女只好在报上登上一则“楚女启事”：“本报有楚女者，绝非楚楚动人之女子，而是身材高大、皮肤黝黑并略有麻子之大汉也。”

公开表明自己的身份，起到告知作用，以免受情书困扰，这是现代名人使用启事的趣闻。其实，在日常生活中，启事的使用范围非常广泛，而且具有很强的实用性。那么怎样才能写好启事呢？

9.1.1 启事的含义

启事是机关、团体、企事业单位或个人需要向公众说明某事或希望公众协助办理某事时使用的文书。它是以公开方式广泛传播信息的文字材料，是人们日常生活工作中使用较为频繁的一个应用文种。

“启”是叙说、陈述的意思；“事”是事情。启事即告知事情之意，所以“启事”不能写成“启示”，“启示”指启发指示，是有所领悟的意思。

9.1.2 启事的特点

1. 告知性

启事以让公众知道、明了或给予积极参与、协助和支持为目的。它只有知照性，没有强制性和约束力。

2. 广泛性

启事的使用范围和内容具有广泛性，任何单位、组织或个人都可以使用。

3. 公开性

启事面向大众公开告知事宜。

4. 自愿性

对于启事中提出的请求，公众依照自己的意愿，可以协助办理，亦可以不予理会。

9.1.3 启事的种类

1. 征召类启事

征召类启事是向公众征招有关人或物的启事，通常情况下需要公众作出回应，如招聘、招生、招标、招商、征稿、征友、征婚、征集、征订、寻人、寻物、招领等。

2. 告知类启事

告知类启事是用来向公众告知有关事项的启事，一般不需要公众给予呼应，如讲座、开业、停业、更名、庆典、迁移、遗失、作废、竞赛等。

9.1.4 启事的结构与写法

启事因内容的不同，写法也不尽相同，但基本结构相似，一般都由标题、正文和落款 3 部分组成。

1. 标题

标题居中设置，主要有以下几种类型。

① 只由文种“启事”构成。

② 只由事由构成，如“征文”“征婚”“诚聘英才”“寻人”等。

③ 由事由和文种构成，如“招聘主持人启事”“失物招领启事”。

④ 由启事单位、事由和文种构成，如“北京电影学院招生启事”“黑龙江大学招聘英语教师启事”。

⑤ 文种前加修饰性词语，如“重要启事”“紧急启事”。

2. 正文

标题下面另起一行，空两格写正文。

正文要交代清楚启事的内容，一般包括启事的目的、缘由、内容、要求、希望和联系方式等，应根据不同启事的内容和要求，有所取舍。启事的内容比较简单的，通常一段成文；

内容较多且比较丰富的，常常采用分条列项的方法。

3. 落款

在正文右下方分两行写明启事单位名称或个人的姓名及成文日期。

9.1.5 启事的写作要求

启事的写作要求包括以下几个方面。

① 标题要醒目、简短。

② 内容要严密、完整，重点突出，一事一启，应便于读者记忆和理解。

③ 简洁明了，内容实事求是，不能言过其实。启事要写得简洁明了，无论是以登报、广播、电视或张贴等任何一种形式发布的启事，都必须做到简明，有的启事三言两语，有的启事用单行单句排列内容，尽量做到一目了然。这不仅是为了便于读者阅读，同时也是受篇幅版面限制的结果。张贴的启事不允许长篇大论，电台、电视、报刊启事需要费用，这就更要节俭字数、压缩版面，这更促成了启事的简明性。

④ 语言要真诚有礼，恳切、热情，引起公众共鸣，使之愿意配合。

⑤ 注意几种启事正文的写法：寻人启事、寻物启事要把人或物的特征写清楚，着重写显著的特征以便于别人鉴别；招领启事描写物品要有所保留，不能太详细，以免被人冒领。

【经典案例 9－1】

“春天里”有奖主题征文启事

农民工，一个伴随着改革开放而蓬勃成长的群体，从一个个悄然入城的散兵游勇到今天聚集成一支有上亿之众的城市建设开拓者，为城市的繁荣添上了不可磨灭的一笔。

农民工，需要关注，更需要关爱。为此，《农村百事通》杂志与中工网联合推出“春天里”主题征文活动，关注农民工的工作生活、精神领地与情感世界，讴歌农民工在城市建设中所呈现出来的平民英雄形象和不屈不挠的进取精神。

一、征文时间：20××年 10 月 20 日—12 月 20 日。

二、参与人员：面向全国各地各行业的农民工，同时也欢迎对农民工及农民工问题感兴趣的社会各界人士踊跃投稿。

三、征文主题

1. 打工文学。包括打工故事、人生小品、打工感悟等，字数在 1 500 字以内。

2. 维权故事。关注农民工权益，讲述维权故事。如果您经历过讨薪之苦、子女入学之难，请将它们写下来；如果您已经利用法律武器保护自己，争取到应得权利，请将它们写下来；对于农民工维权您有什么样的建议，也请将它们写下来，字数在 2 500 字以内。

3. 一封家书。对家乡的思念、对父母的牵挂、对子女的嘱托；书写异地他乡打工的酸甜苦辣、对美好新生活的期盼，字数在 1 200 字以内。

4. 创业路上。真实、生动地表现农民工的创业过程和成绩，反映创业艰辛和呼声。要以反映真实创业经历为主，故事中的人物、事件等关键要素不得杜撰，字数在 2 500 字以内。

四、征文要求

紧扣“农民工”主题，以反映农民工工作生活、精神面貌为主题，格调向上、思想健康、感情真挚的作品，文章必须为原创，字数不限、体裁不限。要求：主题突出、内容充实、情感充沛。

五、参与方式

网络投稿：参与者请登录 http：//blog.workercn.cn 注册并发布征文日志。日志发布后，将自己的姓名、工作单位、联系电话与博客文章链接地址同时发送至信箱：blog@workercn.cn，日志及邮件标题需注明“春天里”征文征集。网络投稿咨询电话：010—841517××，010—841515××。咨询 QQ 群：67655183。

六、奖项设置

活动设一、二、三等奖及优秀奖。以下奖金均为税前：一等奖 1 名，奖金 3 000 元；二等奖 3 名，奖金 2 000 元；三等奖 5 名，奖金 800 元；优秀奖 100 名，获赠 20××年《农村百事通》全年杂志；另外，在未获奖作品中将抽取幸运奖 100 名，赠送 20××年《健康一点通》全年杂志。

获一、二、三等奖的征文及部分优秀奖的征文，将在《农村百事通》刊登，同时由《农村百事通》、中工网联合向获奖者颁发获奖证书。

《农村百事通》杂志中工网

20××年 10 月 10 日

【经典案例 9－2】

××建设集团招聘启事

××建设集团有限公司因生产经营发展需要，拟招聘一定数量的管理和专业人员，现将有关事宜通知如下。

一、应聘人员标准与要求

1. 应聘人员应能吃苦耐劳，忠诚守信，品行端正，热爱建筑业，愿意长期从事材料或安全管理工作。

2. 身体健康，相貌端正，年龄在 25 周岁以下。

3. 具有正规全日制专科以上学历，所学专业为应聘岗位所要求专业或相近专业，学习成绩优良，党员、院校学生干部、三好学生或英语六级以上者及有一定工作经验者优先录用。

4. 应聘人员原则上限临沂市三区九县生源。

二、招聘岗位、数量和专业要求

招聘为定岗招聘，全部为材料及安全管理岗位，其中材料管理员 50 人、安全管理员 30 人。要求专业为土木工程、暖通、机械制造、电气自动化、工程管理、工程造价、会计或工程经济管理等相近专业。

三、招聘程序

应聘者应于 9 月 20 日之前携带能证明个人能力和素质的有效证件及复印件到集团人力资源部报名，然后由集团对报名人员进行筛选、考察、考核后择优聘用。

四、工资福利待遇

1. 新聘员工在试用期内月工资在 1 200 元以上，试用结束后根据其岗位重要程度和绩效确定工资和奖金。

2. 新聘员工按国家有关规定签订劳动合同后，享受五险一金及其他福利待遇。

五、报名地点及联系方式

报名地点：临沂市银雀山路××号××大厦三楼人力资源部

联系电话：0539－8119×××邮箱：jianshe234@163.com

××建设集团

20××年××月××日

【经典案例 9－3】

寻物启事

本人于 3 月 16 日下午 4 点左右，在新玛特广场不慎将一个黑色的耐克背包遗失，内有身份证、工作证、驾驶证、银行卡和现金若干，另外还有经济类杂志两本。真诚盼望拾到者与本人联系，本人不胜感激，并且愿意送现金 200 元作为酬谢。

失主：李××

联系电话：1375342××××

20××年××月××日

【经典案例 9-4】

失物招领

本人昨天晚自习在学校操场捡到一个绿色背包，内有钱包、MP4、书本及其他若干，请失主尽快与我联系。

电话：1894532××××

20××年××月××日

【经典案例 9-5】

中国有色矿业集团有限公司迁址启事

中国有色矿业集团有限公司（简称中国有色集团）自 20××年 2 月 21 日起搬迁至新址办公。迁址后联系方式如下。

通讯地址：北京市朝阳区安定路 10 号中国有色大厦

邮政编码：100029

总　　机：(8610) 8442××××、8442××××

传　　真：(8610) 8442××××

网　　址：www.cnmc.com.cn

附注：中国有色集团出资企业谦比希铜冶炼有限公司、中色镍业有限责任公司、中色国际贸易有限公司、中色国际矿业股份有限公司、赞比亚中国经济贸易合作区北京代表处也一并迁往上述新址办公。

中国有色矿业集团有限公司
20××年 2 月 13 日

【知识拓展】

启事与公告的关系

启事具有广泛性、公开性和自愿性的特点，这和公告有类似之处，都有公开陈述事情的意思，但又与公告有着本质的区别，主要体现在以下 3 个方面。

（1）发布单位不同

只有国家权力机关或政府的职能部门才能发布公告；任何单位和个人都可以发布启事。

（2）发布的内容不同

公告的内容必须是重大事项；启事的内容广泛，大事小事都可使用。

（3）发文性质不同

公告是国家机关向国内外发布重大事项，或者政府职能部门依据法令发布有关规定的公文，具有很强的约束力；启事不具有政策性和法令性，因而也没有强制性和约束力。

【能力训练】

1. 指出并修改下述寻物启事中的错误

寻物启事

本人是联想集团会计，于7月8日骑车经过医科大学主楼附近时，不慎丢失皮包一只。有拾到者请交给本人，我愿意付出重金表示感谢。此致

敬礼

联想集团员工

20××年××月××日

2. 根据要求写一篇征文启事

以所在学校团委的名义，以临近的节日为主题，写一篇200字左右的征文启事。

9.2　申　请　书

【情境导入】

王晓宇毕业后来到一家私企做技术人员，一干就是3年，刚来时公司和他约定每年进行工资调整，可是一直杳无音讯。一开始公司的效益不好，王晓宇一直没好意思提起这件事，想等企业发展起来了，一定不会亏待这些老员工的。公司步入第三个年头，老板已经换新车了，可是还没有提涨工资的事情。上个月，王晓宇得知公司新招的前台人员的工资和自己一样多，很是气愤，想让老板给自己加薪。

如果你是王晓宇，你认为下列做法哪一种比较得当？

A. 提出申请，说明自己3年来取得的成绩，要求老板履行承诺。

B. 和同事比较。前台人员干的活比我少，凭什么挣得和我一样多？

C. 找个客观理由。我正在贷款买房，生活压力大需要加薪，不然为了生计我可能会辞职。

选项 A 是最为明智的做法。和老板谈加薪，最有效的方式就是“摆事实，讲证据，表明自己的能力和价值”。你必须向公司证明你值得加薪，而不是需要加薪。如果你一直保持良好的业绩记录，始终表现出色，工作努力，具备创造力，那么加薪的要求很容易被接受。这时向老板递交一份加薪申请书是十分妥当和理智的选择，也是解决薪资问题的最好途径。

你知道申请书怎么写吗?

9.2.1 申请书的含义

申请书是个人或集体向有关组织、机关、企事业单位或社会团体表述愿望、提出请求时使用的一种书信。申请书是专用书信的一种，它和一般书信一样，也是表情达意的工具。

申请书的使用范围十分广泛，个人想要参加党团组织或其他群众团体要写申请书，如“入党申请书”“入会申请书”；请求上级帮助解决工作、学习、生活等方面的问题要使用申请书，如“调整岗位申请书”“转正申请书”；需要获得某种权利时还要使用申请书，如“公司注销登记申请书”“商标注册申请书”等。

9.2.2 申请书的特点

申请书的特点包括以下两个方面。

① 具有请求的特性。申请书是个人或集体用来请求满足某种要求或愿望的文书，因此请求的特性是其根本特点。

② 采用书信体格式。申请书是一种专用书信，在写法上按照书信的格式行文。

9.2.3 申请书的种类

按照用途，申请书可分为以下几种类型。

① 参加某种组织的申请书，指个人或集体参加某种社会团体或党派而写的申请书，如申请入党、入团、入队、参军等。

② 工作、学习方面的申请书，如申请进修、辞职、加薪等。

③ 日常生活方面的申请书，如申请改善住房条件、提前供暖、困难补助等。

9.2.4 申请书的结构与写法

申请书一般由标题、称谓、正文、敬语、署名及成文日期组成。

1. 标题

标题居中设置，一般有两种写法。

① 由文种“申请书”构成。

② 由事由和文种“申请书”构成，如“参军申请书”“换房申请书”“进修申请书”“转正申请书”“加入报关协会申请书”。

2. 称谓

另起一行，顶格加冒号，写明接受申请书的单位名称或单位领导的姓名。

3. 正文

申请书的正文一般包括申请事项、申请缘由、决心和态度3个部分。

1）申请事项

开门见山地提出申请的具体内容，如“我郑重向党组织提出申请，要求加入中国共产党”“本人申请开办一家文化用品商店”。

2）申请缘由

这是申请书的重点部分，理由要充分。例如，写入党申请书，要写明自己对党的认识、入党动机；写开业申请，要写明自己具备了什么样的经营条件。此项内容有时也可写在申请事项之前。

3）决心和态度

写明实现意愿的决心、做法，实现意愿后的保证。结尾可用“请领导批准我的请求”“敬祈核准”等习惯用语。

4. 敬语

和一般书信相同，如“此致”“敬礼”。

5. 署名及成文日期

在正文右下方写上申请人姓名，下面一行写上申请日期。

9.2.5　申请书的写作要求

① 申请书是“下对上”的行文方式，在语言的使用和选择上要注意诚恳、有分寸，符合行文标准。

② 申请书要求一事一议，内容要单纯。

【经典案例9-6】

入党申请书

尊敬的党组织：

我志愿申请加入中国共产党。

我出生在20世纪90年代，《没有共产党就没有新中国》伴随着我的成长，对党的理解由儿时的好奇渐渐地变成了现在的一种信仰。时间的成长和沉淀使我越来越坚定了加入共产党、为党的事业奋斗终生的信念。

我自幼热爱和崇拜中国共产党，不仅因为她帮助中国人民摆脱了“三座大山”的压迫，还因为她带领着中国人民走向富裕并将继续走向辉煌。中国共产党自成立以来，一直领导着中国人民走正确的道路，从一个只有几十个人的组织发展壮大成为中国第一大政党，这种惊人的创举震撼着亿万的世界人民。新时期的中国共产党人继承前人的优良传统，提出了新时代的政治路线，国家日臻繁荣，人民日渐富裕。改革开放 40 余年来，实践证明了一切！纵观历史，只有中国共产党才能领导中国人民，只有中国共产党才能创造中国明天的辉煌。

中国共产党是中国工人阶级的政党，是由工人阶级的先进分子组成的。中国共产党是中国工人阶级的先锋队，也是中国人民和中华民族的先锋队，是中国革命的领导力量和社会主义事业的领导核心。中国共产党始终代表中国先进生产力的发展要求，始终代表中国先进文化的前进方向，始终代表中国最广大人民的根本利益。党的最高理想和最终目标是实现共产主义。中国共产党以马克思列宁主义、毛泽东思想、邓小平理论、“三个代表”重要思想、科学发展观、习近平新时代中国特色社会主义思想作为自己的行动指南。

在和平年代，每当祖国和人民面临危险和灾难时，共产党员总是冲在救险的第一线。如在抗击冰雪灾害及抗震救灾的过程中，共产党员总是身先士卒，夜以继日地奋战在最前线，一名党员倒下了，另一名党员补上去，很多党员都受伤了，有的甚至牺牲在那片没有硝烟的战场上。无数党员用自己的实际行动履行了自己作为党员的承诺，他们用生命捍卫着人民的安全，用自己的鲜血染红了大地，用自己的行动撼动了无数颗赤诚的爱国之心。

中国共产党的根本宗旨是全心全意为人民服务。中国共产党要求党员不顾一切，为实现共产主义奋斗终生，要坚持党和人民的利益高于一切，个人利益服从党和人民的利益，克己奉公，多作贡献，为人民的利益，在困难和危险的时候挺身而出，英勇奋斗，不怕牺牲。

作为一名共青团员，我一直严格要求自己，用实际行动担负起共青团员的先锋模范作用。随着年龄与知识的增长，我对党的认识也越来越深，加入到党组织中来的愿望也越来越强烈，所以在平时我不断加强自身修养，经常学习党的理论、方针、政策，用先进的理论来武装自己的头脑，在实际行动上积极与党组织保持一致，积极参加团的各项活动，努力争做一名优秀共青团员。

进入大学以来，在学习环境、文化修养上都开启了我人生的一个新起点，从思想上我对自己也有了更进一步的要求，即争取早日加入到党组织中来。为了规范自己的行为、指正思想的航向，我能够做到时时处处从小事做起、从我做起，以党员的标准要求自己；认真学习领会党的基本理论和方针政策，树立正确的世界观、人生观、价值观；学习科学文化知识，提高思想道德水平，为将来报效祖国打下坚实的基础。

我深知自己距离一名共产党员的标准还有一定差距，所以，在今后的日子里，我决心继续以共产党员的标准严格要求自己，处处起先锋模范带头作用。在校学习期间，尊敬老师、团结同学，吃苦在前、享受在后，积极参加各项集体活动，增强集体荣誉感；在日常生活中，勤俭节约，孝敬父母，文明礼貌，乐于助人，不断提高自己的综合素质。希望党组织给予我进一步的帮助和教育，让我早日成为一名光荣的中国共产党党员，从而更好地为人民服务！肯请党组织在实践中监督、考验我。

特此申请，热切盼望得到党组织的批准。

此致

敬礼！

申请人：魏来

2018 年 5 月 1 日

【经典案例 9－7】

转正申请书

尊敬的领导：

您好！本人郑重提出转正申请。

首先感谢您给予我到公司从事设计工作的机会，对此，我感到无比的荣幸和激动。我一定会珍惜这来之不易的机会，在今后的工作中，好好表现自己，全身心地投入到工作中去，为公司明天的发展贡献自己全部的力量。

我于 2017 年 6 月 7 日成为贵公司的试用员工，来到贵公司是我人生的重大转折，也是我人生的一次机遇，更是一种挑战。根据公司的需要，目前我在公司任设计一职。我深知作为一名设计人员，不仅需要有耐心、细心，还要有较强的责任心，能够为自己所设计的作品负起全部责任，并在工作中不断进取，努力提高自己的专业素质，力争使自己的能力登上一个新的台阶，为公司的发展作出更大的贡献。我深信自己一定能做到这些。

本人工作认真，极富工作热情，善于与他人沟通，注重团队的合作协调，责任感强。更重要的一点是，做一个设计人员是我一直以来最大的愿望，我喜爱设计这一行，所以我自信，并能够把所有的精力都投入到工作中去，积极配合各部门负责人，成功地完成各项工作。今后，我会更积极学习新知识、新技能，注重自身发展和进步，努力提高自己的综合素质，努力成为公司所需要的合格人才。虽然我来公司时间不算长，但已经深深被公司良好的企业文化氛围所吸引。公司的领导注重人性化管理，工作环境宽松，在这样的氛围中，可以极大地激发我的潜力，使我以更积极的心态投入到每天的工作中。

这段时间来我学到了很多，感悟了很多。看到公司的迅速发展，我深深地感到骄傲和自豪，也更加迫切地希望以一名正式员工的身份在这里工作，实现自己的奋斗目标，体现自己的人生价值，和公司一起成长。在此，我提出转正申请，恳请领导给我继续锻炼自己、实现理想的机会，我会以谦虚的态度和饱满的热情做好自己的本职工作，为公司创造价值，为公司的成长贡献自己一份微薄的力量，同公司一起展望美好的未来！

此致

敬礼！

申请人：李响

2018 年 7 月 15 日

【知识拓展】

专用书信和一般书信的区别

书信分为专用书信和一般书信两大类。专用书信是指用于某种特定场合、针对某种特定事务所写的书信。专用书信的种类很多，如申请书、表扬信、感谢信、介绍信、证明信、贺信等。一般书信是个人之间用于交流思想感情、互通个人和家庭情况的书信。二者主要有以下几点区别。

① 专用书信常有标题；一般书信没有标题。

② 专用书信的称谓可写在开头，有的还写在正文中；一般书信的称谓均写在开头第一行。

③ 某些专用书信要在署名处加盖公章；一般书信不用盖章。

④ 从读者对象来看，大多数专用书信的读者具有不确定性的特点；一般书信的读者是相对确定的。

⑤ 从语体方面来看，专用书信多用书面语；一般书信则要求口语化。

【能力训练】

1. 根据材料，进行写作练习（二选一）

（1）给所在学校的校长写封信，就集体或自己的某个愿望提出请求，请校领导给予帮助解决。

（2）小王是某乡镇卫生院的医生，她爱人在县里工作，为解决两地分居的问题，她想调到县人民医院。要求：代她写一份调动申请书。

2. 结合兴趣选择社团并写一份申请书

学校的各个社团正在举行热火朝天的纳新活动，你的兴致很高。要求：结合自己的兴趣爱好，选择一个社团加入，并写一份申请书。

9.3　求　职　信

【情境导入】

曾担任 Google 中国区总裁的李开复，为 Google 研究工程院招聘第一批人才。一天，一封发给李开复个人的邮件引起了他的注意："同一封邮件为什么会收到两次？"接着李开复发现，这封邮件所发的地址远远不止两个，发信人把用户名设为 Kfll、Kaifuli、Kfli，信箱后缀为 Gmail、Hotmail、Yahoo 等所能想到的邮箱地址全都寄了一遍。

李开复被深深打动了，详细地阅读了这封邮件——这是一封求职信，但内容独特。

这位求职者首先在信中表述了他在五年级时第一次使用 Google，在以后的时间里跟踪了 Google 所有的产品，详细说明了他喜欢 Google 某个产品的某个部分及这部分的特点。接着，他表达了希望成为 Google 一员，并认真分析了自己的专长和特点，表明自己最适合 Google 什么职位。最后，他坦诚地说明自己还面临其他选择，希望 Google 能尽早回复。

这封不一样的求职信让这位求职者在成千上万的竞争对手中脱颖而出，并顺利通过面试。

求职信是求职者和雇主沟通的第一道桥梁，如果第一印象不好，那么名落孙山的概率也特别高。所以，求职信的好与坏绝对影响能否得到面试的机会。那么，怎样才能写好求职信呢？

9.3.1　求职信的含义

求职信是求职者向用人单位自荐谋求职位的专用书信。它的目的是充分向用人单位展示自己的能力和特长，以此向用人单位成功推销自己。

9.3.2　求职信的特点

1. 针对性

写求职信、应聘信必须针对用人单位的实际情况、自身条件，针对读信人的心理，针对自己的求职目标。

2. 自荐性

写信人和读信人不熟悉，必须由写信人毛遂自荐，因而要恰如其分地介绍自己，并要有一定的说服力，以赢得用人单位的认可。

3. 竞争性

择业择人是双向选择，求职、应聘就是竞争。要在竞争中取胜，必须突出自己的优势，而且，要将证明自己优势的材料附上（如科研成果、学术论文、获奖证书、学历证书和资格证书等）。

9.3.3 求职信的种类

根据不同标准，求职信可做不同分类。

① 根据求职者的身份，可分为毕业生求职信、待业或下岗人员的求职信、在岗者求职信。

② 根据求职对象的情况，可分为有明确单位的求职信和广泛性的求职信。

9.3.4 求职信的结构与写法

求职信一般由标题、称谓、问候语、正文、敬语、署名及成文日期组成。

1. 标题

在第一行居中写上“求职信”3 个字。

2. 称谓

顶格写明求职单位名称或求职单位领导或负责人的姓名和职务，如“鸿宇外贸公司”“刘楠总经理”；如不知道求职单位领导的姓名，也可直接称呼其职务，如“尊敬的人力资源部经理”。称谓后面要加冒号。

3. 问候语

另起一行，空两格，后面加感叹号。

4. 正文

求职信的正文一般包括开头、主体和结尾 3 个部分。

1）开头

概要介绍自己，交代写作缘由或对该单位的了解程度。介绍自己，包括身份、年龄、学历、专业等基本情况。写作缘由，可根据自己的实际情况来写，如“因毕业而谋求职位”“为了更好发挥自己的专长”“为解决两地分居之苦”“为了谋求更大的发展”等。

2）主体

推销自己，即针对拟求职单位的岗位需求或根据用人单位的一般标准具体地介绍自己，如专业特长、业务技能、主要经历、成绩、优势、特长等，以期达到最好的推销效果，让用人单位觉得你是最佳人选。但要注意推销要适度，应实事求是，不能夸大其词。

3）结尾

再次表达求职愿望，希望用人单位能给自己一次工作的机会，或恳请用人单位能及时与求职者联系，如“如蒙录用，请赐回信”。证明自己能力的相关材料，可以用附件的形式出现。由于求职信的篇幅有限，一般将个人简历及有关的证明材料附在信后，如“兹将本人简历及毕业证复印件寄上”。

5. 敬语

与一般书信写法相同，如“此致”“敬礼”。

6. 署名及成文日期

在正文右下方分两行署上求职者姓名和成文日期。

9.3.5 求职信的写作要求

1. 要有针对性，目的明确

求职信要针对自己对用人单位的了解和自己的实际来表达自己的愿望，决不能写成能到处撒网、可以大量复制的信件。

2. 语言简洁，文面工整

因为每天收到的求职信很多，用人单位没耐心去读几千字的长篇大论，因此，要注意言简意赅，保持在一千字以内。这类信件文字的整洁、美观很容易引起用人单位对求职者的好感，建议字好的人用手写稿，可以向用人单位展示自己的这一特长。

3. 态度诚恳，实事求是

求职信既要表现出对所求职位的渴望，还要表现出对胜任工作的自信。做到不卑不亢，用真情、真诚赢得用人单位的好感与信任。自我评价要恰当，尽可能有事实依据。

【经典案例 9－8】

求 职 信

尊敬的领导：

您好！首先向您致以诚挚的问候。感谢您在百忙之中垂阅我的自荐信！我是哈尔滨大学文秘专业的20××届毕业生，欣闻贵单位蓬勃发展，事业蒸蒸日上，故冒昧毛遂自荐，诚盼成为贵单位的一员。

作为一名文秘专业学生，我把“基础扎实、应用灵活”作为学习的宗旨和目标。在大学四年期间，通过全面、系统的学习，我不仅理解和掌握了文秘专业这一领域的相关知识，而且还具备了一定的实际操作能力和技术。

我深知“工欲善其事，必先利其器”的道理，因此，我并不满足于本专业知识的学习和技能的掌握，在不放松专业学习的同时，努力拓展自己的知识面，提高自身的工作能力。在大一期间，我组织同学成立了班级文学社，出版的第一期班刊《凝望》荣获系里班刊大赛第二名的好成绩；大二期间，被推选为团支部书记，带领班级获得“优秀团支部”荣誉称号，同时本人荣获“三好学生”“优秀团干部”的荣誉称号。在实践活动中，我的能力得到了锻炼和提高，同时也为以后走上工作岗位奠定了坚实的基础。

或许很多人像我一样怀着憧憬与期盼，到贵单位求职，他们当中不乏名牌大学的毕业生、研究生，如果说学业使我有勇气跨进您的门槛，能力则使我坦然接受挑战，我会以自己的实际行动来证明“我并不比别人差”。“器必试而后知其利钝，马必骑而后知其良驽”，请给我一个机会，您得到的不是一份简单的承诺，而是用青春与智慧谱写的答案！

恭候您的佳音！

热诚祝愿贵单位业绩辉煌！

此致

敬礼！

求职人：赵杨

20××年××月××日

附：个人简历一份

学校推荐信一份

各科成绩单一份

证书复印件一份

联系地址：×××××××××　　联系电话：×××××××××

【知识拓展】

求职信和应聘信的区别

求职信和应聘信都是向用人单位推荐自己的书信，但它们又有不同。求职信是在不知道用人单位是否用人的情况下写的专用书信；应聘信是在知道用人单位公开招聘的情况下写的专用书信。它们的结构与写法基本一致，只有一些细微的差别，具体如下。

（1）标题不同

一是“求职信”，一是“应聘信”。

（2）正文的开头部分不同

求职信一般从自我介绍写起；应聘信一般则要交代缘何得知用人单位用人，如“近日读《哈尔滨日报》，得知贵公司欲招聘会计师一名，十分欣喜”“昨日阅《北京日报》，敬悉贵校欲招聘语文教师”。

（3）主体部分不同

求职信的求职范围比较大，全面介绍自己的能力和专长；应聘信的主体部分依据招聘岗位的特点，投其所需推销自己，针对性很强，以增加应聘的成功率。

【能力训练】

1. 根据所给材料写一封求职信

王磊以优异成绩毕业于某大学人力资源专业，并在某外企从事人力资源工作，现担任部门主管。现在王磊欲寻找机会，谋求更大发展空间。

2. 根据理想和专业特点写一封求职信

要求：语言简洁、重点突出、态度谦和有礼貌，达到成功推荐的目的。

9.4　个人简历

【情境导入】

张京是一个精力充沛、急于求成的人，就职于 IT 领域，他对某外企公司的一个招聘岗位很感兴趣，可是这个位置需要比他的学历更高、经验更丰富的人。经过苦思冥想，他决定在自己的简历上下些功夫，以显得“完全”符合招聘岗位的要求。这份简历写得还不错，使他获得了面试的机会。可是好景不长，真相最终暴露，理想的工作也成为泡影。更糟的是，同行听说了这件事情后，他的名声也受到了影响。他曾经成功地炮制了一份简历，打开了面试之门，但在真相被发现后这扇门随即又被无情地关上了。由此可见，如果想通过夸大其词陈述自己的资格，以使简历更有分量的话，将会在今后的面试过程中处于极其尴尬的境地。

简历对于帮助求职者得到面试的机会，有着举足轻重的作用。简历制作是毕业生求职的第一环节，那么，怎样才能制作出打动企业人力资源主管的优秀简历呢？

9.4.1　个人简历的含义

个人简历是求职者的简要介绍，一般包括生活、学习、工作、经历、成绩等方面的内容。写好个人简历非常重要，用人单位对求职者的第一印象往往是通过简历获得的，一份适合用人单位需求、内容翔实和有特色的简历，有利于争取聘用单位面试的机会。

9.4.2　个人简历的特点

个人简历的特点包括以下两个方面。

① 目的性。个人简历的目的性很强，以成功推销自己为着眼点。

② 直观性。个人简历在很短的篇幅内把求职者的个人概况进行一目了然的展示。

9.4.3　个人简历的种类

个人简历主要有以下几种类型。

① 时间型简历。这种简历适合工作经历比较丰富的求职者，以强调工作经验为主。

② 功能型简历。这种简历突出求职者的能力和特长，比较适合毕业生使用。

③ 专业型简历。这种简历突出求职者的专业、技术技能，特别适合对技术水平和专业能力要求比较高的职位，毕业生也可以使用。

④ 业绩型简历。这种简历突出求职者以往的工作成就和业绩，故不适合应届毕业生。

⑤ 创意型简历。这种简历突出个性和标新立异，可彰显求职者的创造力和想象力，适合艺术类和对创造力有特殊要求的岗位，如广告策划、文案、美术设计、技术研发等岗位。

9.4.4 个人简历的结构与写法

个人简历可以是表格式，也可以是其他形式，一般包括标题和基本内容 2 部分。

1. 标题

一般用“简历”或“个人简历”居中书写。

2. 基本内容

1）个人基本情况

解决“你是谁”的问题。姓名、性别、联系方式（固定电话、手机、电子邮箱）、年龄、籍贯、政治面貌、学校、系别、专业、婚姻状况、健康状况、身高、爱好与兴趣、家庭住址等根据个人及应聘的岗位情况有所取舍。

2）学业情况

解决“你学过什么”的问题。写明毕业学校、专业及起止日期，主修课程及有利于应聘岗位的辅修课程（可把详细成绩单附后），所担任的职务和参加的社会实践活动，在校期间获得的各种奖励和荣誉。切记不要列入与自己所找工作毫无关系的经历。

3）工作情况

解决“你做过什么”的问题。详细写明以往工作单位、职位、工作性质、起止日期等。按照时间可分为顺序法和倒序法两种写法，最好采用倒序法，把最近的单位写在前面。

4）求职意向

解决“你想做什么”的问题。也就是求职目标或个人期望的工作职位，表明想做什么、能做什么及奋斗目标，尽量简明扼要。

9.4.5 个人简历的写作要求

个人简历的写作要求包括以下几个方面。

① 简洁明了。个人简历尽量简短，用最少的文字传递最多的信息，最好在一页纸内完成，最多不要超过两页，因为招聘人员没有或不愿花太多的时间在一份空洞的简历上。

② 重点突出。个人简历要有针对性，突出对应聘工作有意义的内容，与应聘岗位无关的内容尽量不写，加深招聘人员的印象，从而获得面试的机会。

③ 准确无误。注意内容和形式的准确性，避免出现错别字、语法、标点符号和打印等方面的低级错误。

④ 诚实恳切。要求内容实事求是，语气充满自信和热情，不卑不亢。

⑤ 整洁规范。最好用 A4 标准复印纸打印，字体最好采用常用的宋体或楷体，排版尽量简洁明快、干净整洁。

⑥ 个人简历（表 9－1）常和求职信配合使用。

表 9-1　个人简历

姓名	王志刚	性别	男	民族	汉
籍贯	黑龙江哈尔滨	出生日期	1991.3	毕业院校	东北师范大学
专业	影视动画	学历/学位	本科/学士	职务	系学生会主席
联系电话	1584567××××		邮　箱		123@163.com
求职意向	二维动漫讲师				
教育背景	2009.9—2013.7 东北师范大学影视动画专业				
主修课程	教育学心理学美术教育学二维动画制作				
获奖情况	获得校级“优秀学生干部”“三好学生”4 次 获得国家二等助学奖学金 2 次，学校一等奖学金和二等奖学金各 1 次 2011 年获学院“平面设计大赛”一等奖 2012 年获省级“高校大学生二维动画设计大赛”二等奖 2013 年获“优秀实习生”荣誉称号				
社会实践	2010.3—2010.12 在少年宫做兼职少儿美术教师 2011.3—2011.9 在猛马漫画绘制有限公司兼职 2012.9—2012.12 参与学校大型宣传片制作 2013.3 至今长春游戏学院二维动画讲师				
个人技能	熟练掌握 Photoshop 等二维绘图软件				
兴趣爱好	动画、绘画、唱歌、演讲				
自我评价	本人性格开朗，为人诚恳，乐观向上，兴趣广泛，具有较强的组织能力和适应能力，沟通能力强，表达效果好，具有团队协作精神				
另附	只有想不到，没有做不到，一分耕耘一分收获，相信通过努力和付出，我会和公司一起成长和进步。祝贵公司蒸蒸日上				

【经典案例 9-9】

个人简历

姓　　名：刘芳华　　性　别：女　　民　　族：汉族

年　　龄：27 岁　　户籍地：珠海　　婚姻状况：未婚

毕业院校：珠海××大学　　学　历：本科　　专　　业：人力资源管理

求职意向：行政/人事类、主管/专员

工作经历：2013.7—2018.4　珠海××离合器有限公司（外商独资）人事主管

职务描述：

1. 制定人力资源战略规划，建立适合公司发展的人力资源政策与程序，并监督实施及改善；编制年度人力资源费用预算，评估人力资源成本；

2. 负责招聘、培训、薪酬、绩效、社会保障福利等工作；

3. 组织制定、执行及完善公司人力资源管理制度；

4. 负责部门基础管理、计划管理、人员安排及跨部门沟通。

教育背景：珠海大学人力资源管理专业本科

工作能力及其他专长如下。

语言能力：普通话流利，粤语良好，英语精通。

计算机能力：熟练掌握计算机办公软件及相关的人事管理软件。

其他技能：人力资源管理师资格认证；对人力资源管理事务性工作有娴熟的处理技巧，熟悉劳动法律，能独立处理人事纠纷；熟悉企业的招聘流程及各种招聘渠道。

自我评价：

1. 对人及组织变化敏感，具有较强的沟通、协调和推进能力；

2. 高度的敬业精神与责任感，原则性强；

3. 乐观开朗，具有很强的团队合作意识；

4. 学习能力强，思维活跃，有创新精神。

【知识拓展】

人事经理马上会扔掉的6种简历

筛选简历是人事经理每天必做的事情，有一些简历是被拒看的，具体如下。

（1）过长的求职信

如果求职信过长，重复表述同一个特质或能力，会让人事经理感到求职者思路不清，直接选择放弃。

（2）简历不完整

个人经历（学业、工作）在招聘当中是很被人事经理看中的。有的人在描述经历时，常常出现时间上的断档，让人有不信任感，对他的求职和做事态度产生怀疑。

（3）表述过于简略

一些人的简历相当简单，工作经历只交代年份和岗位名称，教育情况只写大专或大本，交代的个人信息实在有限，结果只能是自我推销的失败。

（4）出现明显错误

尤其是一些时间上的错误，如5年的大专，或者教育经历与工作经历完全重叠，有的算下来从很小就开始工作等，这种不切实际的简历会马上被人事经理丢掉的。

（5）标题或附件形式不明确的

在网上投递简历时，有的人为图省事，常以“应聘”或“个人简历”作为邮件的标题，简历则以附件的形式发送。人事经理往往会把这样的简历放在最后浏览，或选择不看。

（6）用很怪异的邮箱名字发送简历

一些怪异的邮箱名字，会让人事经理望而却步，不会打开查看。例如，有的司机投递简历用“路霸”或“路盲”的邮箱名，有的年轻人用“我的地盘我做主”“彻夜狂欢”等做邮箱名。

个人简历是获得面试机会的敲门砖，作为一名求职者，在制作简历时应尽量避免一些明显的、易犯的毛病，用负责的态度认真对待每一个环节，这样才能让人事经理相信你具备严谨的工作态度。

【能力训练】

1. 指出简历中的不足，并重新撰写

个 人 简 历

姓名：×××　　性别：男　　毕业院校：××大学

教育背景：

××大学管理学院国际贸易学经济学硕士 2011—2013 年研究生公费奖学金(2%);班长；研究生会主席；优秀干部（3%）；预备党员

××大学数学学院信息与计算科学理学学士 2004—2008 年

实践活动：

第二届 ICIE 创新与创业国际会议接待员 2012 年 11 月

××大学创业研究中心中国汽车工业进出口调查项目助理 2011—2012 年

东北证券有限客户经理 2011—2012 年

接受严格的投资业务培训，通过淘汰率 4/5 的考核，担任市场部经理；

组织员工深入进行市场调查，重新制定销售策略，提高公司 28%的市场占有率；

学习到了大量有关会计、信息搜集以及与人协作的能力。

大连开发区第一中学专职教师 2008—2009 年

大连地区国家级一类重点中学；

备课过程中经常用到 Word、Excel、PowerPoint 等软件；

上海××电梯吉林省分公司销售助理 2007—2008 年

5 天走访将近 40 家工地，有效信息率达到 76%；

深入联系客户，用诚信和责任心打动客户。

吉林省××集团校园代理 2005—2006 年

英语考试及 IT 技能：

英语六级：453，听、说、读、写流利。

计算机国家三级，Word、Excel、PowerPoint 熟练。

补充资料：

唱歌，跳舞（拉丁），音乐，摄影，旅游。

2. 根据所给材料写一份简历

一名应届毕业生，对销售工作很感兴趣，拟写一份表格式个人简历推销自己。要求：有针对性，让用人单位相信他就是这份工作的不二人选。

第 10 章

事务应用文写作

事务应用文是机关、团体、企事业单位或个人在处理事务时，经常使用的、有一定惯用格式的文体。事务应用文在人们处理日常事务中发挥着重要的作用，如在工作开始之前，要制订工作计划；在工作结束之后，要对工作进行总结；向上级领导汇报自己履行岗位职责时，要写作述职报告；编制规章制度，以保证工作顺利进行。事务应用文具有事务性、实用性、广泛性、程式性的特点。事务应用文包括计划、总结、简报、调查报告、述职报告、规章制度等。本章介绍计划和总结的文体特点、写作格式及写作要求。

10.1　计　　划

【情境导入】

2018 年 1 月 1 日是安佳公司成立 3 周年的纪念日。两年多来公司克服人员不足的困难，顶住国际金融危机的压力，全体员工发扬主人翁精神，积极采取有效措施，确保超额完成集团总部在公司成立初期下达的任务。公司董事会决定于 2017 年 12 月 30 日 19 时举行安佳公司 3 周年庆典暨迎新年文艺晚会。届时公司将邀请集团总部领导、友邻单位及职工家属参加庆典活动。庆典的筹备工作由公司办公室张秘书落实。由张秘书起草活动计划，组织成立会务组和秘书组，分别负责会议来宾的接待工作、文艺节目的编排工作、安全保卫工作和庆祝仪式前后的文件起草工作、宣传工作等。

由于计划制订得周密、翔实，整台晚会进行得井井有条。节目衔接紧密，会场秩序井然，未发生安全事故，晚会取得圆满成功。本次庆典活动，既集中展示了安佳公司的企业形象，又展现了安佳公司全体员工的精神风貌。其中，张秘书的计划起到了非常重要的作用。

10.1.1　计划的含义

计划是机关、团体、企事业单位或个人对将要进行的工作、生产与学习提出预想的目标，并针对目标制定出具体的实施步骤、方法和措施所使用的应用文。古人云：“凡事预则立，不预则废”“人无远虑，必有近忧”。计划，在工作、生产、学习过程中起着重要的作用。

计划是一个统称，常见的纲要、设想、打算、安排、意见、方案、要点等都属于计划，但它们在目标远近、时间长短、内容详略等方面各有特点。

纲要是长远、宏大的计划，它的时间跨度长（一般 3 年以上）、范围广、内容较为概括，富有鼓动性。它是各级领导机关根据战略方针，为实现总体目标对某一个地区、事业、行业所作出的长远部署。一般对工作方向、目标提出纲领式的要求和指导性措施。例如，《国家中长期教育改革和发展规划纲要（2010—2020 年）》《黑龙江省国民经济和社会发展第十三个五年规划纲要》。

设想是一种粗线条、预备性、非正式的，还有待于进一步完善的计划，多数适用时限较长的计划，如《未来城市居住区地下停车场的设想》。

打算也是一种粗线条的、想法不太成熟的非正式计划，相对于设想，它的内容范围不大且考虑近期要执行的工作，如《××学院争先创优的打算》。

安排是短期的计划，它任务明确、内容单一、措施明确、具体且范围不大，适用于单项的具体工作，如《××学院九月份宣传工作安排》。

意见是一个阶段内的，一般是上级对下级布置工作任务并提供基本的思路、方法，交代政策，提出要求等，内容是粗线条的，如《××公司关于下属企业扭亏增盈全面提高经济效益的意见》。

方案是对某项工作，从目的、要求、方式、方法、进度等方面作出周密部署，可操作性强的计划。方案的实施一般须经上级机关批准，如《××市住房公积金分配制度改革实施方案》。

要点是将计划的主要内容摘要摘编，使之简明突出。它适用于时间相对较短的计划，如《销售部九月份工作要点》。

10.1.2 计划的特点

1. 预见性

预见性是计划最明显的特点。计划不是对已经形成的事实和状况的描述，而是在行动之前对行动的任务、目标、方法、措施所作出的预见性确认。这种预想不是空想的、盲目的，而是以上级部门的规定和指示为指导，以本单位的实际条件为基础，以过去的成绩和问题为依据，对今后的发展趋势进行科学预测之后提出的。计划的制订者应具有远见卓识，充分估计到在未来的工作中可能出现的新情况、新问题，正确分析各种有利的、不利的因素，并提出相应的措施，以确保工作的顺利进行。可以说，预见性是否准确，决定了计划写作的成败。

2. 针对性

计划是根据党和国家的方针政策、企业的工作安排和指示精神而定的，是针对本单位的工作任务、主客观条件和相应能力而定的。总之，只有从实际出发制订出来的计划，才是有意义、有价值的计划。

3. 可行性

可行性是和预见性、针对性紧密联系在一起的，预见性准确、针对性强的计划，在现实中才真正可行。在制订计划时，既要克服急功近利的思想，避免目标定得过高，措施实施无力，同时也要防止无所作为的消极情绪，目标定得过低，措施方法没有建设性，实现虽然很容易，却不能取得有价值的成就。

4. 约束性

计划一经通过、批准或认定，在其所指向的范围内就具有约束作用，在这一范围内无论是集体还是个人都必须按计划的内容开展工作和活动，不得违背和拖延。

10.1.3　计划的种类

计划可以从不同的角度，按照不同的标准分为不同的种类。

① 根据性质，计划可分为综合性计划和专题性计划等。

② 根据内容，计划可分为工作计划、生产计划、学习计划和实验计划等。

③ 根据覆盖时间，计划可分为远景计划，年度、季度、月份计划，旬、周计划等。

④ 根据范围，计划可分为单位计划、部门计划和个人计划等。

⑤ 根据形式，计划可分为条文式计划、表格式计划和条文加表格式计划等。

同一篇计划，往往可以重复归类，兼属专题性计划、工作计划、单位计划、年度计划、条文式计划。

10.1.4　计划的结构与写法

计划由标题、正文、署名及成文日期 3 个部分组成。

1. 标题

1）完整式

由计划单位名称、时限、内容和文种名称 4 元素组成，如《××公司××××年度营销工作计划》。

2）省略式

即视实际需要省略某些标题元素。有的省略时限，如《××公司营销工作计划》；有的省略单位，如《2018 年工作计划》；有的省略单位和时限，如《安全生产工作计划》，凡标题中省略单位的计划必须在正文后署名。

3）公文式

即由发文机关名称、事由、文种组成，如《××总公司关于××××年机构改革工作的部署》。

若计划尚不成熟或未经批准，则在标题后或正下方注明其成熟度，如“草案”“讨论稿”字样，并加上圆括号。

2. 正文

计划正文一般由前言和主体构成。

1）前言

前言部分一般写明以下 4 个方面的内容。

① 说明制订计划的依据。

② 概述本单位的基本情况，分析完成计划的主观条件和客观条件。

③ 提出总体任务和要求，明确完成计划指标的意义。

④ 指出制订计划的目的。

以上 4 个方面的内容可根据实际情况作出适当选择。前言的文字表达要简明扼要，通常以“为此，特制订计划如下”或“为此，需抓好以下几方面的工作”为过渡语，引出主体部分。

2）主体

主体部分一般必须写清以下 3 个方面的内容。

① 目标任务，即在某一时段内要完成的工作任务，也就是写清楚“做什么”。

② 措施，即写清楚采取何种办法，利用什么条件，由何单位、何人具体负责，如何协调配合以完成任务，就是写明“怎么做”。

③ 步骤程序，即写明实现计划分几个步骤或几个阶段，也就是“何时完成”。

目标任务、措施和步骤程序可以分开写，也可以将措施和步骤程序放在一起写。不便在正文里表述的内容，可另作“附件”。

3）结尾

结尾部分可以明确执行要求、提出希望、发出号召、展望前景等，也可以在主体部分之后就结束全文，不写专门的结尾。

3. 署名及成文日期

计划在结尾之后，还要署明单位名称和制订计划的具体时间，如果以文件的形式下发，还要加盖公章。

根据计划的内容和表述的需要，可以把计划写成条文式、图表式或条文图表结合式。制作表格式计划时，先要把各项内容划分成几个栏目，再把制订好的各项具体计划内容填入栏目中，形成表格。这种方式适用于时间较短、范围较小、方式变化不大、内容较单一的具体安排，如销售计划、月计划等。还可以将条文式计划和表格式计划相结合，也就是文表结合式计划。一般是将各项目的内容填入表格后，再用简短文字作解释说明。

10.1.5 计划的写作要求

1. 深入调查、集思广益

在制订计划时，制订者必须先做深入的调查研究，既要了解党和国家的路线、方针、政策，“吃透”上级精神，又要了解本部门的实际情况。计划要从群众中来，制订者要深入基层，广泛听取群众的意见，不能闭门造车。深入调查、集思广益，可以使计划变成群体的共同意志，从而保证计划的认同度和可行性。

2. 内容要明确、具体，可行性强

计划是行动的指南，因此所提出的任务、要求、方法、措施、步骤，一定要明确、具体，使执行者在工作中能有章可循，并便于督促检查。计划所确定的目标任务，要做到积极稳妥、切实可行，从而激发人们的积极性。

3. 计划的内容要突出重点

计划中的任务、措施要有主次轻重之分，得力的措施要重点阐明。

4. 语言准确、简明、平实

计划以叙述为主，语言简洁明了、通俗易懂，具有条理化。

【经典案例 10－1】

应考复习计划

一、学习现状

经过分析，我认为自己的学习情况是这样的：大部分考试科目的基础知识掌握还欠准确和牢固，尤其是英语和数学，其他科目尚好。在解答习题上，单独运用某项知识解题的能力不错，但综合运用知识解题的能力不强。

二、应考目标

苦读、巧读 10 个月，力争今年专升本考试成绩达到××大学的录取分数线。

三、复习重点

全面复习考试所要求的 4 门课程，掌握考试要求的基础知识，提高解题技能。

英语、数学是重点，而英语是重中之重。

四、复习步骤

将现在到考试前的 10 个月，分为 3 个复习阶段。

第一阶段：今年 8 月—明年 2 月，实现对基础知识和解题基本技巧的掌握。

第二阶段：明年 3 月—5 月，依据对考试情况的掌握以及对模拟考试的分析，弥补上个阶段的不足，针对某些具体问题进行复习，并进行应试技巧的训练。

第三阶段：考试前 15 天左右，为迎接考试做准备。

五、各阶段时间安排

第一阶段（今年 8 月—明年 2 月）的具体安排如下表所示。

第二阶段（明年 3 月—5 月 19 日）（略）。

第三阶段（明年 5 月 20 日—6 月 5 日）（略）。

应考复习计划具体安排表

<table>
<tr><th>项目</th><th>一</th><th>二</th><th>三</th><th>四</th><th>五</th><th>六</th><th>日</th></tr>
<tr><td>6:00—7:20</td><td>户外锻炼</td><td>英文单词读写</td><td>户外锻炼</td><td>英文阅读理解</td><td>户外锻炼</td><td>英文作文写作</td><td>户外锻炼</td></tr>
<tr><td>8:00—17:00</td><td colspan="5">上课</td><td>英语</td><td>数学</td></tr>
<tr><td>17:30—18:30</td><td colspan="7">户外锻炼</td></tr>
<tr><td>19:30—22:00</td><td>专业课基础知识</td><td>数学基础公式复习</td><td>英文作文写作</td><td>专业课基础知识</td><td>数学基础公式复习</td><td>专业课基础知识</td><td>英文语法知识</td></tr>
<tr><td>23:00</td><td colspan="7">睡觉</td></tr>
</table>

六、具体措施

1. 严格自觉按计划复习，接受家长、老师及同学的督促。
2. 全身心投入，脚踏实地，稳扎稳打。
3. 讲究方法，注重效率。
4. 坚持体育锻炼，保持最佳状态。

×××
××××年××月××日

【知识拓展】

编制计划的程序

任何计划工作都需要遵循一定的程序或步骤。虽然小型计划比较简单，大型计划比较复杂，但是管理人员在编制计划时，其工作步骤都是相似的。具体地讲，编制计划依次包括以下步骤。

1. 认识机会

认识机会先于实际的计划工作开始之前，是计划工作的真正起点。因为它预测到了未来可能出现的变化，清晰而完整地认识到组织发展的机会，搞清了组织的优势、弱点及所处的地位，认识到组织利用机会的能力和不确定因素对组织可能造成的影响程度等。认识机会对做好计划工作十分关键。正如一位经营专家说过的："认识机会是战胜风险、求得生存与发展的诀窍。"

2. 确定目标

制订计划的第二个步骤是在认识机会的基础上，为整个组织及其所属的下级单位确定目标，目标是指期望达到的成果。目标的确立为组织整体、各部门和各成员指明了方向，同时描绘了组织未来的状况，并且可以作为标准衡量组织的实际绩效。计划的主要任务，就是将组织目标进行层层分解，以便落实到各个部门、各个活动环节，形成组织的目标结构，包括目标的时间结构和空间结构。

3. 确定前提条件

所谓计划工作的前提条件，是指计划工作的假设条件。简言之，即计划实施时的预期环境。负责计划工作的人员对计划前提了解得越细、越透彻，并能始终如一地运用它，则计划工作也将做得越协调。

按照组织的内外环境，可以将计划工作的前提条件分为外部前提条件和内部前提条件；按照可控程度，可以将计划工作的前提条件分为不可控的前提条件、部分可控的前提条件和可控的前提条件。外部前提条件大多为不可控的和部分可控的，而内部前提条件大多是可控的。不可控的前提条件越多，不确定性越大，就越需要通过预测工作确定其发生的概率和影响程度的大小。

4. 拟订可供选择的行动方案

编制计划的第四个步骤是寻求、拟订并选择可行的行动方案。“条条大路通罗马”描述了实现某一目标的方案是多样的，但是方案也不是越多越好。编制计划时没有可供选择的合理方案的情况是不多见的，更加常见的不是寻找更多的可供选择的方案，而是减少可供选择方案的数量，以便把主要精力集中在对少数最有希望的方案分析方面，分析出最有希望的方案。

5. 评价可供选择的方案

在找出了各种可供选择的方案并分析了它们的优缺点之后，下一步就是根据前提条件和目标，对可供选择的方案进行评价。评价实质上是一种价值判断，它既取决于评价者所采用的评价标准，也取决于评价者对各个标准所赋予的权重。多数情况下，存在很多可供选择的方案，而且有很多应考虑的可变因素和限制条件，所以评价会极其困难。评价可供选择的方案，需注意考虑以下几点。

① 认真考察每一个计划的制约因素和隐患。

② 要用总体的效益观点来衡量计划。

③ 既要考虑到每一个计划有形的、可以用数量表示出来的因素，又要考虑到无形的、不能用数量表示出来的因素。

④ 要动态地考察计划的效果，不仅要考虑计划执行所带来的利益，还要考虑计划执行所带来的损失，特别要注意那些潜在的、间接的损失。

6. 选择方案

这是在前五步工作的基础上作出的关键一步，也是决策的实质性阶段中的一个抉择阶段。这一阶段可能遇到有两个以上可行方案的情况，必须确定采取哪个方案，并将其他方案进行细化和完善，作为后备方案。

7. 制订派生计划

基本计划还需要派生计划的支持。例如，一家公司年初制订了“当年销售额比上年增长15%”的销售计划，与这一计划相关联的还有许多计划，如生产计划和促销计划等。所以，在制订基本计划的同时，还需要认真制订派生计划，以保证整个计划的实现。

8. 编制预算

在作出决策和确定计划后，计划工作的最后一步就是把计划转变成预算，使计划数字化。编制预算，既是为了计划的指标体系更加明确，同时也使企业更易于对计划执行进行控制。定性的计划往往在可比性、可控性和进行奖惩方面比较难以编制，而定量的计划则具有较强的约束。

【能力训练】

1. 阅读分析并修改下文

××同学今后两个月的学习计划

学习是学生的首要任务，不好好学习的学生不是一个合格的学生，所以我必须好好学习。为了提高各科成绩，在期末考试中取得良好的成绩，我计划在今后的两个月内做好以下几方面。

① 端正学习态度，抓紧时间学习。

② 采取有效措施，保证学习的自觉性。

③ 争取在大学英语应用能力考试中取得好成绩，同时也通过计算机等级考试。

④ 注意动手能力的培养，使自己能适应以后的工作。

×××

××××年××月××日

2. 根据下述要求拟订一个学期的开支计划

俗话说：“吃不穷，穿不穷，不会打算一世穷。”每一名学生都要学会计划用钱。请你将一个学期的开支（包括培训费，购买学习、生活用品费，伙食费及其他费用）先预计一下，用表格列一个计划。需要说明的可用文字作简要说明。

10.2 总　　结

【情境导入】

又是一年过去了，黑龙江农业经济职业学院与黑龙江农业科学院牡丹江分院在建立全面协作关系方面，依据年初制订的工作计划，做了大量工作。学院办公室××秘书整理了一年以来双方共同参与的各项工作，归纳经验写成了一份总结，并挂在学院办公网页上。总结中提到，学院通过接受牡丹江分院提供的培训教育，提升了自身的科研能力；牡丹江分院通过使用学院的高、精、尖仪器，提升了自身的科研数据的精准度；双方在共同感兴趣的科研课题领域进行了广泛的合作。在过去的一年中，双方各自为对方做了不少实事，极大地融洽了彼此的关系。多所兄弟院校和科研单位在阅读过这份总结后，从学院的合作实践中得到启示，结合自身实际，整合资源，使本单位既节省了资金，又提高了工作效率。学院的这篇总结也成为领导部门作出正确决策的依据。

10.2.1　总结的含义

总结是对前一阶段的工作进行回顾检查、分析评价，从中找出成绩与问题、经验与教训，以明确努力方向，指导今后工作的一种应用文体。总结使用的范围广泛，任何单位或个人在完成一段时间的工作任务后，都要对其进行回顾、检查，以指导今后的工作。所以，总结和计划这两种文体的关系十分密切，计划是总结的标准和依据，总结是制订下一步工作计划的重要参考。

10.2.2　总结的特点

1. 理论性

总结不能仅仅局限在对过去工作情况的陈述上，而应对过去的工作情况进行认真的分析研究，用辩证唯物主义和历史唯物主义观点，评价在工作中的得失，找出经验、教训，归纳规律性的做法，由对事物的感性认识上升至理性认识。

2. 指导性

总结具有推广经验、提供借鉴的作用，它不仅对本部门下一阶段的工作具有指导作用，对其他单位或部门的工作也有一定的指导作用。因此，需要把工作中的主要经验，包括成功的经验和错误的教训加以总结，使那些有益的经验得到推广，同时从那些错误中取得教训。

3. 说明性

总结要用简洁、准确、通俗的语言叙述过去的工作情况，分析工作中取得的经验和教训。总结主要使用叙述和议论两种表达方式。叙述要概括，不必作具体描写；议论要直接，不必作多方论证。总结一般使用第一人称。

4. 客观性

总结是对前段社会实践活动进行全面回顾、检查的应用文体，这决定了它具有很强的客观性特征。它是以自身的实践活动为依据，所列举的事例和数据必须完全可靠、确凿无误，任何夸大或缩小、随意杜撰、歪曲事实的做法都会使总结失去应有的价值。

10.2.3 总结的种类

根据不同的标准，总结可分为以下几种类型。

① 按内容，总结可分为工作总结、学习总结、生产总结和思想总结。

② 按性质，总结可分为综合性总结和专题性总结。综合性总结要求内容“全面”，主要是对一定时期的工作情况作比较全面的回顾；专题性总结要求内容“单一”，主要是对一定时期工作的某一方面进行回顾。

③ 按范围，总结可分为单位总结、部门总结和个人总结等。

④ 按时间，总结可分为年度总结、季度总结和月份总结等。

以上是根据不同的标准把总结分成的若干种类，事实上，同一篇总结往往同时具有上述几类总结的属性。

10.2.4 总结的结构与写法

总结一般由标题、正文、署名及成文日期组成。

1. 标题

总结的标题要根据总结的要求和内容而定，主要有以下两种形式。

1）公文式标题

一般由单位名称、时间、内容和文种构成，如“××外贸局××××年进出口贸易工作总结”“××学院××××年党建工作总结”。标题中 4 项内容可根据需要进行省略，可省略发文机关名称，只写时间、内容和文种，如“××××年招商工作总结”；可省略发文机关和时间，只写内容和文种，如“招生工作总结”。

2）新闻式标题

此类标题是对总结内容的概括，其作用是突出总结的中心。新闻式标题有两种形式：一种是单标题，用来提示总结的中心，如“科技立厂　人才兴业”“内外兼修　争创名校”；另一种是正副标题，正题揭示总结中心，副题标明单位名称、时间、内容范围、文种，如“努力推出文化精品——××市宣传部××××年‘十一’宣传月工作总结”。

2. 正文

正文大体上包括以下几部分内容。

1）开头

开头部分主要介绍工作的基本情况，包括工作时间、工作背景、经过概况和工作结果等，也就是交代工作是在什么形势下或在什么精神指导下、遵循什么方针完成的，采取了哪些措施，取得了哪些工作成绩和工作经验，在工作中还存在哪些问题。给读者一个总体印象，为展开主体做好铺垫。总结开头部分的内容，可根据写作需要有所侧重，或侧重情况概述，或侧重点明成绩，或侧重突出经验。这部分要求写得简明扼要。

2）主体

主体是总结的重点部分，一般包括以下几个方面。

① 成绩和经验。成绩是指在实践活动中所取得的物质成果和精神成果。这部分可以用“一年来，我们主要开展了以下几方面工作”为引领。经验是取得优良成绩的原因和条件，如正确的指导思想、积极的工作态度、科学的工作方法和坚强的意志等。开头可以用一句话概括本部分内容，如“一年来，我们在工作中深切体会到……”。

② 存在的问题。主要阐明工作中存在的问题并分析原因，找出工作差距。存在的问题是实践中深切感觉到应当解决而暂时没有条件解决或没有办法解决的问题，并分析原因是什么，以达到吸取教训、避免失误、指导今后工作的目的。这部分内容的安排要根据写作总结的需要而定，如果是综合性总结，这部分一般要写得较为简单，不必详细展开；如果是着重反映问题的总结，那么就要把这部分作为重点来写。这部分在总结中可单列一项，既可以在总结经验和成绩时附带说明或加以指点，也可以同努力的方向一起说明。这部分内容可以根据实践活动的具体情况和总结的目的要求灵活掌握。开头可用一句话概括本部分内容，如“一年来，我们虽然取得了一些成绩、积累了一些经验，但还存在一些不容忽视的问题”。

③ 今后的努力方向。这是在总结经验教训的基础上，分析形势，明确方向，确定任务，提出措施，展望未来。这部分可长可短，但必须起到鼓舞斗志和增强信心的积极作用。可以用“今后我们的工作将从以下几方面入手”“今后我们的工作将着重解决以下几方面的问题”作为本部分的开头。

正文写作常使用直叙法，即按事物发生、发展的过程组织材料，由过去说到现在，由原因讲到结果，来龙去脉清楚，要符合人的认识规律。但若处理不当的话，容易变成平铺直叙，显得呆板。也可以使用倒叙法，即先写出结果，然后追叙产生的原因和经过。这种方法，因果倒置，有强调结果的作用，一开始就给读者留下深刻的印象，能引导读者去分析和研究产生结果的原因，并吸取经验和教训。还可以使用归类叙述法，即对所掌握的材料，按性质进行分类分析的方法。常见的情况是：先介绍基本情况，后将内容按性质分为几个部分、几个层次进行叙述。这种方法的特点是观点突出、逻辑严密。

3. 署名及成文日期

在正文的右下方写明单位名称（个人总结写明个人姓名），在落款下面写明制定总结的具体日期。单位名称已经在标题中出现的，此处可以省略。

10.2.5　总结的写作要求

1. 坚持正确的指导思想

在写作中必须以党的方针政策为依据衡量各项工作的得失，以辩证唯物主义观点来分析问题，这样才能对过去的工作有正确的评价，对工作作出合理的、恰如其分的总结。

2. 坚持实事求是的态度

坚持实事求是的态度，就是要如实地反映工作中的成绩和问题、经验和教训。不夸大成绩，也不隐瞒问题。不能只报喜不报忧，要一切从实际出发，切忌片面性、绝对化。只有这样，写出的总结才具有科学性，才能对今后的工作有指导作用。

3. 坚持观点和材料的统一

占有材料是写好总结的基础，没有材料就没有总结，因此写总结时，要全面掌握情况，充分占有材料，包括正面的与反面的、点上的与面上的、直接的与间接的，这样写出的总结才能内容充实、切实可信。从材料中提炼观点，找出有规律性的东西是写好总结的关键。写总结不能只罗列现象、堆砌材料，而要善于透过现象看本质，善于对工作中的情况进行研究分析，总结经验教训，挖掘出有规律性的东西。观点来自材料，材料证明观点，写作总结必须做到观点与材料的和谐统一。

4. 语言准确、简明

总结的语言要求准确、简明精练、通顺流畅。

【经典案例 10－2】

××乡人民政府 20××年工作总结

一年来，我乡在习近平总书记讲话的指引下，在县委、县政府的正确领导下，积极贯彻《中共中央国务院关于实施乡村振兴战略的意见》的精神，按照全县工作会议及各项目标责任书的要求，以保增长、扩内需、调结构为主线，继续大力“实施生态立乡、产业立乡、劳务立乡”战略，着力培育壮大“蚕豆、药材、草畜、劳务”四大产业，紧紧围绕新农村建设任务，以项目建设为抓手，以特色农业为突破口，以改善民生为基础，以党的建设为保证，促进农民生活水平不断提高，实现全乡经济社会又好又快发展的工作思路，通过全乡干部群众的共同努力和帮扶单位的大力支持，各项工作取得了实质性的进展，成效明显。现将一年来的工作总结如下。

一、主要工作

（1）把农村工作作为政府工作的重点，确保农民增收。

（2）抓好社会保障工作，进一步提高城乡低保保障水平。

（3）抓住扶贫开发机遇，加快城镇建设步伐，加大基础建设力度。

（4）以预防为主，防治结合，切实做好安全生产和维稳工作。

（5）全面统筹社会各项事业，深入构建和谐社会。

（6）加强社会治安综合治理，维护社会稳定。

（7）加快精神文明建设，促进社会和谐。

（8）党风廉政建设工作。

（9）落实党建责任制，强化农村基层组织建设。

二、深切体会

（1）必须强化改革意识。

（2）必须执行科技兴农的方针。

（3）必须完善农业社会化服务体系。

三、存在的问题

一年来，我们虽然取得了一些成绩，积累了一些经验，但还存在一些不容忽视的问题。具体如下。

（1）结构性矛盾依然突出，“一产弱、二产小、三产不活”的现状还没有根本改变。

（2）农村基础设施薄弱，农业规模化、组织化、品牌化程度不高，农民持续增收难度加大。

（3）经济发展优势和潜力未得到充分发挥和挖掘。

（4）交通、土地、资金、人才等要素制约突出，投资发展环境有待进一步优化。

（5）城镇基础设施和服务设施欠账多，社会事业发展相对滞后，改善民生的任务依然艰巨。

（6）政府个别部门职能转变不到位，干部思想观念和工作作风有待进一步改进。

在新的一年里，我们将认真学习、贯彻党的十九大精神，进一步调整产业结构，深化农村改革，完善农业社会化服务体系，不断发展和壮大集体经济。

20××年××月××日

【能力训练】

1. 阅读下文，分析其中存在的问题，并进行修改

××公司上半年工作总结

半年来，本公司在精神文明和物质文明方面做了许多工作，取得了很大成绩。半年来，主要做了以下工作：动员组织公司干部和广大群众学习中央文件；安排、落实全年生产计划；推行、落实工作责任制；修建子弟小学校舍；建方便面生产车间厂房；推销果脯、食品、编织产品；解决原材料不足问题；美化环境，栽花种草；举办了一期计算机实用技术培训班；调整了工作人员，开始试行干部聘任制。

半年来，在工作繁杂，头绪多而干部少的情况下，能做这么多工作，主要原因如下。

一、上下团结。公司领导和一般干部能同甘共苦、齐心协力。工作中有不同看法，当面讲，共同研究解决。互相有意见能及时开展批评与自我批评，不犯自由主义。例如，有干部就对经理未作商议，擅自更改果脯促销奖励办法，影响销量一事有意见，经当面提出，经理做了自我批评，并共同研究出新的奖励办法，又出现了增销势头。

二、不怕困难。本企业刚刚起步，困难很多，如技术力量薄弱、原材料不足、产品销路没有打开等。为此，领导干部共同想办法，他们不怕跑路子，放弃自己的休息时间，忍饥、挨饿、受冻，四处联系，终于解决了今年所需的原料，并推销了一些产品。

三、领导带头。公司的几位主要领导带头苦干、实干。他们白天到下边去调查了解情况、解决问题，晚上马上开会研究问题，寻找解决的办法。领导干部夜以继日地工作，使公司工作迈上了一个崭新的台阶。

××公司××××年××月××日

2. 根据要求写一篇总结

结合自己的实际情况、真切感受写作一篇总结。内容可以是专业学习、社团（学生会）工作、旅游考察、实践锻炼等方面。要求：在总结经验时，不仅要知其然，还要知其所以然。在标题形式使用上，请用小标题提纲挈领。

第 11 章

经济应用文写作

经济应用文是国家机关、企事业单位和个人为处理和解决经济业务活动中的事务、沟通有关经济信息而使用的应用文体。它广泛运用于经济活动的各个领域，直接为生产和经营管理服务，并将随着社会主义市场经济体制的逐步完善，发挥更加重要的作用。

经济应用文具有政策性强，服务于提高经济效益，文字数据准确等特点。因此，无论是单位还是个人，都必须很好地运用经济应用文这一工具，以实现对经济活动的组织和指导，从而保证经济活动的正常运行，取得最佳的经济效益。

经济应用文的种类很多，本章主要介绍招标书与投标书、经济合同和商务策划方案 3 种经济应用文的写作知识。

11.1　招标书与投标书

【情境导入】

20××年 2 月 25 日，新东方港货物码头委托中国技术进出口总公司发布了一则公告，就下列装卸设备进行招标。

装卸机 3 台（起重量 20 吨）、装船机 2 台（500 吨/时）、斗轮堆取料机一台（150 吨/时）、皮带机两台（0.5 米宽）、供电自控机一台（1 万千瓦）。

投标书购买日期为 20××年 2 月 25 日至 3 月 5 日中午 12 时。每套投标书售价 200 元人民币。投标截止日期为 20××年 3 月 30 日，并定于 20××年 4 月 30 日上午 10 时在中国技术进出口总公司公开开标。

招标联系人：中国技术进出口总公司第三业务部王云云

联系电话：010－6633××××

联系地址：中国北京××路××号

邮政编码：100001

你能根据上述材料以中国技术进出口总公司的名义拟写一份招标书，再以天山进出口贸易有限公司的名义拟一份投标书吗？

11.1.1 招标书

1. 招标书的含义

招标书又称招标通告、招标公告、招标启事、招标说明书等，是通过公开招标，将招标项目、时间、方法、条件等公之于众，以吸引承包商或承购商参与竞标的公告性文书。

2. 招标书的类型

招标书有多种分类方法。按内容和性质划分，有工程建设招标书、大宗商品交易招标书和企业承包招标书等。

3. 招标书的特点

1）合法性

招标书中所涉及的内容必须符合国家法律和政策规定，这样才能受到法律和政策的保护。

2）具体性

招标书对招标时间、地点、方法、要求等必须表述具体、明确，不能模棱两可。

3）公开性

招标书像广告一样，借助大众传媒公开发布信息，以吸引社会各方面的广泛注意，引导竞争。

4）时效性

招标书要求在一定时间内获得结果，因此具有一定的时效性。

4. 招标书的结构与写法

1）标题

招标书标题的常见写法有4种：一是由招标单位名称、招标项目名称、招标性质和文种构成，如《中国技术进出口总公司天生桥水电站工程承包招标通告》；二是由招标单位名称和文种构成，如《上海龙头股份有限公司招标公告》；三是由招标项目名称和文种构成，如《建筑安装工程招标书》；四是只写文种，如《招标公告》。

2）正文

招标书的正文由前言和主体两部分构成。

① 前言，一般要写清招标单位的基本情况，如招标的目的、缘由、项目名称和招标范围等。

② 主体，一般用条文式，也可用表格式，要详细说明招标项目的有关事项，如工程建设招标书的主体要写明项目名称、数量、地点、总工程量、质量要求、竣工日期、承包方式，对投标者的要求，投标开标日期、地点、费用等。

3）结尾

结尾处写明招标单位的名称地址、法人代表并加盖印章、联系人姓名、联系电话等，必要时还写上开户银行和账号。另起一行写上成文日期。

5. 招标书的写作要求

① 招标内容应切实可行，实事求是，合理合法。

② 语言表述要准确规范，简明严密，条理清楚。

③ 结构要完整，重点突出，篇幅短小。

11.1.2 投标书

1. 投标书的含义

投标书又称投标函、投标申请书，是投标者按照招标单位发布的招标书中所提出的标准和条件，对自身进行审核评估后，在招标公告限定的时间内，向招标单位递交的、表明自己投标意向的文书。

2. 投标书的类型

投标书有多种分类方法。按投标方人员组成情况，分为个人投标书、合伙投标书、集体投标书和企业投标书等；按投标书内容和性质，分为工程建设投标书、大宗商品交易投标书和企业承包投标书等。

3. 投标书的特点

1）针对性

投标书必须依据招标书所提出的条件和要求去写，而不能漫无边际地随意书写。

2）竞争性

投标人是以竞标成功为最终目的的，因此，投标书要有极强的竞争性，要表明自己的实力，列举自己的优势，以充分显示自己的竞争能力，以期战胜对手。

3）约束性

投标书与招标书一样，均为日后签订合同提供原始依据，条款一经写入投标书中，就具备了严格意义上的法律约束力，投标人必须完全按照其拟定的各项指标进行工作。因此，投标书对投标项目的分析、对己方的介绍、拟采取的措施和承诺等都应求实求真，不能虚假。

4. 投标书的结构与写法

1）标题

投标书标题的常见写法有 3 种：一是直接写文种“投标书（函）”；二是由投标项目名称和文种构成；三是由投标单位名称和文种构成。

2）称呼

在标题下顶格写招标单位全称。

3）正文

投标书的正文由前言和主体两部分内容组成。

① 前言。交代投标的依据和目的，介绍投标单位的基本情况，表明投标的意愿。

② 主体。写明 3 个方面的内容：一是投标项目的具体指标，如质量要求、竣工日期等；二是实现各项指标、完成任务的具体措施，如专业技术、组织管理和安全生产措施等；三是对招标单位提出希望配合与支持的要求。

4）落款

投标书的落款包括署名和日期。在正文之下，写明投标单位名称及法人代表名称或姓名，并加盖印章；另起一行写明日期。

5）附件

附件通常包括有关担保单位的担保书、图纸、表格等。情况不同，附件的具体材料也不一样，如建设工程施工项目投标书中的附件为投标保证金银行保函、法定代表人资格证明书和授权委托书等。

5. 投标书的写作要求

投标书的写作要求是重点突出、实事求是、文字准确、条理清晰、语言简练、篇幅短小。

【经典案例 11－1】

××大学培训楼工程施工招标公告

经上级主管部门同意，我校将兴建一栋培训大楼，由××市城市建设委员会批准，建筑工程实行公开招标，现将有关事项公告如下。

一、工程名称：××大学培训楼。

二、施工地点：××市××区××路××号××大学院内。

三、建筑面积：××平方米。

四、设计及要求：见“附件”。

五、承包方式：实行全部包工包料。

六、投标条件：凡具备法人资格，有一、二级施工执照，有主管部门和开户银行的企业均可投标。

七、招标要求：投标人请于 20××年 6 月 30 日前来人或来函索取招标文书，并交纳成本费 30 元，逾期不予办理。

八、投标期限：20××年 7 月 1 日至 20××年 7 月 31 日。

九、开标日期、方式及地点：20××年 8 月 15 日，在××公证处公证下启封开标，地点在我校第一会议室。

招标单位：××大学招标办公室

地　　址：××市××路××号

电报挂号：××××

联系电话：××××××××

联系人：×××

20××年 5 月 31 日

附件：××大学培训楼工程施工设计与要求

【经典案例 11－2】

培训楼工程施工投标书

根据××大学培训楼工程施工招标书和设计图的要求，作为建筑行业的×级企业，我公司完全具备承包施工任务的能力与条件，决定对此项工程投标。具体说明如下。

一、综合说明

工程简况（工程名称、面积、结构类型、跨度、高度、层数、设备）：培训楼一幢，建筑面积××平方米，主体 6 层，局部 3 层。框架结构：楼全长×米，宽×米，主楼高×米，三层部分高×米。基础系打桩水泥浇注，现浇梁柱板。外粉全部玻璃马赛克贴面，内粉混合砂浆彩面涂料，个别房间贴壁纸。全部地面贴地砖，教室呈阶梯形，个别房间设空调。

二、标价

（略）

三、主要材料耗用指标

（略）

四、总标价

总标价：××元，每平方米造价××元。

五、工期

开工日期：2018 年××月××日；

竣工日期：2019 年××月××月；

施工日历天数：××天。

六、工程计划进度

（略）

七、质量保证

全面加强质量管理，严格操作规程；加强各分项工程的检查验收，上道工序不验收，下道工序绝不上马；加强现场领导，认真保管各种设计、施工、试验资料，确保工程质量达到全优。

八、主要施工方法和安全措施

安装塔吊一台、机吊一台，解决垂直和水平运输；采取平面流水和立体交叉施工；关键工序采取连班作业，坚持文明施工，保障施工安全。

九、对招标单位的要求

招标单位提供临时设施占地，我们将合理使用。

十、坚持勤俭节约原则，尽可能杜绝浪费现象。

投标单位：××建筑工程总公司（公章）

负责人：李××（盖章）

电　　话：×××××××××　　传真：×××××××××

电报挂号：××××

2017 年 7 月 20 日

附件：本公司基本情况介绍

【知识拓展】

招标与投标的程序

一、准备

① 招标单位经审批后，设立招标机构、配备工作人员。

② 确定标的（招标项目），测定标底（项目的定价）。

③ 拟定招标文件：招标书、投标单、投标企业资格审查表、投标须知、招标章程、招标项目说明书、合同格式等。

二、招标

① 发布招标广告。

② 审查投标企业资格。

③ 接待投标单位咨询，向投标单位提供其他招标文件。

三、投标

获得投标资格的企业按规定填写、寄送投标单。

四、开标

① 按招标书规定的时间、地点，在公证机构人员及有关领导、投标企业代表的共同监督下，公开开标、竞标，并如实登记。

② 评选小组以标底为依据评选出若干个预选中标单位。

五、中标及签订合同

① 招标单位向预选中标单位发放通知书，约定时间、地点，与预选中标单位进一步协商。

② 经与预选中标单位再次协商比较后，对标价、质量、交货期及其他条件进行综合考虑后，确定中标单位，并向中标者发出中标通知书。

③ 招标单位与中标单位签订合同书。

【能力训练】

1. 指出下文中存在的问题

××公司投标书

××××总公司

诸位先生：

研究了招标文件××号，对集通铁路项目所需货物我们愿意投标，并授权下述签名人×××、×××，代表我们提交下列文件正本一份，副本四份。

① 投标报价表。

② 货物清单。

③ 技术差异修订表。

④ 资格审查文件。

签名人兹宣布同意下列各点：

① 所附投标报价表所列拟供货物的投标总价为×××万美元；

② 投标人将根据招标文件的规定履行合同的责任和义务；

③ 投标人已详细审查了全部招标文件的内容，包括修改条款和所有供参阅的资料及附件，投标人放弃要求对招标文件作进一步解释的权利；

④ 本投标书自开标之日起 90 天内有效；

⑤ 如果在开标之后的投标有效期内撤标，则投标保证金由贵公司没收；

⑥ 我们理解你们并不限于接受最低价和你们可以接受任何标书。

投标单位名称：中国广州××公司
地　　址：中国广州××区××街××号
电　　话：×××××××××
授权代表：
姓　　名：×××
（公章）
××××年××月××日

2. 根据要求，写一份招标投标书

××职业技术学院需要统一采购新生校服，决定采用招标投标方式进行交易。要求：先以该学院采购中心负责人的身份通过调查研究后拟写一份招标书，再以××服装有限公司的名义拟写一份投标书。

11.2 经济合同

【情境导入】

河北安民食品公司是一家加工禽类农产品的民营企业。该公司生产的各种真空包装的禽类食品符合国家卫生标准，而且质量上乘，受到消费者的欢迎。为了进一步保护和推销商品，该公司决定改换包装，与广东省万民印刷厂进行接触，准备委托万民印刷厂为其生产铝箔食品袋。万民印刷厂主要生产各种系列包装袋和包装箱，该厂铝箔食品袋生产技术过硬，产品质量稳定。20××年8月7日，万民印刷厂与安民食品公司进行了协商。

协商内容是：安民食品公司委托万民印刷厂加工铝箔食品袋300万个，单价0.308元，分期交货，议定食品袋质量标准为耐高温达到121℃，无漏气，表面无疙瘩，无折纹；若产品质量不符合合同规定，由厂方负责包换包退；万民印刷厂到款后发货，货运费用由安民食品公司支付。

双方协商后，立即签订了意向书，一式两份，双方各执一份，并商定15天后签订正式合同。

如何为安民食品公司和万民印刷厂起草这份加工食品袋的合同？

11.2.1 经济合同的含义

经济合同也叫协议书，是双方或多方当事人之间为实现各自的目的，按法律规定，通过平等协商，明确双方权利和义务关系而共同订立和遵守的协议。

11.2.2 经济合同的特点

1. 合法性

经济合同是当事人各方按法律要求达成的协议，所以经济合同各方当事人和经济合同的内容都应具有合法的资格。

2. 规范性

经济合同有必备的条款和惯用的格式，在签订的时候，要注意规范，杜绝随意性。

3. 约束性

经济合同是当事人各方在经济交往中为明确各自权利义务制定的具有约束力的协议，如依法成立，即具有法律约束力，任何一方不得违约，否则就要承担法律责任。

4. 平等性

当事人为实现一定的经济目的订立合同，双方的法律地位是平等的，是一种平等互利的伙伴关系，任何一方不得将自己的意志强加于另一方，必须遵守平等互利、协商一致的原则。

5. 明确性

经济合同的条款内容十分明确，在订立合同时，当事人一定要注意双方权利、义务及违约责任是否明确，否则极易产生合同纠纷。

6. 严密性

经济合同的语言表达必须严密准确，不能模棱两可、含糊不清，字、词、句，甚至标点都要仔细斟酌，避免因疏忽或不当造成不必要的经济损失和纠纷。

11.2.3 经济合同的种类

经济合同的种类很多，按照不同的标准，可划分为不同的类型。

① 按内容，经济合同可分为购销合同、建筑工程承包合同、加工承揽合同、货物运输合同、供用电合同、仓储保管合同、借款合同、财产保险合同、财产租赁合同等。

② 按形式，经济合同可分为条款式合同、表格式合同和条款表格相结合式合同。

③ 按范围，经济合同可分为国内合同、涉外合同和中外合资合同。

④ 按期限，经济合同可分为长期合同、中期合同、短期合同和临时合同。

11.2.4 经济合同的结构与写法

1. 标题

经济合同的标题要写明合同的性质，要求明确而醒目。其写法主要有两种：一是由合同性质加文种构成，如“贷款合同”“承包合同”；二是由合同标题、合同性质加文种构成，如“房屋租赁合同”“大豆购销合同”。

2. 约首

约首在标题之下，分行并列写签订合同双方当事人的名称或姓名。经济合同签约各方的名称应为全称，为方便后文表述可在各方前或后注明“甲方”“乙方”。

3. 正文

经济合同正文通常包括开头、主体和结尾 3 个部分。

1）开头

开头部分要用简明的语言说明签订合同的目的或依据。大体内容和习惯用语一般是“为了××××（目的），经双方（或多方）协商，签订本合同，以便于共同遵守履行”等。

2）主体

主体部分应分条列项说明经济合同的具体内容和条款。合同法规定的条款内容包括以下几项基本内容。

① 标的。即订立合同双方权利和义务共同指向的对象。任何种类的合同都必须有明确的标的，标的不明确，合同就无法履行。

② 数量、质量。标的数量是衡量标的多少的指标，所以必须明确；标的质量是反映标的优劣程度、内在质量与外在形态的综合指标，所以必须具体规范。有国家标准、行业标准

或地方标准的，要按标准执行；否则，由当事人双方协商确定标准，以避免引起纠纷。

③ 价款、酬金。价款是取得标的物的一方当事人向另一方当事人支付的代价；酬金是取得劳务的一方当事人向对方当事人支付的报酬。价款或酬金通常由单价、总额和付款方式三部分组成。

④ 履约期限、地点和方式。履约期限是指合同履行的时间界限，包括交货期限和付款期限。履约地点是指履行合同的具体地点，即交付提取标的的地点。履约方式是指采取什么方法来实现合同规定的当事人的权利和义务，一般包括标的交付方式、价款或酬金的结算方式。

⑤ 违约责任。这是对当事人不按照合同规定履行义务的制裁措施，即当事人所应承担的法律责任。违约责任应考虑周全，需逐一估计其可能发生的情况。

⑥ 其他必备条款。指根据法律规定或按合同性质必须具备的条款，以及当事人一方要求必须规定的条款。

3）结尾

写明解决争议的方法、合同的份数、保存方式及有效期限。

4. 尾部

落款部分写明双方或多方单位全称及法定代表人姓名、签名、盖章，签订合同的日期，双方当事人的有效地址、邮政编码、电子邮箱、电话、电报挂号、开户银行、账号等。

11.2.5 经济合同的写作要求

1. 内容要合法合理

经济合同的内容必须符合法律规定，如果违反国家的法律和政策，不仅不受法律保护，还要依法追究双方当事人的法律责任。同时，签订经济合同必须坚持平等互利、协商一致、等价有偿的原则。

2. 条款规定要全面完整

经济合同中应有的项目不能有遗漏，尤其是主要部分。

3. 语言表达要准确简明

经济合同的条文是双方当事人执行义务的依据，所以语言要周密严谨、言简意赅，切忌词不达意或含糊不清，以免产生歧义。

4. 文面要整洁干净

文字不能潦草难认，文面不能涂改杂乱。非要修改时，需经双方同意，在原合同上修改，并在修改处盖上双方的印章。

【经典案例 11－3】

购 销 合 同

订立合同双方：

供货单位：××经贸有限公司（以下简称甲方）

购货单位：××国际贸易公司（以下简称乙方）

根据《中华人民共和国合同法》的相关规定，经甲乙双方充分协商，特订立本合同，以便共同遵守。

第一条 甲方要向乙方供应的产品如表 11－1 所示。

表 11－1 甲方向乙方供应的产品

品名	规格	单位	数量	单价	金额

合计金额（大写）____。

第二条 产品的质量按甲乙双方协定要求执行（见附件）。

第三条 交货方法、运输方式、到货地点。

1. 交货方法：甲方代运。

2. 运输方式：铁路货运。

3. 到货地点：铁路杨浦站。

第四条 交货期限。

甲方应于××××年××月××日前交货（以甲方发运产品时承运部门签发的戳记日期为准）。

第五条 验收方法。

乙方应于运输部门的提货通知发出后 10 日内组织相关专家对甲方提供的产品进行验收（以提货通知单的戳记日期为准）；验收标准参照甲乙双方协定要求（见附件）。

第六条 对产品提出异议的时间和办法。

1. 乙方在验收中，如果发现产品的品种、型号、规格、质量不符合规定，应妥善保管，并于 10 日内向甲方提出书面异议。

2. 托收承付期内，乙方有权拒付不符合合同规定部分的货款。

3. 乙方于提货通知发出后两个月未通知甲方的，视为产品合乎规定。

4. 乙方因使用、保管、保养不善等造成产品质量下降的，不得提出异议。

5. 甲方在接到乙方书面异议后 10 日内负责处理，否则，即视为默认乙方提出的异议和处理意见。

第七条 货款的结算。

乙方应于产品验收合格后10日内将全部货款汇入甲方账户。

第八条 甲方的违约责任。

1. 甲方不能交货的，应向乙方偿付相当于不能交货部分货款50%的违约金。

2. 甲方所交产品品种、型号、规格、质量不符合规定的，如果乙方同意利用，应当按质论价；如果乙方不能利用的，应根据产品的具体情况，由甲方负责包换或包修，并承担修理、调换或退货支付的实际费用。

3. 甲方逾期10日内交货的，应向乙方支付相当于全部货款10%的违约金；甲方逾期10日后交货的，除向乙方支付相当于全部货款20%的违约金外，乙方有权提出解除合同，其间所发生的费用亦由甲方全部承担。

第九条 乙方的违约责任。

1. 乙方中途退货，应向甲方支付相当于全部货款10%的违约金；乙方逾期10日付款的，应向甲方支付相当于全部货款10%的违约金。

2. 乙方违反合同规定拒绝接货的，应当承担由此造成的损失和运输部门的罚款。

第十条 不可抗力。

甲乙双方的任何一方由于不可抗力的原因不能履行合同时，应及时向对方通报不能履行或不能完全履行的理由，以减轻可能给对方造成的损失，在取得有关机构证明后，允许延期履行、部分履行或不履行合同，并根据情况可部分或全部免予承担违约责任。

第十一条 争议处理方式。

本合同如发生纠纷，当事人双方应当及时协商解决，协商不成时，任何一方均可请业务主管机关调解或者向仲裁委员会申请仲裁，也可直接向人民法院起诉。

本合同自签字之日起生效，合同执行期间，甲乙双方均不得随意变更或解除合同。

本合同一式两份，甲乙双方各执一份。

附：附件×页

甲方单位全称：	乙方单位全称：
法定代表人：	法定代表人：
地址：	地址：
开户银行：	开户银行：
账号：	账号：
电话：	电话：

××××年××月××日

【知识拓展】

合同与协议书、意向书的关系

在经济活动中，我们经常听到合同、协议书和意向书 3 个名词，它们之间究竟有什么关系呢？

其实，协议与合同是同一概念，协议是人们一种习惯上的叫法，类似的提法还有契约，如房契、地契等。而意向书是不同于合同的一种文书，它是当事人各方就某一项目在进入实质性谈判前所形成的表达合作意愿的文书，是签订合同的先导与基础。

合同与意向书的区别主要表现在以下 3 个方面。

1. 内容性质不同

意向书表达的是双方当事人初步洽谈一致同意的若干原则性意见，所以意向书的条款内容概括性强，仅表明合作的意向、初步的设想或打算，故经常使用大约、估计、若干等弹性语言，其内容也可根据具体情况和双方意愿随时修改。而合同的条款是双方经深思熟虑、平等协商后确定下来的，内容细致具体，语言表达明确，不能使用含义模糊的词语，更不准许随意改动。

2. 文风特点不同

意向书具有临时性和协商性的特点，一旦双方达成正式的协议，它的使命就结束了，它旨在提请对方注意或仅供参考，所以在写作时多用商量的语气。而合同则具有合法性与约束性的特点，带有鲜明的强制性。

3. 法律效力不同

意向书不具有法律效力，而合同具有法律效力。

【能力训练】

1. 根据下述内容，拟写一份购销合同

上海中博进出口有限公司拟从山西华夏果品饮料公司订购 1 000 瓶味全 100%苹果汁。经双方商定，每瓶价格为 10 元（人民币），合计总金额为 1 万元。20××年 10 月 26 日前一次性交货。由华夏果品饮料公司负责运送。交货地点为上海中博进出口公司华泾仓库。产品外包装以上海中博进出口有限公司给定样本为准，每瓶 500 毫升，每 10 瓶为一个包装单元，合计 100 个包装单元。包装箱费用及运费由华夏果品饮料公司负担。产品质量以国家饮料质量标准为准。货款于交货日后 10 日内结清（以收货单为准）。如因自然灾害等不可抗力原因造成不能如期交货的，华夏果品饮料公司应提前通知上海中博进出口有限公司。如华夏果品饮料公司无故拖延交货日期或所提交的货物不符合规定标准，上海中博进出口有限公司有权拒绝收购，并要求华夏果品饮料公司赔偿相当于总货款 20%的违约金。如上海中博进出口有限公司在收到货物后 10 日内未将货款结清，需赔偿华夏果品饮料公司相当于总货款 20%的违约金。

2. 根据要求写一份房屋租赁合同

假如在单位工作时，需要向景阳房屋租赁公司承租一套两室一厅的住房以解决住宿问题。要求：拟写一份与该公司的房屋租赁合同。

11.3 商务策划方案

【情景模拟】

美国芝加哥一家房地产公司在密歇根湖畔的一个小岛上建造了几幢质量上乘、设施良好的豪华公寓，命名为“港湾公寓”。港湾公寓虽然景色迷人，服务优质，价格合理，但开业3年来，只售出了35%，降价后仍不见起色。这家公司决定通过一些活动来销售这些楼房。

通过对附近居民的调查，该公司找出了影响楼房出售的原因：居民担心住进公寓后会太清静寂寞，交通不便会影响日常生活，如小孩子上学不方便，尤其是缺乏娱乐和夜生活。

针对以上问题，该公司确定了港湾公寓整体销售目标，即“创造推销公寓的良好气氛，变滞销为抢手”。为了实现这个目标，又制订了具体的行动方案：第一，完善港湾公寓的生活服务设施，开设了商店、音乐厅、酒吧和游泳池，开办了学校和幼儿园，建造了小岛与大陆间的公路；第二，选定在感恩节通过已有住户向亲友发送贺年片、明信片，组织马戏团演出；第三，组织政要、企业家、体育明星等社会名流参观公寓；第四，利用美国确定国旗200周年纪念日，在公寓楼前组织升旗仪式。

经过上述营销方案的策划与实施，港湾公寓很快实现了“变滞销为抢手”的销售目标。

商务策划有哪些种类？怎样才能写出对企业生产经营起促进作用的商务策划方案呢？

11.3.1 商务策划方案的含义

商务策划，就是从事商务活动的策略，是发现并应用规律、整合有限资源、实现最小投入最大产出，把虚构变成现实的过程。它是关于解决商务问题的高级决策思维方式。商务策划的目的，是追求创新型的可以获得更多收益的经营决策方式。商务策划方案是商务组织为了谋求自我生存的最佳环境和市场竞争的最大优势，制订的具有创新性和精密性的商务行动方案。

11.3.2 商务策划方案的特点

1. 预见性

商务策划方案是根据对过去和现在的商务情况进行综合分析后，对未来的商务活动作出的预见性的判断和安排。

2. 控制性

商务策划方案具有较强的约束性，不仅对参与人员的行为、资金的使用、物品的运用、目标实现的时间等方面有控制性，同时也最大限度地使风险降低、成本缩小、效益增大。

3. 系统性

商务策划方案是对某一商务活动整体实施策略的系统考虑和具体安排，所以，内容与项目间有着密切的逻辑关系，充分体现着“全局一盘棋”的特点。

11.3.3　商务策划方案的种类

商务策划方案可分为综合商务策划方案和专题商务策划方案两类。

1. 综合商务策划方案

是对整个行业或企业经济发展前景的综合规划，如“企业全程策划”，是针对企业战略、生态、融资、管理、营销五大领域实施方略而制订的宏观、全面的策划方案。

2. 专题商务策划方案

是对某一商务活动的开展所制订的微观、具体的策划方案，如生产策划方案、营销策划方案、广告策划方案、公关策划方案、会议策划方案和企业形象策划方案等。

11.3.4　商务策划方案的结构与写法

商务策划方案一般由标题、正文、署名及日期构成。

1. 标题

商务策划方案的标题有两种形式：一是由时间、策划对象名称和文种组成，如《2014年××牌鞋油营销策划方案》；二是由策划对象名称和文种组成，如《××产品新闻发布会策划方案》。

2. 正文

商务策划方案的正文一般由前言和主体两部分组成。

1）前言

前言部分一般简述策划对象的名称、意义、目的和时间等。

2）主体

主体部分主要包括背景分析、计划实施方案、效果预测和经费预算 4 个方面。

① 背景分析。这是策划的基础条件，只有摸清了商务活动的背景状况，才能找准自身的位置，从而制订出既符合自身发展愿望，又适应客观环境的科学的策划方案。以市场营销策划方案为例，其背景分析主要是对行业和市场现况与前景、企业自身条件与能力的分析。

② 计划实施方案。这是策划的核心内容，应一一说明策划的具体内容，实施的步骤、方法与过程。如市场营销策划方案，这部分要写明营销目标、营销战略（包括产品策略、价格策略、销售策略等）和具体行动安排。

③ 效果预测。这是策划要达到的目的。这部分要写明活动策划预期要达到的效果，如广告策划方案将达到的宣传效果、会议策划方案将达到的沟通效果等。有些策划方案，将预期效果放在前一部分，如在市场营销策划方案中，"营销目标"就是"效果预期"。

④ 经费预算。这是策划方案得以顺利实施的根本保障。这一部分记载的是整个策划方案推进过程中的费用投入，包括总费用、阶段费用和项目费用等，其原则是以较少的投入获得最佳的效果。

3. 署名及日期

这部分应写明单位名称或策划者个人姓名及日期。其写法有 2 种：一是写在文末右下角；二是写在标题下、正文前。

11.3.5 商务策划方案的写作要求

1. 策划方案的创意要新颖

商务策划方案必须有崭新、奇特、甚至令人拍案叫绝的创意，要给人以全新的感受，这是商务策划方案的生命之本。

2. 策划方案的目标要明确一致

策划方案的目标要明确、具体，使执行者一目了然；策划方案的创意方向，方案实施的具体内容、方法及结果，要与企业的目标相一致。

3. 策划方案的内容要可行

策划方案要客观地评估企业可利用的人力、物力和财力等资源，在主观、客观条件都充分允许的条件下制订策划方案的具体内容。

【经典案例 11－4】

长城计算机市场营销策划方案

一、长城计算机市场营销的意义及目的

（略）

二、当前的营销状况

分析当前国内中文系统（主要指汉卡）的营销状况，有助于我们对当前的市场状况、产品状况、竞争状况及宏观环境有一个清醒的认识，为制定相应的营销策略、采取正确的营销手段提供依据和参考。

1. 市场状况（略）

2. 产品状况（略）

3. 竞争状况（略）

4. 宏观环境状况（略）

三、机会和问题分析

1. 机会和威胁分析（略）

2. 优势和劣势分析（略）

3. 问题分析（略）

四、营销目标

总目标：良好的社会效益和经济效益。

社会效益目标：树立长城中文系统国内工业标准的形象，带动和领导国内中文应用软件的开发和应用。

经济效益目标：年销量 10 000 块；单套毛利 400 元/块；全年 400 万元。

五、营销战略

1. 营销宗旨

以广告宣传和价格政策为主要手段；以大用户和国内外电脑厂商 OEM 为重点；以建立和管理渠道，代理、批发销售为主，零售为辅的销售代理制为原则，进行大市场销售。

2. 产品定位（略）

3. 产品结构（略）

4. 销售渠道（略）

5. 价格政策（略）

6. 产品供应（略）

7. 广告宣传（略）

8. 产品维护及售后服务（略）

六、行动方案

8 月：

解决 9000B 存储的技术问题，确定 GCS/E 最终版本。

设计制作 9000B 单页宣传广告画及产品包装。

推出 9000B 报纸广告，征寻代理。

联系销售团队、分公司、代理，宣传价格政策、奖励政策，征集订货。

联系大用户。

组织 9000B 订货、生产、发运、储存，理顺各环节。

9 月：

进一步制造声势，宣传产品，开拓渠道，协调分工合作关系。

10—12 月：

销售高峰：组织好 9000B 的生产、运输及分销。

1—2 月：

销售淡季：兑现奖励，总结经验，调整计划，制订下个半年计划。

七、经费预算（略）

××公司
××××年××月××日

【知识拓展】

广告策划与制作

广告，就是“广而告之”的意思，是伴随着商品经济发展起来的一种重要的信息传播方式，是一定的社会组织（尤其是企业）向外部公众推销自我、宣传自我的主要方式。

公共关系广告，是指社会组织通过购买大众传播媒介使用权的方式，向公众宣传组织信誉，树立组织形象的一种广告形式。公共关系广告的类型有实力广告、观念广告、信誉广告、祝贺广告、创意广告、公益广告和新闻广告等。

广告的策划与制作程序如下。

① 广告调查，包括经济地理基本情况、企业自身形象调查、竞争对手的产品及营销情况调查、消费行为调查等。

② 广告计划，包括广告目标、广告宣传对象、广告的宣传重点、选择的传播媒介、广告的实施策略、广告设计制作方案等。

③ 广告预算。

广告制作可分为报纸广告制作、杂志广告制作、广播广告制作、电视广告制作、网络广告制作和 POP 广告制作（销售现场广告）。

【能力训练】

1. 根据如下条件，拟订一份广告策划方案

爱华电子公司坐落在我国经济特区深圳市，公司致力于开发录音机、录像机、影碟机、学习机等多种电子产品。“考状元”是一种新型的多功能学习复读机，该产品刚进入市场就受到了消费者的欢迎。假如该公司驻所城市的销售代表准备推销这种产品，并开展广告宣传活动，请根据所给条件拟订一份广告策划方案。

2. 根据如下内容制订营销策划方案

请对你较为感兴趣的某一日用品（如化妆品、文具、手机等）做一次小范围的市场调查，并以此为据拟写一份该产品的营销策划方案。

第 12 章

宣传应用文写作

宣传应用文是以报纸、广播、电视、网络为传播媒介的文体，及时报道社会生活中新近发生的有意义的事件，具有传递信息、宣传教育和发动群众的作用。

在写作上，宣传应用文要求内容真实，其中消息、通讯，特别是消息要有较强的时效性；演讲稿要注意强烈的鼓动性；解说词则要求针对性强，并具有一定的艺术性。

本章主要学习消息与演讲稿的体裁特点和写法，通过学习能够写出内容生动、格式规范的宣传应用文。

12.1 消　息

【情境导入】

蒙牛乳业于 1999 年 7 月成立，到 2009 年，短短 10 年时间，主营业务收入在全国乳制品企业中的排名由第 1 116 位上升至第 1 位。然而，2008 年 9 月 11 日三鹿三聚氰胺事件的爆发，使牛根生意识到奶农卖给三鹿的“毒奶”同样有可能混入蒙牛的奶源。

同年 9 月 16 日，中央电视台《新闻联播》曝光 22 家企业的奶粉中查出三聚氰胺，蒙牛名列其中；9 月 18 日，中央电视台《新闻联播》再次通报，国家质检总局抽检蒙牛液态奶产品 121 个批次，11 个批次检出三聚氰胺。

“问题奶粉”事件发生后，为了保护奶农利益，蒙牛敞开收购合格原奶，在短短一周内，倒掉近 3 万吨原奶，损失达 1 亿元。为了确保产品质量、保护消费者利益，蒙牛主动将市场上的产品全部下架，并由此承受了巨大损失。同时，对所属奶站实施 100%托管，并通过人盯人、人盯挤奶厅、人盯运奶车，24 小时监控的“三盯一封闭”措施严防原奶掺假，赢得了消费者的信任。

蒙牛接下来大打宣传战，于 2009 年 4 月在其网站上相继发布了《中国奶业大乱之后必有大治》《蒙牛今年将加大奶源投资》《责任放飞梦想　品质见证成长——蒙牛十年综述》《蒙牛引领乳业走势　奶源建设仍是重点》《我最信赖的食品品牌评选揭晓　蒙牛荣膺 3 项大奖》《蒙牛率先挺进〈福布斯〉亚洲上市公司 50 强榜单》《蒙牛 5 度荣膺博鳌亚洲论坛唯一乳品合作伙伴》《走近绿生活　蒙牛工业生态游演绎乳业未来》等新闻消息，极大地挽回了社会声誉。

为了更好地促进生产管理，蒙牛启动了“牛奶安全工程”，向消费者和中外媒体开放牧场和工厂，公布从收奶、生产、包装到成品入库、出库的全过程。一时间引来许多媒体争相报道，增强了社会各界对中国乳业的信心。

2011 年蒙牛乳业 UHT 牛奶销量居全球第一，液态奶销量居全国第一，冰激凌销量居全国第一。根据《2009 年度全球奶业公司排名报告》，我国蒙牛乳业集团位列第 19 位，这也是中国奶业首次进入 20 强。在多个省市开展的乳业品牌调查活动中，蒙牛是消费者首选的乳品品牌。

蒙牛乳业在由“中国制造”向“中国创造”嬗变的进程中，正确把握了舆论宣传导向，创新发展机遇，一步步从“中国牛”向“世界牛”迈进，打造了一个有效利用消息、大打宣传战、提升企业影响力的传奇。

那么，你知道如何正确撰写一则消息吗?

12.1.1　消息的含义

消息，通常被人们称为新闻，是以叙述为主要表达方式，用最直接、最简练的方式对新近发生的重要事件进行的报道。消息是报纸、广播、电视中最广泛、最经常使用的新闻体裁，是数量最大、最常见的新闻形式。

12.1.2　消息的特点

1. 真实

消息写作要用事实说话，离开了事实，消息也就失去了根本。真实性，是消息写作的生命和灵魂。

2. 新鲜

新闻要求的“新鲜”包含 3 层意思：一是从时间上说，是“新近”发生的事；二是从内容上说，必须给人以新信息、新启发，是有所发现和创造的新事；三是从常规上说，新闻常报道具有异常特点或违背常规的事，正如《太阳报》主编德纳所说：“狗咬人不是新闻，人咬狗才是新闻。”

3. 时效

人们常说“新闻是易碎品”，再好的新闻消息，如果延宕发布的时机，就可能成为一张废纸，在所有新闻文体写作中，消息的时效性最强，要快采访、快写作、快发表。1981 年美国总统里根遇刺，美国广播公司在事件发生后 7 分钟就播出了这条新闻。

4. 简洁

消息写作中强调对事实的报道一定要简明、扼要。只有这样，传播媒体才会发挥其功效，让读者了解更多的信息。

12.1.3　消息的类型

根据不同的分类标准，可以将消息分为不同的类别。在此主要从写作角度对消息的分类进行介绍。

1. 动态消息

动态消息是对国内外最新发生或出现的事件、情况动向的事实报道。动态消息是消息中最主要的一种形式。

2. 经验消息

经验消息也叫典型报道，是指反映一些具体部门、单位贯彻执行党的路线、方针、政策，在某一方面取得明显效果和成功经验的报道。

3. 综合消息

综合消息是报道全局情况的一种形式。它把不同地方、不同单位的若干事实，围绕着一个中心思想综合起来加以宣传报道。

4. 述评消息

述评消息又叫新闻述评或记者述评，是一种边叙边评、夹叙夹议的消息类型，它介于新闻和评论之间，主要报道、分析国内外重大新闻事件或具有普遍意义的新闻事实。

12.1.4　消息的结构与写法

消息的结构一般由标题、消息头、导语、主体、背景材料和结尾 6 部分组成。

1. 标题

1）标题的形式

标题是消息的重要组成部分，经常被称为“新闻的眼睛”，通常有 3 种形式。

（1）行标题，由引题、正题、副题组成。例如：

点多　线长　网广　方便（引题）

大连市储蓄业务成绩再创新高（正题）

邮政储蓄存款人均近三百元（副题）

引题在正题之上，又称“肩题”“眉题”，主要起阐发意义、渲染气氛和介绍背景的作用。正题是标题的主体，主要用来概括消息的主要内容或主题思想。副题在正题之下，又称“辅题”“子题”，它多对正题起补充、说明的作用。

（2）双行标题，包括两种形式，具体如下。

① 引主式，即“引题+主题”的形式。例如：

加强团结　凝聚共识（引题）

中国与东盟探索金融合作新路径（主题）

② 主副式，即“主题+副题”的形式。例如：

展老兵新风采　聚社会正能量（主题）

——“最美退役军人”学习宣传活动综述（副题）

（3）单行标题，即只有正题的形式。例如：

让崇德尚俭之风劲吹华夏（正题）

中国国家主席习近平同俄罗斯总统普京举行会谈（正题）

2）标题的写作要求

消息标题写作的要求是要做到准确、鲜明、凝练和生动。

（1）准确。准确是消息标题写作的最基本要求：一是准确概括、反映新闻事实；二是要准确评价事实；三是运用语言要准确。例如：

① 武汉出现一内脏裸露婴儿
　此乃产妇孕期与宠物狗接触所致

② 努力提高中华民族的科学文化素质
　我校 2 000 余名新生入学

③ 不恋“天南海北”主动申请到“新西兰”

④ 盖俊和女儿结婚不收彩礼

以上标题中，① 为事实概括不准确，因为有关专家只是推测与孕妇接触宠物狗有关，而并未确证；② 明显对事实意义的揭示过分夸大；③ 中，谁也想不到“天南海北”是指天津、南京、上海、北京，“新西兰”是指新疆、西藏、甘肃；④ 中“盖俊和”是一个人的名字，因一字之差而产生了歧义。

（2）鲜明。鲜明是指通过对新闻事实的选择、揭示和评价，表现出来的对事实的态度，要求立场明确，不模棱两可、含含糊糊，包括态度、立场的正确性。一般有 3 种情况：一是肯定的态度，如歌颂、赞扬、支持、同情等；二是否定的态度，如怒斥、揭露、嘲笑、讥讽等；三是既不肯定也不否定的态度。例如：

① 伊拉克总统说伊朗的进攻被击退
　伊朗说收复三百多平方公里失地

② 壮哉教师于元贞勇斗窃贼身亡
悲哉数百围观者竟无一人相助

③ 竟敢敲诈“两会”代表
一路边店遭严厉惩处

以上标题中，① 是既不肯定也不否定的立场，是合适的；② 对事实有肯定有否定，态度鲜明；③ 则态度含糊，立场不鲜明。

（3）凝练。凝练就是简洁、明了地传达出消息的内涵。用点睛之笔，剔浮词，去空话，以最少的文字传达最准确的信息。例如：

① 节省外事经费节省时间精力
我国礼宾改革已有一定成效
国宴规定四菜一汤，仪仗队鸣礼炮使欢迎仪式更隆重

② 我国续作礼宾改革
国宴实施四菜一汤

以上标题中，① 中最基本、最有价值的信息应是“四菜一汤”，却被啰唆的语言冲淡了；而② 则突出主要信息，要言不烦。

（4）生动。消息标题要力求以优美的形式吸引读者，故应讲求生动性。方法很多，如运用修辞手法，引用诗词或名言警句、方言民谚等。例如：

① 一窝“油老鼠”落网

② 马歇尔歇马，华莱士来华

③ 工程师三代破屋两间
副局长一家新房四套
市有关部门的调查结果竟是“分配基本合理”

④ 会翁之意不在会　在乎山水之间也
青岛会议知多少　请看会议一览表

以上标题中，①、②和③ 分别用了比喻、回文和对仗的方法，④则引用名言，故而生动、耐读。

运用以上方法时要注意恰当、贴切，如标题“中国黑姑娘远嫁阿根廷”，看了正文才知是指中国煤炭销往阿根廷，实在有牵强附会之嫌；标题“九辆汽车搞死亡之吻”，将一起严重交通事故说得如此轻佻，不宜出现在消息标题中。

2. 消息头

消息的导语前往往冠以“本报讯”“本台消息”“××社××地××月××日电”的字样，即为消息头。消息头主要有“讯”与“电”两类。“讯”指通过邮寄或书面递交的形式向媒体传递的报道，“电”指通过电报、电传、电话、计算机等传输的报道。消息头是版权所有的标志，也可标明消息的来源，易于受众将消息与其他体裁区别开来。

3. 导语

导语是消息特有的概念。"导"有"开始、启发、吸引"的意思。导语是显示作者才华的天窗，它一般由最新鲜、最重要、最有趣的事实或精辟的议论组成。

常见的类型如下。

1）陈述式导语

指用叙述的方法概括消息事实，朴素平实。例如：

今天上午九点，随着中共中央政治局委员、国务院副总理吴仪启动金钥匙，第十届中国国际投资贸易洽谈会在厦门正式开幕。

2）描写式导语

指把最精彩的内容或有意义的特殊场面，用形象生动的语言描述出来。例如：

昨晚午夜前后，××市雷声隆隆，电光闪闪，倾盆大雨，下个不停。

3）评论式导语

指在消息的开头就对事物发表评论，使消息事实的意义更加明确，或者把事物的结论写在开头，揭示事物的意义和目的。例如：

"80 年代看广东，90 年代看浦东，跨世纪热点是环渤海。"今天，来自五省二市的部分全国人大代表与有关领导到本报参加"环渤海发展座谈会"，就振兴环渤海地区经济达成共识。

4）提问式导语

指在消息的开头，提出读者所关心的问题，然后加以解答。例如：

你见过挂在屋里的空调眼睛吗？在四川长虹电子集团有限公司的团委办公室，记者在翻看空调创意比赛的一本作品集时，被一个带眼睛的空调创意吸引住了。

4. 主体

主体是消息的躯干，它紧接导语之后，是消息的重要组成部分。

1）主体的作用和功能

主体的作用和功能有两个：一是对导语进行解释、深化和具体化，对导语中涉及的内容，进一步提供有关细节和背景材料，使其更清楚、明确、具体；二是补充新的事实。导语中未提及而又能表现新闻主题的事实和其他要素，便由主体补充出来。

2）主体部分的写作要求

① 紧扣消息主题取材。主体部分内容较多，因此要重视材料的取舍。应紧扣导语中所确立的主题来选用材料。若与主题无关或无多大关系，即便具体、生动、感人，也应割舍。

② 叙事宜具体、内容应充实。消息虽不似通讯细致、深入地报道事实，但对新闻人物和事件有较完整而真切的了解，应传达出较具体的新闻信息。不宜写得太概括、太抽象，空空洞洞大而无当，或只是几条干巴巴的"筋"。

③ 叙述宜生动，行文善兴波澜。消息主体内容在要求具体、充实的基础上，还应力求生动，尽量避免平铺直叙。有的人写消息，内容虽有，但写得枯燥无味，或是一套死板而难

以卒读的“新闻腔”。因此，写作手法应运用生动形象的描述、灵活多变的手法和自由灵活的层次与段落安排，富于变化，应“让新闻笑起来”。例如：

据新华社巴黎 8 月 31 日电　英国王储查尔斯王子的前妻戴安娜，本地时间 8 月 31 日凌晨在巴黎遭遇严重车祸，送往医院后不治身亡。

据悉，戴安娜与其男友埃及亿万富翁之子法耶兹于 30 日下午来到巴黎。当天午夜，他们在巴黎里茨饭店共进晚餐后，乘坐一辆奔驰600型汽车飞速驶向法耶兹在巴黎的一座私邸，一群摄影记者在途中紧追不舍。戴安娜的汽车加大马力急速行驶，试图摆脱摄影记者，不幸在一处公路隧道里与一根立柱碰撞，造成严重车祸。法耶兹和司机当场死亡。戴安娜及其保镖身受重伤。

车祸发生后，抢救人员立即将戴安娜等人送到医院。负责抢救戴安娜的医生不久宣布，戴安娜在车祸中手臂骨折，大腿受伤并发生严重脑震荡，在抢救过程中因胸腔大出血，于凌晨 4 时死亡。

法国总统希拉克和总理若斯潘对戴安娜不幸身亡表示震惊。据巴黎警方宣布，车祸发生后，尾随戴安娜的 7 名摄影记者被带到巴黎警察总署接受调查。

这则消息篇幅不长，但层次清楚，起承转合自然，叙述较生动，行文亦波澜起伏。

5. 背景材料

背景材料又称新闻背景，是有关消息事实的历史和环境材料。按作用可将其分为对比性材料、说明性材料和注释性材料。

1）对比性材料

用过去情况与当今情况、彼事物与此事物进行比较，以昔衬今，以彼托此，能够显示出其特色和意义。例如，《同是造纸厂　盛衰两重天》消息报道中有这样一段背景材料的介绍：

大多数生产线都悄无声息，80 多个制浆蒸球闲置在昏暗的厂房内，简易碱回收装置已经锈迹斑斑，厂区内一片萧条……这是记者在陕西省咸阳市武功东方纸业集团有限公司看到的情景。

邻市的西安奥辉纸业集团公司却是一派热火朝天的生产景象：花园般的工厂整洁而美丽，生产线源源不断地“吐”出成品纸，几辆卡车正停在厂门口等待着提货……

是什么原因使得地理位置相近的两家造纸厂盛衰两重天呢？“东方纸业生产污水无法达标排放，所以被责令停产治理。”陕西省环保局助理巡视员唐祚云的话道出了其中最关键的因素——环保。

2）说明性材料

用来说明新闻事实产生的具体条件、独特原因和环境，把事情的来龙去脉、前因后果交代清楚，有助于读者完整全面地理解新闻。例如，《韩美贸易摩擦愈演愈烈》消息报道中有这样一段背景材料的介绍：

过去几十年间，韩国经济取得了引人瞩目的成就，应该说在很大程度上得益于吸收了美国的资金、技术和经验；然而，随着韩国经济的发展，两国贸易摩擦不断。长期以来，韩国在双边贸易中一直对美国保持顺差。进入20世纪90年代以来，韩国双边贸易开始出现逆差并逐年增大，到了1996年达到了116亿多美元，1997年的前7个月里，也已达到了66亿多美元。

这段文字就韩、美两国贸易摩擦愈演愈烈的报道，介绍了一段政治与历史方面的背景材料。

3）注释性材料

对原因作出说明，但说明的不是新闻事件的产生原因，而是非事件性新闻的原因。例如，《俄积极推动中俄天然气管道西线方案》消息报道中有这样一段背景材料的介绍：

中俄天然气管道“西线方案”是指以俄罗斯西西伯利亚天然气产地为起点，穿越中俄西段边界地区，最终到达中国新疆维吾尔自治区的天然气输送方案。

6. 结尾

结尾是消息中的最后一句或一段，一般包括以下几种类型。

① 总结式，是指对整条消息进行总体概括，以加深印象。

② 启发式，是指在消息的最后提出一个问题，以促思考。

③ 号召式，是指提出倡议，在接受了这条消息后，能在实践中予以响应。

④ 展望式，是指明事件发展的趋势，起激励、鼓舞作用。

12.1.5 消息的写作要求

消息的写作要求包括以下几个方面。

① 真。真实是消息的生命，只有真实的消息才能得到大众的信赖，才有新闻价值。

② 新。消息要选择那些最新涌现出来的，应感觉到世界在不断改变着的内容。

③ 快。消息要及时迅速地传播信息、沟通情况，指导各项工作和生活。

④ 短。消息要符合现今社会工作、学习、生活的节拍，要简洁明了。

⑤ 实。消息要用事实说话，这样才有说服力和感染力，才能发挥它的作用和威力。

【经典案例12－1】

2017年全国青少年“未来之星”冬季阳光体育大会落幕

晨报融媒体新闻中心讯 2月8日晚，为期4天的由国家体育总局、教育部、共青团中央主办，牡丹江市人民政府、黑龙江省体育局、国家体育总局体育科学研究所、国家体育总局冬季运动管理中心、黑龙江省镜泊湖管委会承办的冬季全国性青少年大型综合类体育活动——“2017全国青少年‘未来之星’冬季阳光体育大会”在黑龙江省牡丹江市镜泊湖风景名胜区自然保护区落下帷幕。

本次活动期间，共有来自全国 31 个省（自治区、直辖市）和新疆生产建设兵团及澳门特别行政区的 37 支队伍，689 人参加了牡丹江主会场的活动。大会内容包括体育比赛、冰雪运动乐园、冬季奥林匹克文化交流、青少年爱国主义教育四大板块。

体育比赛包括雪地足球、冰球、花样滑冰、雪地徒步穿越、冰上龙舟、雪地障碍等体育竞技项目，每一个代表队都是全力以赴，留下了一个个精彩瞬间，各代表队在相互学习、相互交流中共同提高，顺利完成了各项任务。

在闭幕式上，大会总裁判长宣布了各项目比赛的结果，与会领导分别向获得一、二、三等奖的代表队进行了颁奖；大会授予本届冬季阳光体育大会设立的北京、河北、内蒙古、辽宁、吉林、新疆六个分会场优秀组织奖；授予牡丹江市人民政府、黑龙江省体育局、黑龙江省镜泊湖风景名胜区管理委员会特殊贡献奖。国家体育总局青少年体育司司长刘扶民同志致闭幕词，原国家体育总局副局长、中国滑雪协会主席段世杰同志宣布大会闭幕。

随后安徽、江苏、北京、江西、新疆、贵州、新疆兵团、青海、西藏、云南等代表队为大会呈现了《少年中国说》《敬酒歌》《锅庄舞》《再见》等 10 个精彩的文艺演出节目。最后，闭幕式在以《bang bang bang》为主题的篝火晚会和烟花仪式中结束。

【经典案例 12－2】

千余个岗位引来万名求职者

2015 年 4 月 11 日上午，芜湖星隆国际城品牌商家大型专场招聘会举行。本次招聘会是由芜湖星隆商业管理有限公司主办，镜湖区人力资源和社会保障局及赭山公共服务中心协办，为期两天。据介绍，这是我市迄今为止最大规模的公益类招聘会。

记者在现场看到，近百家招聘单位提供了千余个工作岗位，包括店长、导购员、收银员、服务员、后勤等职位，工资待遇从 1 500 元至 4 000 元不等，吸引了上万名求职者前来应聘。

据悉，芜湖星隆国际城总建筑面积达 30 万平方米，环赭山、拥镜湖，将于 5 月 1 日开业，包括华亿时尚百货、星美国际影院、洛卡王国儿童职业体验馆、滔搏运动城等，以及 6 家快时尚品牌店、12 家轻奢专卖店、92 家知名餐饮店等数百个商家，将为我市又增添一座大型商圈，丰富我市的商业布局。当天的招聘单位均为星隆国际城内的企业，他们为“五一”的开业做了充分的人才准备。

【知识拓展】

消息与通讯的区别

消息与通讯既有相同点，又有区别。

二者的共同点是：① 真实准确地报道国内外新近发生的有意义的事件；② 迅速及时地反映现实生活中的新人、新事、新风貌。

二者的不同点包括以下几个方面。

（1）报道的要求不同

消息要求简明、扼要，一事一文，没有情节描写；而通讯则既可以是一人一事，也可以涉及众多的人物和事件，同时通讯十分重视细节的刻画，在一篇通讯中往往有大量的细节。

（2）表达方法不同

消息多用叙述，少用描写和抒情，除述评消息外，作者很少表明本人观点、态度；而通讯不仅要叙述清楚基本事实，而且要加强作品的感染力和生动性，这就需要做必要的描写、抒情，甚至还可做画龙点睛的议论。不仅要写清基本事件，而且要展开情节，甚至突出某些细节。

（3）结构形式不同

消息有特定的结构形式，有导语、消息头、主体、结尾、背景等结构因素。而通讯的结构则不拘一格，作者可以根据表现主题的需要巧妙安排，自由挥洒。

（4）消息朴实，通讯富有文采

手法的不同自然会造成风格的不同。消息一般没有文学性，朴素实用；通讯则生动活泼而富有文采。在一期报纸上，两种文体相互映衬和补充，使新闻媒体更加完美。

（5）通讯不如消息迅速及时

虽然有消息、通讯同时发表的情况，但一般来说，通讯的时效性是赶不上消息的，因为消息内容简略、篇幅短小、采访快、写稿快，有时事发几分钟，甚至不到一分钟，媒体就开始用消息进行报道。而通讯有大量的细节，篇幅一般比较长，采访需要比较详细，写稿时间也要长一些。

【能力训练】

1. 阅读下则消息，为其拟写标题

本报北京4月19日讯（记者　董鲁皖龙）今天，第三届中国“互联网+”大学生创新创业大赛推介会在清华大学举行，推介会旨在搭建大赛与创投机构、企业的对接平台。推介会现场举行了教育部与全国高校创新创业投资服务联盟、中关村百人会天使投资联盟、全国高校双创教育协作媒体联盟等合作签约仪式。数百位来自全国各地的投资人、企业家参加了会议。

据介绍，本次大赛在原有 6 类项目的基础上，新增“互联网+”文化创意服务类项目，鼓励广播影视、设计服务、文化艺术动漫娱乐等项目参赛；在参赛对象上，大赛新设就业型创业组，主要面向高职高专院校的创新创业项目；大赛还鼓励师生共创，对于高校科技成果转化项目，允许将拥有科研成果的老师的股权合并计算。在线上线下项目对接方面，将发布《中国建设银行支持大学生创新创业服务指南》，所有建行驻高校支行网点将面向大学生提供大赛和全国双创产业投资基金的帮助、指导及信息发布等服务；打造项目不间断路演、投融资全天候对接平台等。

大赛期间，各创投机构和企业可以与学生团队对接，提供咨询指导、投资服务等支持，提高大学生创新创业的积极性，促进项目孵化落地。

据了解，大赛自举办以来得到了各地的积极响应。全国共有 2 100 多所高校的 75 万名大学生直接参赛，报名项目超过 15 万项，500 多家创投机构和企业深度参与，在创新创业指导、项目评审、投融资服务等方面为大赛提供支持。

2. 研读分析，解决问题

（1）说明如下导语

在报纸上，出现这样的导语：新华社北京 11 月 20 日电　中国国际信托公司总经理，今天在北京召开的公司第三次董事会上作工作报告。

请说明这样的导语是否恰当？为什么？

（2）比较两个标题

比较下面两个标题，你认为哪个好？为什么？

① 要把抗旱保苗作为头等大事来抓

② 抗旱保苗，当务之急

3. 新闻现场，模拟训练

电视剧《邓小平》从 2013 年 9 月正式开机拍摄，历时 112 天，于 2014 年 1 月 15 日顺利完成拍摄，正式杀青。2014 年 1 月 19 日，剧组一行到邓小平故里广安，将拍摄时使用过的部分道具作为纪念品进行捐赠。在邓小平铜像前，《邓小平》剧组一行深深鞠躬，敬献花篮，寄托对伟人的深切哀思。该剧编剧之一张强介绍说：“虽然这段时间大家都很累，但是为了表达对邓小平的敬仰和深切怀念之情，拍摄刚一结束我们便赶赴广安，缅怀伟人的丰功伟绩。”

请以某报记者的身份，用描写式的语言写一则消息的导语。

4. 根据要求写一篇消息

结合消息写作的要求，选取认为有新闻价值的社会焦点或校园热点问题写一篇消息（不少于 500 字）。

5. 阅读例文，说明消息和通讯的不同

例文 1

9 秒 86——男子百米世界新纪录诞生

刘易斯终于成为世界“第一飞人”，9 秒 86——第三届世界田径锦标赛第一个世界纪录今晚诞生。美国选手卡尔·刘易斯在男子百米决赛中，成为当今世界上跑得最快的人。美国的伯勒尔今晚获得亚军，成绩为 9 秒 88，也超过了他自己创造的 9 秒 90 的世界纪录。

例文 2

三十而立——记刘易斯创造百米世界纪录

今年 7 月 1 日，刘易斯度过了 30 岁生日，对于一名短跑选手来说，他比谁都明白这个年龄意味着什么。然而，他的生命与绛红的跑道已经不可分割地联系在一起，他要创造自己生命的奇迹，创造人类向极限挑战的奇迹。

8 月 25 晚 19 时，东京国立竞技场，当今世界跑得最快的 8 名选手站到起跑线后。国际奥委会主席萨马兰奇和 6 万观众一起，等待着那激动人心的时刻。

刘易斯在 17 时举行的半决赛中就跑出了 9 秒 93。几乎所有的人都预感到，他一定能创造新的奇迹。发令枪声打破了夜空片刻的宁静。刘易斯起跑只排在第 5 位。他有力地摆动着双臂，步频越来越快。在离终点线只有三四米时，一个有力的冲刺超过了伯勒尔，霎时，他回头望了一下伯勒尔，抑制不住地笑了。电子显示屏上的数字“9 秒 86”宣告了世界新纪录的诞生。风速计显示出每秒 1.2 米。

狂热的观众发出震耳欲聋的欢呼，刘易斯噙着泪花，紧紧地与伯勒尔拥抱在一起，此时，一轮明月在空中紧傍着熊熊燃烧的火炬。让自己的生命之火燃烧得更加明亮耀眼，这也许是卡尔·刘易斯和所有来到东京的运动员最大的心愿。

12.2 演 讲 稿

【情境导入】

1941 年 12 月 7 日，日本偷袭珍珠港的阴谋得逞，美国太平洋舰队几乎全军覆没。美国总统罗斯福获悉消息后不到 24 个小时，就召集国会，向参众两院联席会议发表了题为《一个遗臭万年的日子》的即席演讲。

珍珠港事件的突然性与紧迫性，要求总统罗斯福用最短的时间发表演讲，说服国会议员放弃继续中立的打算，而选择对日宣战。整篇演讲词，虽不足 900 字，却就日本背信弃义发动战争、企图吞并太平洋地区，国家面临生存和安全危机，人民应该保卫祖国、消灭敌人以及取得胜利的保证等多个方面作出了深入而透彻的阐释，有限的语言蕴含了丰富的内容，语言精练、言简意赅。“昨天对夏威夷群岛的进攻，给美国海陆军部队造成了严重的损害，我遗憾地告诉各位，很多美国人丧失了生命。”一句话就将宣战的必要性说得很明白，也将美军受到的损失、美国人民受到的严重侵犯和挑衅讲得很透彻。

据说，这次演讲仅用了 6 分钟，并不断被听众的掌声打断。听过演讲之后，参众两院仅用了 32 分钟就以几乎全票的方式通过了罗斯福的宣战要求，这篇演讲也随之成为举世闻名的经典之作。

你热爱演讲吗？你知道如何写作演讲稿吗？

12.2.1　演讲稿的含义

演讲稿也叫演说词，是指演讲者为表达自己的见解和主张，针对特定的场合和听众，借助有声语言和态势语言，以论理抒情为主要形式而写的宣传交际文稿。

12.2.2　演讲稿的特点

1. 针对性

撰写演讲稿，要考虑听众的需要，讲话的题目应与现实紧密结合，所提出的问题应是听众所关注的事情，所讲内容的深浅也应符合听众的接受水平。同时，演讲又要注意环境气氛，既要注意当时的时代气氛，又要了解演讲的具体场合：是庄严的会议或重大集会，还是同志间的座谈和讨论问题；是欢迎国宾，还是一般的友人聚会。不同的场合，演讲有不同的内容、不同的讲法。

2. 目的性

人们在任何社会实践活动中都有明确的目的，作为实用性很强的社会实践活动之一的演讲活动自然也不例外。例如，1941 年 12 月 7 日，日本偷袭珍珠港。当时的美国总统罗斯福在得到消息后不到 24 小时就驱车前往国会，向参众两院联席会议发表了《一个遗臭万年的日子》的著名演讲，其目的有二：一是揭露日军不宣而战的罪行，表明了当时面临的紧急状况和决心反击的意志；二是要求国会宣布美国和日本之间已处于战争状态。罗斯福总统的演说是一份义正词严的对日宣战的战斗动员令。因此，在写作演讲稿时，必须首先明确演讲的目的，然后紧紧围绕这一目的确立主旨、选择材料、安排结构、组织语言。

3. 条理性

要使讲话易被听众听清、听懂，就要条理清楚、层次分明，否则，所讲内容虽丰富、深刻，但杂乱无章，缺乏逻辑性，也会影响讲话效果。

4. 通俗性

演讲的语言，总的来说应该通俗易懂、明白晓畅。要做到这一点，关键是句子不要太长，修饰不要太多，不要咬文嚼字，要合乎口语，具有说话的特点。同时，也应该讲究文采，以便雅俗共赏。

5. 鼓动性

讲演的目的是感动听众、说服听众，以情感人、激发共鸣，以争取最佳的宣传说服效果。所以，演讲既要冷静地分析，即晓之以理，又要有诚挚热烈的感情，即动之以情。这样，才能使演讲既有说服力，又有鼓动性。闻一多先生的演讲，就能够使“糊涂的人清醒过来，怯懦的人勇敢起来，疲倦的人振作起来，而反动派则战栗地倒下去”。他的《最后一次讲演》就极富有鼓动性，曾一次又一次激起全场雷鸣般的掌声。

12.2.3 演讲稿的结构与写法

1. 标题

生动新颖的标题不仅可以吸引听众的注意力，还可以概括演讲的思想内容，突出主旨。所以，拟定一个好的标题对演讲稿来说非常重要。演讲稿的标题大致有以下几种类型。

① 提要型，即标题直接表明演讲的基本内容和中心思想，如《勤俭是一种美德》《反对不劳而获》。

② 含蓄型，即含而不露、引而不发，婉转地表达思想内容，有一定的联想空间，如《爱的力量》《吃水不忘挖井人》。

③ 象征型，即运用比喻、象征等手法把抽象的事理具体化、形象化，更加有真实感，如《让我们高扬起改革的大旗》《科学的春天》。

④ 设问型，即用提问的方式揭示演讲要涉及的内容，演讲围绕提问而展开，如《什么才是真正的自由》《大学生应树立什么样的价值观》《我们为什么活着》。

⑤ 警醒型，即标题具有警示性、哲理性，能起到发人深省的作用，如《天下兴亡匹夫有责》《有志者事竟成》。

⑥ 抒情型，即标题带有浓烈的感情色彩，以情感人，如《祖国啊，母亲》《站起来吧，不愿做奴隶的人们》。

2. 开头

演讲稿常见的开头方式包括以下几个方面。

1）开门见山式

我很高兴今天能和大家一起参加这次示威游行。它必将作为美国有史以来为争取自由所举行的最伟大的示威游行而名垂青史。（马丁·路德·金《在林肯纪念堂前的演说》）

2）提问式

这几天，大家晓得，在昆明出现了历史上最卑劣、最无耻的事情！李先生究竟犯了什么罪，竟遭此毒手？他只不过用笔写写文章，用嘴说说话，而他所写的，所说的，都无非是一个没有失掉良心的中国人的话！大家都有一支笔，有一张嘴，有什么理由拿出来讲啊！有事实拿出来说啊！为什么要打要杀，而且又不敢光明正大地来打来杀，而偷偷摸摸地来暗杀！这成什么话？（闻一多《最后一次讲演》）

3）悬念式

如果还有人对美国是否凡事都有可能存疑，还有人怀疑美国奠基者的梦想在我们所处的时代是否依然鲜活，还有人质疑我们的民主制度的力量，那么今晚，这些问题都有了答案。（奥巴马获胜演说《美国的变革》）

4）引用式

伟大的诗人歌德曾有这样一句话："生命之树常青。"是的，生命是阳光带来的，应该像阳光一样，不要浪费它，让它也去照耀人间。（左英《生命之树常青》）

此外，还可以用交代背景、抒情、讲故事等方式开头。

3. 主体

演讲稿主体的写法和一般文章一样，要注意层次的安排，上下的承接、连贯。此外，还要根据演讲类型的不同选择不同的表述方式。例如，叙述型演讲稿要以人物事件的描述为主，多使用记叙的方式；议论型演讲稿以典型事例和理论为论据，用逻辑方式行文，用观点说服听众；抒情性讲演稿用热烈抒情性语言表明观点，以情感人。

4. 结尾

结尾是演讲能否走向成功的关键，要力求做到简洁明快。要善于运用感情色彩浓郁的词语或修辞手法，要富于鼓动性，给人留下深刻的印象。

常见的结尾方式有：

① 总结全文式；

② 展示前景式；

③ 借用名言式；

④ 哲理升华式；

⑤ 风趣幽默式；

⑥ 激励号召式；

⑦ 余味无穷式。

12.2.4 演讲稿的写作技巧

1. 在立意上，力求标新立异，见解独到

演讲是一种创造性活动，演讲者在写作演讲稿时，要独辟蹊径、力求创新，要敢于标新立异，写出独具新意、别具风采的演讲稿。

为什么说《泰坦尼克号》发人深省，因为它是一篇精彩的寓言，娓娓动人地向天下人讲述一个这样的故事，一个"称大必亡"的故事。不是吗？"泰坦尼克号"刚刚下水，刚刚启程，就得意扬扬地以天下第一、天下最大、天下最豪华的大气魄傲视这个世界，荣誉、自豪充溢在船上的各个角落。那春风得意、趾高气扬、轻歌曼舞的快活劲儿，不是也堪称天下第一吗？但是，这样一艘船，一艘妄自尊大的船，沉了。于是神话成了噩梦，笑语成了悲恸！这无疑是个沉甸甸的暗示、沉甸甸的教训：谁自以为驾驶的那条船是永远不沉的天下第一，谁就准会翻船！触礁！沉没！“泰坦尼克”号沉了，但那个教训不沉，这教训，就写在巨浪滔天的愤怒的大海上！

这就是我看了《泰坦尼克号》后最深刻的感受！

对于影片《泰坦尼克号》，许多人都是从爱情这个角度入手思考的，这名学生却独辟蹊径，选取了一个全新的角度，挖掘出新意，简洁而精彩地阐述了人生的重大问题。

2. 精心安排结构，开头精巧，结尾有力

元代乔梦符说：“作乐府亦有法，曰凤头、猪肚、豹尾是也。”演讲稿的写作也是如此。“凤头”比喻新颖精巧，出语不凡，引出正题；“猪肚”比喻正文内容充实，材料丰富，血肉丰满；“豹尾”比喻简短有力，深化主题，引人深思。

1）开头精彩，抓住听众

演讲稿的开场在形式上，要力求新颖、别致、有趣味性；在内容上，要有新意，出奇制胜，使人耳目一新；在容量上，要意境深远，内涵丰富；在气势上，要排山倒海，声高自远。

“报告！老师，我迟到了。”“还不快进来听课，放学后交份检查给我。”这是儿时贪睡的结果，受到的惩罚是老师的白眼、同学的不齿。从那以后，我再没迟到过，却由此注意到了更多的迟到：高考迟到，被挡在梦想门外；爱情迟到，错过了一生的真爱；救护车迟到，延误了鲜活的生命；正义迟到，让良知接受拷问！假如今天迟到的不是我，不是考生、不是爱情、不是救护车，而是我们的政府，那会是怎样的情形？

我认为，建设公共政府，应该坚决地对“迟到”说不！

这篇《对“迟到”说不》的开头由一次上学迟到谈起，用“迟到”这人人皆知的现象来说理，语言具体形象，有说服力。先后列举了高考、爱情、救护车、正义迟到会产生的后果。然后通过设问，引出中心论点，开头十分精彩巧妙。

2）构思精巧，巧妙切入

当红色的消防车一路呼啸、火急地赶往学校时，当全副武装的消防战士以最快的速度冲下车寻找火源时，却被告知，这又是一个现代版“狼来了”的故事……朋友，此时此刻，您的心是否也同我一样，是那么的沉重呢？可怕呀，这种紧急呼叫都到了真假难辨的地步，那么真正危险之际，我们的财产、生命还靠什么来保证呢？而欺骗者竟是那些被称为“祖国未来与希望”的孩子们，让人不禁质疑，明日的五星红旗下，是否还会有人前仆后继地去实践那句为国为民的忠诚表白呢？是的，诚信教育已刻不容缓。今天，诚信与发展的演讲台摆在我们的菁菁校园，不也看出主办者对诚信教育的殷殷期待吗？

演讲者先用一个个特写镜头为人们描述了消防队员救火的紧张场面，随后点出这又是一个“狼来了”的紧急呼叫，由此引出诚信的主题。

3）结尾精彩，留有余香

美国著名的口才训练大师卡耐基曾写道：“最后的也是最重要的，缄口之前挂在嘴边的词儿，可能使人记得最久。”一篇之妙在于落句。整个演讲犹如画龙，而演讲的最后则犹如点睛。好的结尾能给人留下深刻的印象。

作为政府的职能部门，我们是权利的维护者、无声的耕耘者、公正的裁决者；作为公共政府的建设者，我们要建责任政府、服务政府、诚信政府和法治政府。只要我们能以拳拳的赤子之心对待群众，把人民的利益置于工作的首位，我们的政府就是人民的政府，就一定不会在人民需要的时候迟到。我坚信："身无彩凤双飞翼，心有人民万事通！"

演讲的结尾概括主题内容，并在最后化用李商隐的诗句，音节抑扬，令人难忘。

美国独立战争前夕，斐特瑞克·亨利在弗吉尼亚议会上发表演说，最后他激动地说："在这场斗争中，我不知道别人会如何行事，至于我，不自由，毋宁死！"听了他的演讲，议员们群情激愤，立刻站起来高喊"拿起武器！"以后，这句充满激情的富有鼓动性的话，竟成为一句激励人们斗志的战斗口号。

在第二次世界大战中，戴高乐在英国伦敦向法国人民发表了《反法西斯广播演说》，最后，他说："无论发生什么情况，抵抗法西斯的火焰绝不应该熄灭，也绝不会熄灭。"

"很荣幸，我是今天最后一个讲话的人，我想我们大家可以轻松一下了……我很奇怪，为什么每次演讲完毕，都听到两段式掌声？后来我明白了，原来专心听讲的人的掌声吵醒了打瞌睡的人，我们现在就用掌声来告诉那些打瞌睡的伙计们，演讲结束了。"

前两段结尾富有鼓动性，这种结尾能够激发人们的情绪，达到良好的效果。第三段具有幽默性。在结束讲话的时候，不妨用有趣的口吻讲一则故事，或是说两句与主题有关的俏皮话、双关语，或者是幽默的祝愿词，让听众们面带微笑地离开会场。

3. 语言上，要妙语如珠、幽默风趣

写作演讲稿，既要求主题集中、思想凝练，又要求构思用语奇妙、言简意赅。演讲稿最忌讳穿靴戴帽、庞杂冗长、繁文缛节，千篇一律。通篇陈腐之言无异于自欺欺人，绝对不受欢迎。冗长的演讲，既害人又害己。契诃夫说："简洁是才能的姊妹。"短小精悍、内容新颖的演讲总是使人印象深刻，受人欢迎。林语堂曾幽默地说过这样的话：演讲稿如同美女的裙子，越短越好。短而精，是才情的标尺，是成功的要素。

在葛底斯堡的演说

（1863年11月19日）

87年前，我们的先辈在这个大陆上创立了一个新国家，它孕育于自由之中，奉行一切人生来平等的原则。

现在我们正从事一场伟大的内战，以考验这个国家，或者说以考验任何一个孕育于自由而奉行上述原则的国家是否能够长久存在下去。

我们在这场战争中的一个伟大战场上集会。烈士们为使这个国家能够生存下去而献出了自己的生命，我们在此集会是为了把这个战场的一部分奉献给他们作为最后安息之所。我们这样做是完全应该而且非常恰当的。

但是，从更广泛的意义上来说，这块土地我们不能够奉献，我们不能够圣化，我们不能够神化。曾在这里战斗过的勇士们，活着的和去世的，已经把这块土地神圣化了，这远不是我们微薄的力量所能增减的。全世界将很少注意到，也不会长期地记起我们今天在这里所说的话，但全世界永远不会忘记勇士们在这里所做的事。毋宁说，倒是我们这些还活着的人，应该在这里把自己奉献于勇士们已经如此崇高地向前推进但未完成的事业。倒是我们应该在这里把自己奉献于仍然留在我们面前的伟大任务，以便我们从这些光荣的死者身上汲取更多的献身精神，来完成他们已经完全彻底为之献身的事业；以便我们在这里下定最大的决心，不让这些死者白白牺牲；以便国家在上帝福佑下得到自由的新生，并且使这个民有、民治、民享的政府永世长存。

美国第 16 任总统林肯的这篇著名的演说，是在烈士公墓落成典礼上的讲话。演讲的目的在于凭吊牺牲的烈士，激励人们为争取自由和统一而不懈奋斗。

这篇演讲稿面对 15 000 名听众，仅有 10 个句子 600 多字，用了 2 分 15 秒的时间，却赢得了 10 多分钟的掌声。据记载，在林肯讲完第一句话之后，现场听众无比激动，而当听众抹掉激动的泪花，想再仔细听下去的时候，林肯却已讲到了最后一句。云集墓地的新闻记者还没来得及把照相机支好，讲话就已经结束了。林肯的《在葛底斯堡的演说》获得巨大成功，其中蕴意丰富、思想深邃、措辞精练的话语，令人叹服。这篇演讲稿不愧为短小精悍、言简意赅的典范，是演讲史上不可多得的珍品，被称为英语演讲的最高典范而铸成金文，存放在牛津大学。

4. 语言幽默，风趣智慧

一位演讲家到某剧院演讲，当发现现场上座率只有四成左右时，他没有为窘境所困，而是积极化解尴尬："看来，各位所在的这个城市一定很有钱，因为你们每个人都买了两三张票，占了两三个座位。"在他讲到中途时，有几位女士开始在台下随意地说话。演讲家暂停演讲说："各位听众，其实我最喜欢对女士演讲，因为男士们听我演讲，都是一个耳朵听，另一个耳朵出，简直没有效果。"听到这几句话，女性听众立刻报以热烈的掌声。演讲家接着说："可是女士就不同了。她们听我演讲，往往是两个耳朵听，一个嘴巴出，所以效果加倍地好！"在一阵喝彩声和鼓掌声过后，几个在台下说话的女性听众，乖巧地停止了说话。

这位演讲者前边风趣而又带点苦涩的讲话，能够赢得观众对他的同情和好感。后边的巧妙批评，既制止了说话，又容易让人接受。

莎士比亚曾说过："幽默和风趣是智慧的闪现。"林语堂说："幽默是人类心灵舒展的花朵，它是心灵的放纵或者放纵的心灵。"幽默是一种很高的人生境界，金钱买不来，权势弄不到。幽默在演讲中有相当重要的作用，它所产生的谐趣对听众具有巨大的吸引力和感染力。演讲中运用幽默可以愉悦听众、启迪听众，委婉地表达演讲内容。它多用于即兴、开场、应变、讽刺或批评。

演讲中运用幽默应注意的事项如下。

① 幽默的运用必须服从于演讲的主题，突出演讲的中心。否则就是为幽默而幽默，成

了喧宾夺主的单纯笑料。

② 演讲者如果没有丰富的生活阅历和广博的知识，却硬要运用幽默去演讲，那么幽默就可能沦为低级趣味的滑稽。

③ 幽默的运用，还需看演讲的场合和具体情境而定。在庄重悲哀的场合不宜用幽默的语言；而在喜庆的宴会上发表演讲，则可通篇妙趣横生、诙谐幽默。

【经典案例 12-3】

最后一次讲演

闻一多

这几天，大家晓得，在昆明出现了历史上最卑劣、最无耻的事情！李先生究竟犯了什么罪，竟遭此毒手？他只不过用笔写写文章，用嘴说说话，而他所写的，所说的，都无非是一个没有失掉良心的中国人的话！大家都有一支笔，有一张嘴，有什么理由拿出来讲啊！有事实拿出来说啊！为什么要打要杀，而且又不敢光明正大地来打来杀，而偷偷摸摸地来暗杀！这成什么话？

今天，这里有没有特务？你站出来！是好汉的站出来！你出来讲！凭什么要杀死李先生？杀死了人，又不敢承认，还要诬蔑人，说什么“桃色事件”，说什么共产党杀共产党，无耻啊！无耻啊！这是某集团的无耻，恰是李先生的光荣！李先生在昆明被暗杀是李先生留给昆明的光荣！也是昆明人的光荣！

去年“一二·一”昆明青年学生为了反对内战，遭受屠杀，那算是青年的一代献出了他们最宝贵的生命！现在李先生为了争取民主和平而遭受了反动派的暗杀，我们骄傲一点说，这算是像我这样大年纪的一代，我们的老战友，献出了最宝贵的生命！这两桩事发生在昆明，这算是昆明无限的光荣！

反动派暗杀李先生的消息传出以后，大家听了都悲愤痛恨。我心里想，这些无耻的东西，不知他们是怎么想法，他们的心理是什么状态，他们的心是怎样长的！其实很简单，他们这样疯狂地来制造恐怖，正是他们自己在慌啊！在害怕啊！所以他们制造恐怖，其实是他们自己在恐怖啊！特务们，你们想想，你们还有几天？你们完了，快完了！你们以为打伤几个，杀死几个，就可以了事，就可以把人民吓倒了吗？其实广大的人民是打不尽的，杀不完的！要是这样可以的话，世界上早没有人了。

你们杀死一个李公朴，会有千百万个李公朴站起来！你们将失去千百万的人民！你们看着我们人少，没有力量？告诉你们，我们的力量大得很，强得很！看今天来的这些人，都是我们的人，都是我们的力量！此外还有广大的市民！我们有这个信心：人民的力量是要胜利的，真理是永远存在的。历史上没有一个反人民的势力不被人民毁灭的！希特勒，墨索里尼，不都在人民面前倒下去了吗？翻开历史看看，你们还站得住几天！你们完了，快完了！我们的光明就要出现了。我们看，光明就在我们眼前，而现在正是黎明之前那个最黑暗的时候。我们有力量打破这个黑暗，争到光明！我们的光明，就是反动派的末日！

李先生的血不会白流的！李先生赔上了这条性命，我们要换来一个代价。“一二·一”四烈士倒下了，年轻的战士们的血换来了政治协商会议的召开；现在李先生倒下了，他的血要换取政协会议的重开！我们有这个信心！

“一二·一”是昆明的光荣，是云南人民的光荣。云南有光荣的历史，远的如护国，这不用说了，近的如“一二·一”，都是属于云南人民的。我们要发扬云南光荣的历史！

反动派挑拨离间，卑鄙无耻，你们看见联大走了，学生放暑假了，便以为我们没有力量了吗？特务们！你们错了！你们看见今天到会的一千多青年，又握起手来了，我们昆明的青年决不会让你们这样蛮横下去的！

反动派，你看见一个倒下去，可也看得见千百个继起！

正义是杀不完的，因为真理永远存在！历史赋予昆明的任务是争取民主和平，我们昆明的青年必须完成这任务！

我们不怕死，我们有牺牲的精神！我们随时像李先生一样，前脚跨出大门，后脚就不准备再跨进大门！

【经典案例 12－4】

做一个怎样的子女

大家好，我叫王帆，来自北京大学，我特别热爱传媒，本科学电影，硕士学电视，博士学传播，朋友眼中呢，我是一个 80 后的知识女青年，但是我拒绝整天泡在图书馆，也不会挑灯夜战，我认为真正的知识，应该来源于丰富的生活，逛街购物，遍尝美食，独立旅行，知识总是在不断地尝试和体验中给我惊喜，说话也是我生活当中最重要的体验之一，我有足够的细腻的内心去体察别人不曾发现的细节，我也有充分的勇气去说出别人不敢说的话。我是勇者，我敢言。

我是一个 80 后，顾名思义，80 后就是指 1980 年到 1989 年出生的人。但是在中国，我们 80 后还有一层比较特殊的含义，它其实是指在 20 世纪 80 年代初中国正式实施计划生育政策之后出生的第一代独生子女。

我们一出生，就得了一个国家级证书，叫独生子女证。这个证可以保证我们能够独享父母的宠爱，但是这个证，也要求我们要承担赡养父母的全部责任。最开始我是觉得，如果想做一个好女儿，那我肯定得挣很多的钱，然后让我爸妈过上特别好的生活。

我从上大学开始就经济独立，我所有的假期都在工作，所以我的父母几乎一整年都见不到我两次。对于很多像我这样在外求学工作打拼的独生子女来说，咱们的父母都变成了空巢老人。有一天，我妈给我打电话说，早上你爸坐在床边，在那掉眼泪，说想女儿了。你知道我当时第一反应是什么吗？哟，至于吗？您这大老爷们还玻璃心哪，天天给自己加戏在那。

但是后来有一次我回家，那个下午，我永远记得。老爸侧坐在窗前，虽然依旧虎背熊腰，但腰板没以前直了，头发也没以前挺了，他摆弄着窗台上的花儿说了一句："爸爸没有妈妈了。"爸爸没有妈妈了，大家觉得这句话在表达什么？悲伤？软弱？求呵护？我只记得我小时候如果梦到我妈妈不要我了，我就会哭醒，我特别难过，但我从来都没有想过：爸爸没有妈妈了是一种什么样的感觉呢？我发现这个在我印象当中坚不可摧、高大威猛的男人，突然间老了。

爸爸没有妈妈了，表达的不是悲伤，也不是软弱，而是依赖。父母其实是我们每个人最大的依赖，而当我们的父母失去了他们的父母，他们还能依赖谁呢？所以在那一刻我才意识到，父母比任何时候都需要我，而且他们后半辈子能依赖的只有我。

我得养他、陪他，把我所有的爱都给他，就像他一直对我那样，我要让他知道，即使你没有妈妈了，你还有我。所以从那以后，我愿意适当地推掉一些工作、聚会，我挤时间多回家，我陪他们去旅行而不再是把钱交到旅行社，让别人带他们去。因为我明白了一点，赡养父母，绝对不是把钱给父母让他们独自去面对生活，而应该是我们参与他们的生活，我们陪伴他们享受生活。

所以，我每次回家，就会带我妈去洗浴中心享受一把。有一次我正给我妈吹头发，旁边一位阿姨说："你女儿真孝顺。"我妈说："大家都说女儿是小棉袄，我女儿是羽绒服！"幸亏没说军大衣。那阿姨说："我儿子也特孝顺，在美国，每年都回来带我们去旅游。"阿姨还把手机掏出来了，给我妈看照片，说你看我儿子多帅，一米八五大个，年薪也好几十万。

我当时有点觉得话锋不对，为什么呢？当一位阿姨向你的妈妈展示他儿子的照片，并且报上了身高、体重、年薪的时候，笑的都是相过亲的，你懂的。就在这个时候，阿姨说了一句让我们全场人都傻了的话，她说，可惜不在了，不在了。原来就在去年，阿姨唯一的儿子在拉着他们老两口在旅行的高速公路上，车祸身亡。

在那一刻，我真得不知道说什么去安慰那位阿姨，我就想伸出手去抱抱她。可当我伸出手的那一刻，阿姨的眼泪就开始哗哗地往下流。我抱着她，我能感受到她那种身体的颤抖，我也能够感受到她是多么希望有个孩子能抱一抱她。也就是从那一刻我特别地害怕，我不是害怕父母离开我，我怕我会离开他们。而且经过这件事，我对于一句话的理解有了更深入的感觉，叫作"身体发肤受之父母，不敢毁伤"，原来我只觉得这句话应该是我应该珍惜自己的身体，珍惜自己的生命，别让爸妈担心，对吧？但是现在我发现，不仅如此，我们对待别人，也要这样。

因为每一个人，都意味着一个家！

所以我现在每一次跟父母在一起的时候，我都会紧紧地抱抱他们，在他们脸上亲一下。可能像拥抱、亲吻这种事，对于我们大多数中国父母来讲都一开始是拒绝的，但是请大家相信我，只要你坚持去做，你用力地把她搂过来，你狠狠地在她脸上亲一下，她就会慢慢地习惯。像我现在走的时候，我妈就自然地把脸送过来。这样他们就会知道，你在表达爱。

我想作为独生子女，我们确实承担着赡养父母的全部压力，但是我们的父母承担着世界上最大的风险，可是他们从不言说，也不展现自己的脆弱。你打电话，他们说家里一切都好的时候，他们真的好吗?

作为子女，我们要善于看穿父母的坚强，这件事越早越好，不要等到来不及了，也不要等到没有机会了，就像所有的父母都不愿意缺席子女的成长，我们也不应该缺席他们的衰老。

龙应台有一篇《目送》，她在结尾告诉我们，不必追。可是今天我想告诉大家，我们就得追，而且我们要从今天开始追！提早追！大步追！至亲至情，不应该是看着彼此渐行渐远的背影，而应该是你养我长大，我陪你变老。

【知识拓展】

演讲经验16条

① 演讲的前一晚必须睡眠充足，使喉咙获得良好的休息。

② 穿着合身得体的服装。

③ 在演讲前，如果有机会与听众打成一片，应该把握住，与听众握握手，对他们微笑，或打个招呼。

④ 在心理上、情绪上、精神上保持放松，预先假设可能发生的事，但不要被它困扰。

⑤ 在讲台上，要轻松自在地站好。

⑥ 最应该注意的当然是演讲的内容。在做引言时，应先将重点主题陈述出来，然后在主文中，将主题一一剖析，并且赋予新的观点。试着多讲一些辞藻丰富的话。可能的话，最好掺入一点幽默的字眼（千万不能使听众觉得无聊）。注意强调重点，戏剧性地把它们说出来，随后降低声音，再安静下来。

⑦ 准备周全的题材，并且做充分的预备和练习。

⑧ 演讲前不要进食，乳制品尤应禁止，因为它可能使喉咙充满黏液。

⑨ 演讲前对自己说："你很棒！"

⑩ 上台前做几次张大嘴巴的动作，当然，大笑也可以，这样下颌会变得柔韧舒服。

⑪ 要开始说话时，保持微笑环视所有听众，然后做一次深呼吸。

⑫ 头几句要轻松一点，引领听众不由得发笑。

⑬ 在听众人群中找一两张快乐友善的脸，经常望望他们，这会觉得自己被重视。

⑭ 仔细听一听麦克风传来的自己的声音，以确定自己的嘴巴是应靠麦克风近一点还是远一些。

⑮ 多用一些肢体语言，借此吸引听众的注意。

⑯ 手边放一杯冰水，喉咙干燥时就啜一口。

【能力训练】

1. 阅读下面短文，回答问题

据说，美国著名作家马克·吐温听一个牧师传教。初听讲得很感人，打算捐出带来的所有的钱。过了 10 分钟，牧师还在没完没了地讲，于是马克·吐温准备只捐出很少的零碎钱。又过了 10 分钟，牧师还在啰唆，马克·吐温决定一个钱也不给了。等到牧师终于讲完，收款的盘子递到马克·吐温眼前时，他气得不但没有捐款，反而从盘子里拿走了两块钱。

马克·吐温为什么开始想捐款，又决定一个钱也不给了，最后反而从盘子里拿走了两块钱呢？

2.《超级演说家》是安徽卫视联合能量传播推出的中国首档原创新锐语言竞技真人秀节目，涌现出崔永平、刘媛媛、林正疆、曹青莞、许豪杰等出色选手。

《我是演说家》是继《超级演说家》之后，由北京卫视和能量传播联合出品的大型原创新锐语言竞技真人秀节目。《别对你爱的人飙狠话》《"笨"向未来》《正义黎明》等演讲作品备受关注和好评。

两档综艺强档节目以"演讲"为表现形势，以冷静拆解亲情、友情、理想、人生等多元话题，帮助选手阐述观点、表达情感，并通过竞技坚定信念、重拾斗志，掀起了正能量传播的新途径，收视率节节攀升。

请介绍并分析以上两档节目中你喜欢的一名选手或一个演讲作品，并说明原因。

3. 根据要求，以"党在我心中"为题演讲

为纪念中国共产党成立 90 周年，重温党的光辉历程，歌颂党的丰功伟绩，讴歌改革开放和社会主义现代化建设的伟大成就，进一步加强大学生的爱国主义教育，增强大学生对党的了解和认识，提升学生们的思想政治教育总体水平，以"党在我心中"为主题举办一场演讲比赛。要求：紧密联系实际，有真情实感，演讲稿结构严谨，语言形象生动，演讲要用普通话，着装整洁，端庄大方，时间限定在 5 分钟。

第 13 章

科技应用文写作

科学技术是人类认识自然、改造自然的知识和经验的结晶。科技应用文是以科学研究、科技成果和科技事务为反映对象的，具有实用价值和一定惯用格式的应用文体。在科学技术高速发展的现代社会，科学技术的发展成为推动社会进步的重要因素。科技应用文所具有的科学性、规范性和创造性的特点，决定青年学生必须学习和掌握科技应用文写作的相关知识，使科技应用文在科技工作中发挥重要作用。

科技应用文的种类很多，常见的分类方法有以下两种：一是按照科学技术的不同学科、专业领域，可分为物理类、农用类、工程技术类、人文社会科学类等；二是按照科技应用文的性质、内容、使用范围及写作特点的不同，可分为科技论文类（如毕业论文、科技论文）、科技报告类（如实验报告、实习报告）、科技说明类（如工程设计说明书、产品说明书）、知识产权类（如专利申请书、商标注册申请书）、科技成果鉴定与奖励类（如科技成果鉴定书、自然科学奖申报书）。本章主要介绍实验报告和毕业论文的写作知识。

13.1 实验报告

【情境导入】

在企业的整个投资中，项目投资具有十分重要的地位，对企业的稳定与发展、未来盈利能力、长期偿债能力都有着重大影响。而项目投资的风险评价分析及投资决策，在企业项目投资中是非常重要的环节，如何运用科学的分析方法对投资项目进行风险和收益分析，是公司金融学和财务管理学前沿，需要不断研究的课题。相比于其他投资项目分析方法，如盈亏平衡分析、敏感性分析和模拟分析，如果各种自然状态发生的概率差别不大，并且又存在“多阶段决策问题”，用决策树分析法效果更佳。本实验借助 Excel 软件，通过分析一个企业项目投资实际案例，使学生能够运用 Excel，根据投资项目在其预测的不同概率的情景下，计算项目的净现值期望值、净现值标准差和净现值为负的概率，利用决策树分析的方法，使不确定性的各种情况的收益情况通过加权平均的方法来衡量投资项目的风险，从而判断投资项目是否可行。

以上是对投资项目风险决策树分析实验的介绍，该实验报告能帮助投资者掌握分析方法，更容易地判断投资项目是否可行。

看过实验报告吗？会写实验报告吗？

13.1.1　实验报告的含义

实验报告是在科学研究活动中，人们为了检验某一种科学理论或假设，通过实验中的观察、分析、综合、判断，如实地把实验的全过程和实验结果用文字形式记录下来的书面材料。实验报告具有交流情报和保留资料的作用。

实验报告的书写是一项重要的基本技能，它不仅是对每次实验的总结，更重要的是它可以初步培养学生的逻辑思维能力、归纳能力、综合分析能力和文字表达能力，是科技论文写作的基础。

13.1.2　实验报告的特点

1. 结果的确证性

实验报告所记录的实验结果，可重复得到，能经得住任何人的验证。

2. 内容的纪实性

对实验的过程和结果，必须如实记录，常以图解帮助说明。

3. 格式的固定性

在实验报告的发展过程中，形成了比较固定的格式，常使用专用的报告单。

13.1.3　实验报告的种类

随着科学事业的日益发展，实验的种类、项目等不断增加，实验报告也日见繁多。根据实验对象，实验报告可分为心理学实验报告、物理学实验报告和生物学实验报告等；根据实验性质的异同，实验报告可分为验证型实验报告、创新型实验报告和设计型实验报告等。

13.1.4　实验报告的结构与写法

实验报告的结构比较固定，尤其是学生在学习过程中进行的实验，学校都会做统一的格式要求，一般包括以下几部分。

1. 实验名称

要用最简练的语言反映实验的内容，如“植物细胞观察实验”。如验证某程序、定律、算法，可写成“验证××××”。

2. 课名

所属课程名称。

3. 署名

学生姓名、学号、专业、班级及合作者。

4. 实验日期和地点

实验日期（年、月、日）和地点应准确具体。

5. 实验目的

目的要明确，应结合自己在实验过程中的体会来写。如：在理论上，验证定理、公式、算法等，使实验者获得深刻和系统的理解；在实践上，掌握使用实验设备的技能技巧和调试方法等。

6. 实验内容

这是实验报告非常重要的内容。要抓住重点，可以从理论和实践两个方面考虑。要写明依据何种原理、定律、算法或操作方法进行实验。详细说明理论推导和计算过程。

7. 实验环境和器材

要写明实验用的软件、硬件环境（配置和器材）。实验器材应写出具体的名称、规格、数量等。

8. 实验步骤及方法

只写主要的操作步骤及操作方法，不要照抄实习指导，要简明扼要。还应该画出实验流程图（或实验装置的结构示意图），再配以相应的文字说明。这样，既可以节省许多文字说明，又能使实验报告简明扼要、清楚明白。

9. 实验结果

它是对实验现象的描述和实验数据的处理等。对于实验结果的表述，主要有 3 种方法：① 文字叙述，即根据实验目的将原始资料系统化、条理化，用准确的专业术语客观地描述实验现象和结果，要有时间顺序及各项指标在时间上的关系。② 图表，即用表格或坐标图的方式使实验结果突出、清晰，便于相互比较，尤其适合于分组较多且各组观察指标一致的实验。为了使各组间异同一目了然，每一图表应有表目和计量单位，应说明一定的中心问题。③ 曲线图，常见的曲线图用于记录仪器描记出的曲线，使相关技术指标的变化趋势在曲线图中表现生动、直观明了。为获得最佳效果，在实验报告中可任选其中一种或多种方法并用。

10. 分析讨论

根据相关的理论知识对所得到的实验结果进行解释和分析。如果所得到的实验结果与预期的结果或理论不符，应该分析其异常的原因；如果本次实验失败了，应找出失败的原因及以后实验应注意的事项；如果所得到的实验结果和预期的结果一致，那么它可以验证什么理论、实验结果有什么意义、说明了什么问题等，这些都是实验报告应该讨论的。总之，不要简单地复述课本上的理论而缺乏自己主动思考的内容，也可以写一些本次实验的心得，并提出一些问题或建议等。

11. 结论

这是针对这一实验所能验证的概念、原则或理论的简明总结，是从实验结果中归纳出的一般性、概括性的判断，而不是具体实验结果的再次罗列，也不是对今后研究的展望，要简练、准确、严谨、客观。

13.1.5　实验报告的写作要求

1. 认真做好实验

写好实验报告关键是要做好实验，实验者要认真记录各种现象和数据，这些都是写好实验报告的前提和基础。

2. 过程及结论应自然，实事求是

在实验报告的写作过程中，应清楚明了地对实验进行说明和解释，不能用已知的理论或生活经验硬套，也不能随意取舍甚至修改实验结果。

3. 逻辑严密，用语准确

科学实验是一个复杂的过程，因而要求抓住重点和关键，讲求格式和语言的规范性，尽量使用科学规范的专业术语，做到层次分明、要点突出，行文简洁流畅。

【经典案例 13－1】

实 验 报 告

实验名称：骨器制作实验

实验课程：动物考古学

实验人员：康××（考古 2008 班学号 08×××2）、孙××（考古 2008 班学号 08×××3）

专业及班级：2008 级考古

实验时间：2010 年 10 月 13 日

实验地点：动物考古实验室

实验目的：通过运用石器加工，将猪肩胛骨制作为劳动工具骨耜，以此来了解古人加工骨器的方法及骨器制作的时间消耗与效率；通过运用不同特点、不同功能的石器加工骨器，以期对石器的使用方法，包括砸击、磨制、琢制等有比较直观的了解。

实验材料及工具：

材料：猪肩胛骨（大）、猪肩胛骨（小）。

工具：石器 ① 石器为长舌形，表面光滑，石质坚硬，如图 13－1（a）所示；② 三角形状，边缘较锋利，如图 13－1（b）所示；③ 菱形，一端呈尖状，锋利，石器表面较为粗糙，可用做磨制工具，如图 13－1（c）所示。

实验内容：首先，将肩胛骨的肩胛冈除去，并将肩胛骨外部磨平；然后，由外向内于肩胛骨中上部竖排平行磨制两孔，并于其上部再磨制一孔，并略大于下部两孔，以便于绑定木棍。

实验步骤及方法：实验过程按照具体过程操作时间来记录；对于肩胛骨具体位置的描述，按照骨骼定位前后、左右的方法进行。

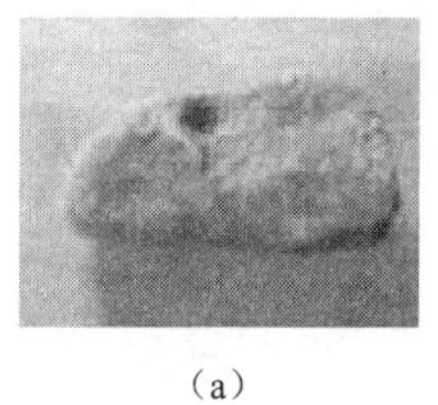
（a）

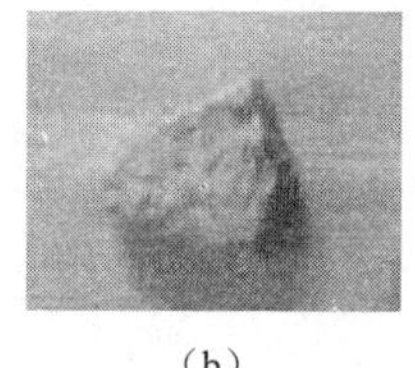
（b）

（c）

图 13－1　实验用的石器

1. 除去肩胛骨的肩胛冈

13:42　选用肩胛骨制作。操作人孙××右手持石器（图 13－1（b））背部，左手持肩胛骨内侧，呈 30°、60°角度不断刮削肩胛冈内侧。

13:45　刮削多次后，效果不明显，改由将其放置地面，左手按住肩胛骨，右手持石器（如图 13－1（a）），由上至下垂直砸击。

13:47　砸击一次，肩胛冈一小部砸碎，脱落，砸痕为斜坡状，坡度由肩胛冈倾斜程度而定，如图 13－2（a）所示。

13:48　砸击 9 次，又有一小块砸落，为长条形。

13:51　砸击 8 次，又掉下许多骨渣，肩胛冈前部坚硬，改由石器（图 13－1（a））圆钝部垂直砸击。

13:52　砸击 53 次，又有较多骨渣掉下。

13:53　砸击 23 次，换人进行砸击（康××替换孙××）。

13:57　垂直砸击 28 次，在砸击肩胛冈后部时，由于用力过猛，肩胛骨后部上端出现裂缝，如图 13－2（b）所示。

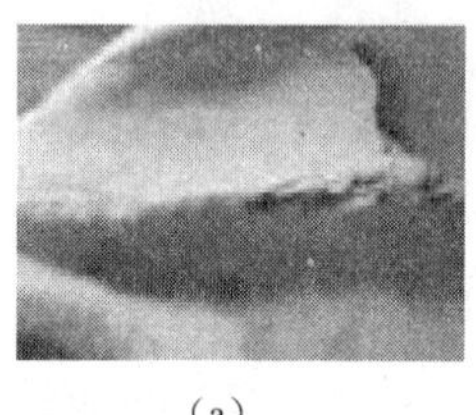
（a）

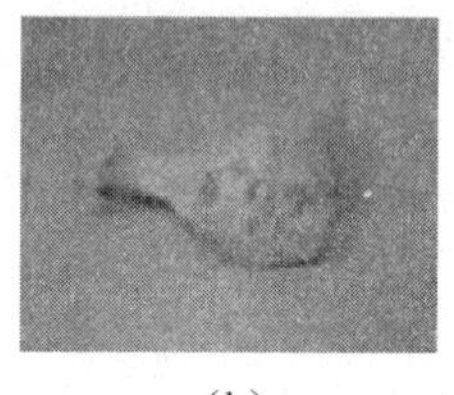
（b）

图 13－2　除去肩胛骨的肩胛冈

2. 启用备用肩胛骨，除去肩胛骨的肩胛冈

14:01　再次换人砸击（孙××替换康××），并改换肩胛骨（备用）进行实验。

14:02　改由石器（图 13－1（c））对肩胛骨肩胛冈进行砍砸，砸击 3 次，肩胛冈后部脱落 1 小块，砸击 2 次后，又有小部脱落。

14:06　砸击 75 次，肩胛骨后部碎裂，通过对其形制的短暂分析，决定改作骨刀，并继续砸击肩胛冈残余部分。

3. 骨刀制作过程

14:09　砸击 39 次后，肩胛冈残余部分砸落，如图 13－3（a）所示。

14:16　砸击 137 次后，肩胛冈基本砸平，接着，对决定做刃部部分（肩胛骨下部）进行砸击，然后用石器（图 13－1（b））对凹凸不平的刃部进行啄击修理。

14:20　骨刀初具雏形，如图 13－3（b）所示，换人（康××替换孙××）。

14:21　开始对骨刀刃部进行磨制修整（以石器（图 13－1（c））上适合磨制的部分作为磨具），右手持骨器，左手持磨具，将骨器在磨具上进行前后反复磨制。

14:23　将骨刀刃部以垂直角度在磨具上磨制，将骨刀弧形刃部磨出。

14:28　磨制 308 次后，右手持磨具，左手持骨刀，用磨具在骨刀上磨制。特别是对骨刀柄部进行磨平修整。

14:41　磨制 37 次后，右手持骨刀，在磨具上进行刃部修整，弧形刃部磨制时由于骨壁较厚，故将骨刀、磨具易手，用磨具在骨刀上磨制。

14:47　换人（孙××替换康××），右手重新持骨器，左手持磨具，使刃在磨具上反复磨制，刃部基本成形，如图 13－3（c）所示。

15:07　改用石器（图 13－1（b）），用骨刀刃部在石器（图 13－1（b））棱边上细磨，开出一个个小缺口，呈锯齿状，以增强刃部的锋利程度，如图 13－3（d）所示。

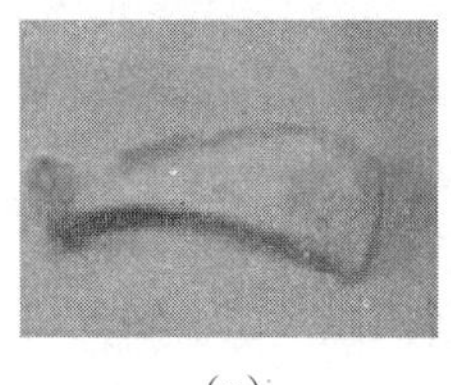

（a）

（b）

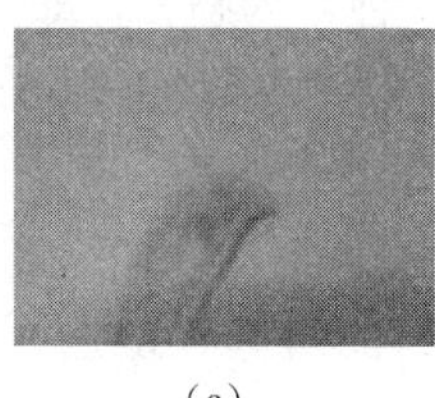

（c）

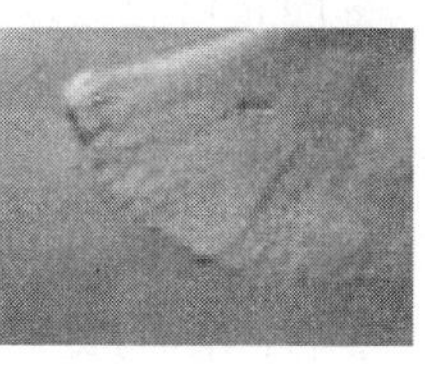

（d）

图 13－3　骨刀制作过程

15:12　磨制 98 次后，对骨刀柄部进行再修整，以便于手握。

15:15　骨器制作基本结束。

实验结果：制作完成骨刀一把，较为直观地认识到了打制、磨制、琢制等加工骨器的制作方法，充分认识到了骨器制作的困难程度。在骨器制作中，随机应变，充分利用骨器自身形制的特点，对实验进行了及时的调整；在对刃部进行了锯齿状处理后，比较直观地认识到了锯齿状刃部的锋利程度。

分析讨论：在骨器制作前，没有充分地考虑到骨器制作的细节，致使骨器加工过程中因骨骼损坏而被迫改变原来的制作计划；通过对残毁的肩胛骨进行加工以制作骨刀，但在骨刀制作基本结束后，发现由肩胛骨制作的骨刀效果不甚理想，与史前遗址中出土的骨刀相比，不仅在形制上相去甚远，而且实际效用上更有很大差距，或许通过这个“失败”的实验可说明，肩胛骨不适合用来制作骨刀。

结论：通过骨器制作过程发现，在制作骨器时，如果材料齐全，方法正确，骨器制作效率就会相对较高，若再加上熟练的骨器制作技法，那么，骨器制作效率应该是很高的，但骨器制作成功率仍不敢确定。

【知识拓展】

实 习 报 告

实习报告是在校学生（包括技校、职高）完成一定专业课程或全部专业课程，根据教学计划进行实习后，向指导教师或专业课教研室及教学管理部门提交的有关实习收获及其他情况的书面材料。

撰写实习报告能够使指导教师较全面、具体地了解学生的实习收获和有关情况，便于检查理论与实践相结合的教学效果。有利于作者总结实习过程中的经验、教训，加深对理论知识与实践技能相结合的重要性的认识，促进学习积极性，树立起坚定的专业思想和良好的职业道德观念。

实习报告的结构与写法如下。

① 标题。可直接以“文种”为题目，即“实习报告”；也可用实习内容（专业课名称）+“文种”，如“导游业务实习报告”；也可以采用双重标题，如“技能是立业之本——导游业务实习报告”。

② 署名。在标题下写明作者所在的专业、班级及姓名。

③ 引言。简明交代实习的时间、地点、内容（课程）及主要收获，或概括地介绍实习表现及对其意义的认识。

④ 正文。具体介绍实习的收获，全面反映实习情况。

⑤ 结尾。可对全文进行总结、概括，得出结论，也可表示决心或致谢，还可针对存在的问题提出建议或改进措施等。如果正文部分言已叙尽，也可不写结尾。

【能力训练】

1. 拟写一份实验报告

下面是一项验证欧姆定律的实验。请拟写一份实验报告，可以根据需要补充相关内容。

验证欧姆定律实验

实验目的：通过实验加深对欧姆定律的理解，熟悉电流表、电压表、变阻器的使用方法。

所用器材：电流表、电压表、电池组、定值电阻滑动变阻器、导线、开关、装置（略）。

实验步骤过程：① 按图示连接电路；② 保持定值电阻不变，如表 13－1 所示，移动滑动变阻器的铜片，改变加在电阻两端的电压，将电流表、电压表所测得的电流强度、电压的数值依次填入表 13－1；③ 改变定值电阻，如表 13－2 所示，同时调节变阻器，使加在电阻两端的电压保持不变，将电阻的数值与电流表测得的电流强度的数值依次填入表 13－2；④ 通过实验分析：当电阻一定时，I 和 U 的关系及 U 一定时，I 与 R 的关系。

表 13－1　当 R=4Ω 时

U/V	0.4	0.8	1.2
I/A	0.1	0.2	0.3

表 13－2　当 U=0.6 V 时

R/Ω	1	2	4
I/A	0.6	0.3	0.15

调节滑动变阻器，观察电压表和电流表，可以看出，电阻两端的电压增大到几倍，通过它的电流强度也增大到几倍。这表明，在电阻一定时，通过导体的电流强度同这段导体上的电压成正比。

更换不同的定值电阻，调节滑动变阻器，保持电阻的电压不变，可以看出，定值电阻的数值增大到几倍，通过它的电流强度就缩小到几分之一。这表明在电压不变时，通过导体的电流强度跟这段导体的电阻成反比。导体中的电流强度 I，跟这段导体两端电压 U 成正比，跟这段导体的电阻 R 成反比。用公式表示为

$$I=U/R$$

2. 根据要求写一份实验报告

假设你通过实际调查和科学分析，协助心理咨询室的老师完成了一项关于大学生心理健康方面的实验，请结合所学知识拟写一份实验报告。

13.2　毕 业 论 文

【情境导入】

小张、小宋和小李是××学院农业经济管理专业的同班同学，他们的大学生活进入了最后阶段，开始准备撰写毕业论文，可他们都遇到了不同程度的问题：小张对计算机特别感兴趣，毕业论文想写计算机方面的，可是论文内容和所学专业几乎没有联系，担心指导老师不同意；小宋确定了论文的主题，但感觉资料太少，写起来很吃力；小李对写毕业论文感到无从下手，很茫然。

大学生在写毕业论文时，都会遇到各种各样的问题，那么如何解决这些问题，写出让自己和老师都满意的高质量的毕业论文呢？

13.2.1 毕业论文的含义

毕业论文是高等院校学生毕业之际在教师的指导下，运用所掌握的基础理论、专业知识和基础技能解决本学科领域的某一具体问题，取得创造性的结果或者有了新见解，并以此为内容撰写而成的学术论文。毕业论文是高校应届毕业生体现他们在大学阶段全部学习成果的总结性的论述文。毕业论文写作是高等院校教学过程的重要环节之一，通过毕业论文写作和答辩，可以考察大学毕业生的学识和思维能力，包括创造性、研究作风及科学方法的运用，乃至文字表达水平等的总体素质。

13.2.2 毕业论文的特点

1. 客观性

毕业论文的内容必须真实地反映客观存在的事实。论文中的材料要真实，不能弄虚作假。论据不能主观臆造，要忠实于研究结果，客观地评价自己和他人的研究成果。

2. 学术性

毕业论文所研究的内容应该是具有系统性和专业性的知识。学术性是毕业论文的本质特性，也是与其他文体的区别所在。

3. 创新性

科学研究要求人们在知识的不断积累的基础上，通过实践，对社会的各个领域进行更加深入的研究探索，进行创造性的劳动。这主要体现在研究者对课题的探索研究应在前人的基础上有所发展、有所前进，而不是重复、抄袭、模仿前人的劳动成果。

13.2.3 毕业论文的种类

1. 按论文的内容分类

根据论文内容的不同，毕业论文可分为理、工、农、医等自然科学毕业论文，政治、经济、历史、哲学、文学、管理等社会科学毕业论文。

2. 按研究方法和对象分类

根据研究方法和对象的不同，毕业论文可分为以下 3 种类型。

（1）理论型毕业论文

即科研成果是用理论分析的手段得来的并以此为内容撰写的毕业论文。

（2）观测型毕业论文

即科研成果是以观察、考察的方式得来的，并以此为内容而撰写的毕业论文。

（3）实验型毕业论文

即科研成果是从实验的内容或结果中得来的，并以此为内容撰写的毕业论文。

13.2.4 毕业论文的结构与写法

任何种类毕业论文的写作都不是轻而易举的，它的完成需要较长的时间和艰难的研究过程。一般来说，写好一篇毕业论文需要有以下几个步骤：① 确定题目；② 限定论点；③ 搜集资料；④ 研究、评价资料；⑤ 整理材料；⑥ 编写提纲；⑦ 起草；⑧ 誊清、加注；⑨ 完成定稿。

完成一篇毕业论文，要遵循一定的格式和写法。

1. 封面

各高校对学生的毕业论文格式有统一的要求，尤其是论文封面，一般包括题目、作者姓名、学号、系别、专业及班级、指导教师姓名、论文完成时间。

2. 目录

目录，即论文的篇章名目。一般来说，毕业论文的篇幅都比较长，为了先了解论文的内容，前面要安排目录，按写作的顺序标清毕业论文的构成部分的名称和正文中的小标题，同时在它们的后面标明具体页码。例如：

目　录

1　内容提要……………………………………（　）
2　绪论…………………………………………（　）
3　本论…………………………………………（　）
（1）××××××……………………………（　）
（2）××××××……………………………（　）
4　结……………………………………………（　）
5　致谢…………………………………………（　）
6　参考文献……………………………………（　）
7　附录…………………………………………（　）

3. 标题

毕业论文的标题要求贴切、简洁、新颖、醒目、明确、具体。它一般有以下几种类型：① 直截了当地点明论文的文题；② 用比喻和象征性的词句来提示主题；③ 点明论文所说明的问题；④ 有副标题和小标题，其中副标题是对正标题加以补充，小标题用在篇幅较长、内容较丰富的论文中。

4. 内容摘要及关键词

内容摘要是论文内容不加注释和评论的简述，要概括论文的主要内容，尤其是要说明结果或结论，要有高度的概括力，语言精练、明确，一般以200～300字为宜。

关键词位于摘要之后，是从题名和论文之中精选出来的、用以表达全文主题内容的单词或术语。毕业论文一般可选取3～8个关键词。

5. 正文

毕业论文正文包括绪论、本论和结论 3 个部分。

1）绪论

绪论是毕业论文的开头部分，主要说明论文写作的目的、现实意义、对所研究问题的认识，并提出论文的中心论点等。要写得简明扼要，篇幅不要太长。好的绪论可以吸引读者，引人入胜。

2）本论

本论是毕业论文的核心部分。它的构成与议论文的写作基本相同，要把论点、论据、论证有机地结合起来，包括研究内容与方法、实验结果与分析（讨论）等。要表达出自己的理论见解和研究成果，立论正确，论据可靠，论证严密，层次清楚。

3）结论

结论是毕业论文的收尾部分，是围绕本论所做的结束语。其基本的要点就是总结全文，加深题意。用语应言简意赅，恰当有力。

6. 致谢

致谢可简述自己通过写毕业论文的体会，并对指导教师和协助完成论文的有关人员表示谢意。

7. 参考文献及注释

参考文献是在论文中所引用或参考过的专著、论文及其他有关资料，集中排印在论文末。

注释是对文中有关内容作进一步的补充说明或解释，注释有文内注、脚注和尾注 3 种，如不需要，可以省略。

8. 附录

附录是论文主体的补充项目。凡因篇幅所限不便写入正文的有重要参考价值的资料，如问卷、数据、图表及其说明等均可收入附录，并编连续页码。

13.2.5 毕业论文的写作要求

1. 选好论题

论题是指选择确定所要研究论证的学术问题。论题选择得适当与否，是能否写好一篇毕业论文的关键。在选择毕业论文的论题时，题目应小一些，角度应新一些。所选论题，应该是前人不曾提出的、前人虽然提出但尚未解决的、前人论证尚不深入的、前人提出但论证谬误的、客观现实需要的、确有发现和创新的等。

2. 拟好提纲

提纲是作者用文字的形式将自己撰写毕业论文的思路要点体现出来。在撰写毕业论文时，拟定提纲是作者动笔之前的必要准备。毕业论文要求用简明的语言讲清一个基本的道理。所以，论文的结构形式必须服从事理的发展逻辑，这就要求作者在动笔之前要细致分析所有的材料，理清思路。同时，拟定提纲，有利于论文前后呼应，统一协调。常用的提纲格式有以下两种。

1）要点式提纲

① 题目（包括副标题）。

② 基本论点，即论题的提出，一般为一段说明性文字。

③ 内容纲要（论证的展开）。分论点一，主要论据，论证方法；分论点二，主要证据，论证方法。

④ 结论。（附：参考文献）

2）结构式提纲

① 绪论。

② 材料与方法。

③ 观察和结果。

④ 讨论。

⑤ 总结。

⑥ 图片与说明。

⑦ 参考文献。

3. 学会利用图书馆

要写好毕业论文，必须大量、详细地占有资料。多到几万字甚至几十万字的资料，怎样才能收集到呢？虽然资料可以来自直接的经验，但更多的来自书籍、报纸、杂志。它们大都存放在图书馆，因此要写出高质量的毕业论文，必须利用图书馆。在图书馆中，首先要学会资料检索，熟悉图书馆资料分类法；其次要善于利用书目和索引，掌握与自己研究论题有关的目录和索引。另外，写作毕业论文时，要经常使用工具书，以保障论文内容、文字准确无误。

13.2.6　毕业论文的修改

无论什么文章都是改出来的，尤其是像毕业论文这样的学术文章，更需要仔细推敲。这种学术文章对初写论文的大学生来说是有一定困难的，因此必须有严谨的治学态度，要不厌其烦地反复修改。修改论文一般要经过以下几步。

① 推敲论文题目。

② 检验材料的真伪。

③ 审视逻辑的层次。毕业论文的逻辑性很强，这就需要验证推理的顺序，审定文章的结构，看全文是否具有系统性。

④ 斟酌语言。具体要求一是务求通顺；二是表达准确；三是增加文采；四是行文格式、标点符号使用规范无误。

【经典案例 13－2】

××××学院

毕 业 论 文

论文题目：黑龙江省主要土壤全硫、有效硫的含量

学　　生：付××

学　　号：07××××

系　　别：××系

专业班级：××专业××班

指导教师：郭××

2014 年 6 月

目　录

黑龙江省主要土壤全硫、有效硫的含量

摘要：在黑龙江省几种主要土壤耕层（0～20 cm）中，在测定全硫和有效硫含量的基础上，进一步采用化学连续浸提法，测定了土壤4种形态硫，即水溶性硫、吸附性硫、盐酸可溶性硫和有机硫，并通过各种形态硫含量间相关分析和生物试验，说明土壤4种形态硫中，水溶性硫的有效性最高，它同有效硫的相关系数达到极显著水平。

关键词：硫素组成　全硫　有效硫

1　绪论

硫是农作物生长发育必需的营养元素之一，自1768年瑞士发现施用含硫物质的效果，并在欧洲逐渐推广施用石膏等含硫肥料以来，国内外有关硫对植物的营养作用屡见报道。现已确认，硫的主要营养作用是：可合成含硫氨基酸；与叶绿素形成有关；对植物的酶有活化作用；合成维生素H和B族维生素；合成十字花科植物里的糖苷油等。（略）

本试验将对黑龙江省主要农业土壤的全硫、有效硫含量情况，土壤中硫形态及其有效性进行研究，以摸清黑龙江省主要土壤供硫水平，为黑龙江省施用硫肥提供科学依据。

1.1 方法

1.1.1 材料与方法

供试土壤采自黑龙江省9个市、2个县和1个区土类的0～20 cm耕层土壤，以进行硫的分组分析，供试土壤的理化性质如表13－3所示。

表13－3 供试土壤的理化性质

采样地点	土壤名称	全氮	全磷	碱解氮	速效磷	速效钾	有机质	pH
哈市	黑土（Ⅰ）	0.136	0.049	58.70	49.00	179.00	3.23	7.15
哈市	黑土（Ⅱ）	0.132	0.063	54.53	54.00	260.00	3.20	7.20
呼兰	黑土（Ⅲ）	0.133	0.063	64.30	38.42	173.00	3.34	7.10
绥化	黑土（Ⅳ）	1.129	0.073	63.20	63.13	284.00	3.21	7.00
牡丹江	暗棕壤	0.124	0.060	50.10	42.00	226.00	3.21	7.20
虎林	白浆土（Ⅰ）	0.152	0.079	52.90	24.50	83.00	3.19	6.12
密山	白浆土（Ⅱ）	0.150	0.078	55.18	25.40	99.00	3.11	6.14
肇东	黑钙土（Ⅰ）	0.175	0.061	66.42	36.00	221.00	3.26	7.88
安达	黑钙土（Ⅱ）	0.167	0.080	68.61	41.00	97.00	3.00	7.79
大庆	黑钙土（Ⅲ）	0.230	0.090	62.20	25.00	157.00	3.24	8.30
泰来	风沙土（Ⅰ）	0.088	0.030	48.09	37.00	68.00	0.63	7.82
泰康	风沙土（Ⅱ）	0.095	0.020	48.21	23.00	80.00	1.13	7.82
大庆	风沙土（Ⅲ）	0.101	0.010	48.19	9.00	108.00	1.91	7.84
大庆	草甸土	0.248	0.070	78.08	22.00	248.00	4.23	7.90
五常	水稻土	0.289	0.090	97.00	39.00	58.00	5.11	5.79

1.1.2 土壤硫含量分析方法

（1）土壤硫的分组采用Niragr，Soon等[1,2]连续提取法，土壤全硫分析采用HNO_3-HClO_4氧化法[3]，有效硫用$Ca(H_2PO_4)_2 \cdot H_2O$提取法[4－8]，提取的硫均用$BaSO_4$比浊法测定[4－8]。

土壤硫的分组采用Niragr，Soon等[1,2]连续提取法。具体提取步骤如下：

5 g风干土壤样（2 mm）

↓

加15 mL水、振荡半小时、离心倾出上清液

↓ 清液：水溶性硫（H_2O-S）

↓ 残留物

加12.5 mL 0.025 m $Ca(H_2PO_4)_2 \cdot H_2O$，振荡15分钟，离心，倾出上清液

清液：水溶性硫（Adsorbed－S）
↓
残留物

加浓 HCl（使其最终浓度为 0.5 mol/L），加热微沸半小时，冷却、过滤，加 H_2O_2，微沸 10 分钟，调 pH 至中性，去色，定容

清液：水溶性硫（HCl－Soluble－S）
↓
残留物

有机硫（Organic－S）

（2）土壤全硫的提取。（略）

（3）有效硫的提取。（略）

（4）标准曲线的绘制。（略）

（5）计算结果。（略）

1.1.3　土壤基础肥力分析（略）

2　结果和讨论

2.1　黑龙江省主要土壤耕层中硫的组成及其有效性的研究

黑龙江省主要土壤耕层中全硫和有效硫含量及分布概况，作物吸收硫受多种因素的影响，其中最主要的是土壤的供硫状况。因此，首先要了解土壤中全硫和有效硫的含量。自 20 世纪 70 年代以来，我国有许多土壤农化工作者进行了不同类型土坡全硫和有效硫的分析工作，对我国各类土壤中硫的含量有了一个大致的了解。

南京土壤研究所多年的分析表明：我国不同类型的土壤全硫含量在 100～500 mg/kg 范围内。在长江以南地区土壤硫以有机硫为主，有机硫含量占全硫的 85%～94%，而无机硫仅占 6%～15%。有效硫的含量因提取剂的不同而有很大差异，以常用的 $Ca(H_2PO_4)_2 \cdot H_2O-2NHOAc$ 法提取测定，并以 10～16 mg/kg 为临界值作为标准。一般来说，质地较粗的土壤含硫较少，有机质含量低及 pH 值高的土壤，易出现缺硫现象。我国南方浙、赣、闽、粤、川全硫平均含量 280 mg/kg，有效硫平均含量 18.00 mg/kg。

2.2　黑龙江省供试土壤全硫、有效硫含量的分布概况（略）

3　供试土壤各种形态硫含量的分布状况

为深入了解土壤硫的有效性，对土壤几种形态硫进行分组分析，并对各种形态硫的有效性进行了评价。（略）

3.1　无机硫含量分析（略）

3.2　有机硫含量分析（略）

4　结论

4.1　黑龙江省主要供试土壤含硫量

黑龙江省主要供试土壤全硫含量为 202.40～597.00 mg/kg，平均含量 374 mg/kg 左右。其中有机硫占全硫的 87.24%，无机硫占全硫的 12.76%。用盐溶液提取的有效硫，因土壤而

异，有效硫含量范围在 6～30 mg/kg（非耕地草甸土除外）占全硫含量的 1.92%～5.93%，平均为 3.9%。含有效硫高的有水稻土，其次是暗棕土，白浆土、黑土和黑钙土，风沙土有效硫含量最低，平均只有 9.3 mg/kg。

4.2 有机硫与土壤全硫关系

经相关分析证明，Organic S 与土壤全硫相关密切，它是土壤全硫的主要成分。

参考文献

［1］NRIAGU J O，SOON Y K．Geochimica et Cosmochinmica．Acta．1985（49）：82－83.
［2］李成保．土壤中总硫和不同形态硫的提取与测定．土壤学进展，1990，18（6）：42－46.
［3］BLANCHAR R W，REHM G，CALDWELL A C.S.S.S.A.P.，1965（29）：71－72.
［4］中国土壤学会农业化学专业委员会．土壤农业化学常规分析方法．北京：科学出版社，1983.
［5］刘崇群．中国南方农业用地中的硫．四川大学学报，1990，27（4）：398－404.
（其他文献略）

致　谢

本论文是在郭××老师的悉心指导和严格要求下完成的，从论文的选题到实验的设计再到数据的处理都得到了郭老师的全力帮助，并且在论文的撰写过程中，郭老师也给予我诸多的指导。同时，也十分感谢土壤实验室的崔××、张××等老师和同学的帮助。本论文能够顺利完成，得益于大家的支持和帮助，在实验过程中细心地指导我，在此表示我最衷心的感谢！

再次谢谢所有支持我的人，很高兴我的论文能够顺利完成，让我能够顺利毕业！

附　录（略）

【知识拓展】

毕业设计报告

毕业设计是教学过程的最后阶段采用的一种总结性的实践教学环节。要求学生针对某一课题，综合运用所学专业有关课程的理论和技术，作出解决实际问题的设计，设计成果一般是与生产、科研及技术设备相关的革新或技术改造。毕业设计在组成部分上也不同于毕业论文，它不只是一篇学术论文，还包括毕业设计任务书、毕业设计成果和毕业设计报告等，更突出实践性和动手能力。

毕业设计报告是介绍毕业设计成果的研究过程，重点说明毕业设计的科学性、合理性和适用性。注意理论联系实际，突出理论分析，有较高技术含量。

毕业设计报告的格式主要由以下几部分构成：封面（毕业设计名称及作者信息）、目录、正文、参考文献及附录。

毕业设计报告的正文部分包括以下几个方面。

① 问题的提出与设计的指导思想。

② 设计方案提出的依据，方案的选择和比较。

③ 研究所需条件。

④ 研究的过程，包括研究的方法、步骤及所用时间。

⑤ 研究的结果。

⑥ 成果的介绍，包括意义、作用等。

⑦ 对设计实施过程中存在的问题（或可能发生的问题）提出合理化建议。

毕业设计报告要求语言通顺简练、用语规范，插图清晰准确。

【能力训练】

1. 阅读下列材料，回答问题

由陈凯歌执导的电影《赵氏孤儿》，改编自中国同名古典戏剧《赵氏孤儿》，故事讲述的是 2 500 年前的春秋时期，随着战功赫赫的赵氏家族的权力和威望不断壮大，晋国国主晋景公也恐惧不已。而将军屠岸贾一直受到赵氏的排挤，于是借助给赵朔胜仗庆功，设计以弑君之罪，一日内便杀死了赵氏族长赵盾和长子赵朔等赵氏家族 300 余人。当韩厥受屠岸贾之命逮捕怀孕的庄姬时，程婴正在府上。庄姬得知变故后要求程婴让自己把孩子生下来，当韩厥冲进来时，庄姬把婴儿藏在了程婴的药箱当中，并指挥程婴把婴儿带出去。为了保住赵氏唯一的血脉，她以自杀换韩厥放程婴和孩子（赵武）走。屠岸贾赶来时，找不到婴儿，一怒之下挥剑砍在了韩厥的脸上，并下令封锁城门全力搜捕婴儿。程婴把孩子带回家后交给妻子照顾，自己去找赵氏的好友大夫公孙杵臼求助，想利用其贵族身份把赵武带出城去。当他们赶回程婴家，发现妻子在屠岸贾搜查之时为保自己家孩子把赵武交给了屠岸贾，而生性多疑的屠岸贾不信其手中的婴儿是赵武，相反，在他眼里程婴的儿子才是真正的赵武，并把程婴的儿子摔死，反倒把真正的赵武放了。而程婴因献“赵氏孤儿”有功而被收为门客。程婴在屠岸贾的眼皮底下把赵武养大，让他认屠岸贾作干爹习武、读书，并找机会复仇。韩厥刺杀屠岸贾，屠岸贾重伤，赵武以死要挟程婴用灵药治疗屠岸贾。最终，赵武、屠岸贾在程婴面前确认了所有真相，屠岸贾杀了程婴，赵武借机一剑刺死了屠岸贾。

在电影中，有这样几句台词：

韩厥：他（屠岸贾）吃你的药，你为什么不杀了他？杀了他不就把仇报了吗？

程婴：我说过，等他（赵武）长大了，把他带到屠岸贾面前，告诉他这孩子是谁，我是谁。我要让他们相亲相爱，然后赵家的孩子，一剑砍了屠岸贾，那才算把仇报了。

韩厥：你怎么知道这孩子长大了，就一定能一剑砍了屠岸贾。你不是要他们相亲相爱吗？你对这孩子不公平。

程婴：我对他很公平。

通过对这部电影的了解，在“报仇”的过程中，程婴的做法自私吗？对赵氏孤儿（赵武）公平吗？请收集整理相关论据，编写论文提纲。

2. 结合要求写毕业论文

假设已修完学校规定的全部课程，即将毕业，请结合所学专业知识和写作知识拟写一篇毕业论文。

参 考 文 献

[1] 张波．口才训练教程．北京：机械工业出版社，2006.

[2] 马淑贞．推销口才特训．广州：暨南大学出版社，2005.

[3] 何书宏．演讲与口才知识全集．北京：北京工业大学出版社，2005.

[4] 李瑞玲．导游实务．郑州：郑州大学出版社，2005.

[5] 程在伦．讲演与口才．北京：高等教育出版社，2004.

[6] 许利平．职业口才训练教程．北京：北京交通大学出版社，2007.

[7] 李兴军，刘金同．大学生实用口才与演讲．北京：清华大学出版社，2006.

[8] 周立．应用写作与口头表达．北京：北京工业大学出版社，2006.

[9] 高虹．应用文写作新教程．北京：清华大学出版社，2009.

[10] 韩富军，高雅杰．应用文写作．北京：高等教育出版社，2009.

[11] 耿云巧，马俊霞．现代应用文写作．北京：清华大学出版社，2008.

[12] 王首程．应用文写作．北京：高等教育出版社，2008.

[13] 周龙军，陈建军．应用写作．北京：中国农业出版社，2006.

[14] 蔡录昌．经济应用文写作．北京：清华大学出版社，2010.

[15] 杨巧云，钟德玲．现代应用文写作．北京：清华大学出版社，2010.

[16] 李振辉．应用文写作．2 版．北京：清华大学出版社，2008.